地方政府隐性债务风险防范及处置化解研究

DIFANG ZHENGFU YINXING ZHAIWU FENGXIAN FANGFAN JI CHUZHI HUAJIE YANJIU

曹玉瑾 著

人民出版社

责任编辑：高晓璐
封面设计：胡欣欣

图书在版编目(CIP)数据

地方政府隐性债务风险防范及处置化解研究/曹玉瑾 著. —北京：
人民出版社,2022.11
ISBN 978-7-01-025194-3

Ⅰ.①地… Ⅱ.①曹… Ⅲ.①地方财政-债务管理-金融风险防范-研究-中国 Ⅳ.①F812.7

中国版本图书馆 CIP 数据核字(2022)第 198956 号

地方政府隐性债务风险防范及处置化解研究

DIFANG ZHENGFU YINXING ZHAIWU FENGXIAN FANGFAN JI CHUZHI HUAJIE YANJIU

曹玉瑾 著

人民出版社 出版发行
(100706 北京市东城区隆福寺街 99 号)

北京九州迅驰传媒文化有限公司印刷 新华书店经销

2022 年 11 月第 1 版 2022 年 11 月北京第 1 次印刷
开本:710 毫米×1000 毫米 1/16 印张:18.5
字数:284 千字

ISBN 978-7-01-025194-3 定价:69.00 元

邮购地址 100706 北京市东城区隆福寺街 99 号
人民东方图书销售中心 电话 (010)65250042 65289539

序　言

2014 年 9 月发布的《国务院关于加强地方政府性债务管理的意见》（43 号文）开启了第一轮政府债务化解的大幕，通过“开正门、堵偏门”推动地方政府债券市场快速发展。然而，地方政府与地方融资平台的关系错综复杂，彻底厘清两者的边界不可能一蹴而就，2014 年的地方政府债务置换没有解决隐性债务形成的根本问题，之后地方政府隐性债务继续迅速增长，隐性债务潜在风险不断累积。2018 年初开始，陆续出现多起地方政府融资类平台非标违约事件，一些财政实力较弱、融资渠道不畅通的平台公司开始出现融资困难。在此背景下，第二轮地方政府隐性债务化解拉开帷幕。2018 年 8 月，《关于防范化解地方政府隐性债务风险的意见》和《地方政府隐性债务问责办法》出台。防范化解地方政府隐性债务风险，是党中央、国务院做出的重大决策部署，是坚决打好防范化解重大风险攻坚战的重要任务。此后，各个地方政府均制定了隐性债务化解方案，各类化解政策逐步落地，隐性债务的系统性风险得到一定解决和释放，但部分地区、部分时点上隐性债务相关风险仍然不容忽视。

本课题的研究就是在 2018 年这个关键时点开始的，研究聚焦于隐性债务积累的根源、债务风险及其向金融风险的传导机制，以及防范化解隐性债务风险、避免“处置风险的风险”等重点问题。近几年来，课题组成员反复讨论，与国内外学术界、财政金融主管部门、金融机构、地方政府等多次交流，并就相关问题赴多地开展深入调研，最终形成这份研究成果。

受数据可得性的限制，摸清隐性债务的现状是课题组碰到的第一个难题。我们在参考其他专家学者的估计方法后，对隐性债务的规模和结构进行了粗略估算，发现地方政府隐性债务增长很快、规模巨大，在 2018 年高点时规模达 50 万亿，是显性债务的 2.7 倍。从区域分布来看，我国东部地区债务风险相对较小，西部地区债务问题则可能较为严重。

系统性分析隐性债务的风险传导机制，是本研究的第二个重点和难点。地方政府隐性债务既与国家信用有关，又与金融体系紧密联系。隐性债务的风险可通过资产负债表、资产价格、市场预期等多个渠道，在政府部门、金融体系、企业部门、消费者部门之间形成串联。在处置地方政府隐性债务的过程中，如果处置不当或者操作过急，也可能引发“处置风险的风险”，并与其他金融风险相联系结合，造成更大的系统性风险。处置隐性债务风险，在空间上是横向蔓延和纵向传导的权衡，在时间上是短期暴露和长期延后的抉择。合理而有效的隐性债务处置方式，应该是将隐性债务风险从风险忍耐度较低的体系引导至风险忍耐度较高的体系，做到风险的缓解和平滑。

给出一揽子的隐性债务风险防控与化解方案，是本研究的第三个重点和难点。化解地方政府隐性债务，须在稳定金融体系和控制道德风险之间取得平衡，坚持中央不兜底、严明财政金融纪律的同时，兼顾利益相关方现实关切和约束，鼓励地方政府、债务主体与金融机构三方协商协力，以市场化法治化方式探索化解隐性债务风险的方式方法，多方参与、多策并举推动隐性债务“主动偿还一批、分类置换一批、转移转化一批、违约出清一批”。要有效阻断债务风险向财政、金融、经济、社会等领域的外溢：一方面，要加强风险监测和预警、最后救援和紧急处置机制、风险隔离制度、信息沟通机制等多方面的制度建设。另一方面，要加强防范主要风险点，尤其是中小银行的信用风险和流动性风险、城投债券违约风险等。

在对此三方面问题深入探讨之后，本书对我国当前的政府债务制度现状、存在问题，以及未来如何进一步完善政府债务制度进行了探讨，此外，分析了新时期我国地方政府融资类平台转型发展等问题。全书由总论篇、专题篇和调研篇组成，其中第一章和第二章为总论篇，第三章至第九章为专题篇，第十章至第十二章为调研篇。各章执笔人分别是：第一章曹玉瑾、李世刚、刘方，第二章曹玉瑾，第三章刘方、王瑞民、曹玉瑾，第四章陆江源、盛雯雯、曹玉瑾，第五章曹玉瑾、李世刚，第六章李世刚、曹玉瑾，第七章杨帆、宋立义，第八章曹玉瑾、李世刚、宋立义、陆江源，第九章何明洋、曹玉瑾，第十章王瑞民、李世刚，第十一章王瑞民，第十二章王瑞民、曹玉瑾。本书的成稿，不仅凝结着课题组各位专家的心智和劳动，也包含着各位领导、同事和朋友的指导、支持和帮助。感谢国家发改委宏观经济研究院学术委员会的专家！感谢林兆木、陈东琪、马晓河、王昌林、毕吉耀、银温泉、臧跃茹、张燕生、俞建国、刘立峰等专家提出许多富有启示性的意见和建议，感谢人民银行研究局唐滔研究员、社科院张斌研究员、财科所王志刚研究员等提出的宝贵意见和建议。感谢经济所原所长孙学工研究员以及所长郭春丽研究员在课题中给予的大力支持。隐性债务、地方政府债务问题错综复杂，研究中我们试图给出较为全面、具有理论依托的分析，但书中难免有不妥之处。我们欢迎来自各方面的批评指正和建议，以求为推进此项研究做出新贡献。

曹玉瑾

2022年4月

目 录

总论篇

专题篇

调研篇

总论篇

第一章　疏堵并举　分类施策　切实防范地方政府隐性债务引发金融风险

我国地方政府隐性债务过去5年年均增速接近60%，2018年末已达51.5万亿元，是显性债务的2.8倍。如此庞大的隐性债务未来5年内仅利息支出就接近20万亿元，超过目前显性债务余额。总体判断，隐性债务引发系统性金融风险的可能性极低，但隐性债务风险可能会加速部分金融机构的信用风险、流动性风险暴露，未来一段时期可能会陆续出现点状的金融风险事件，如果处置不当也会出现“处置风险的风险”。化解地方政府隐性债务，须在稳定金融体系和控制道德风险之间取得平衡，坚持“中央不兜底”，严明财政金融纪律的同时，兼顾利益相关方现实关切和约束，鼓励地方政府、债务主体与金融机构三方协商协力，以市场化法治化方式探索化解隐性债务风险的方式方法，多方参与、多策并举推动隐性债务“主动偿还一批、分类置换一批、转移转化一批、违约出清一批”。要有效阻断债务风险向财政、金融、经济、社会等领域的外溢：一方面，要加强风险监测和预警、最后救援和紧急处置机制、风险隔离制度、信息沟通机制等多方面的制度建设。另一方面，要加强防范主要风险点，尤其是中小银行的信用风险和流动性风险、城投债券违约风险等。

一、地方政府隐性债务的总体规模、结构特征和形成原因

由于2018年以后，各地方政府开始化解隐性债务而化债进度并不公开，因此对隐性债务的估计只能选取在2018年。除了明确标注来源的数据资料，都是作者研究估算数据。

虽然缺乏完整准确的数据，但根据作者研究可粗略估算出地方政府隐性债务增长很快、规模巨大，截至2018年已达50万亿，是显性债务的2.7倍。如此庞大规模的债务主要集中在地市、区县两级政府，一些地方政府面临严峻的偿债压力，主要债权持有人如地方中小银行以及非银机构潜在金融风险巨大。

（一）地方政府隐性债务的规模及特点

一般意义上，隐性债务是指在法律上没有明确由政府来承担，但是出于规则或者道义上的要求，由政府承担的偿债责任。就我国而言，地方政府隐性债务是指法定政府债务限额之外，地方政府变相举债所形成的政府义务，表现为直接约定或承诺以财政资金偿还，或违法提供担保，或以承担救助责任等方式举借的债务或表外负债，这类债务一旦显性，出于防范风险的考虑，地方政府需要承担非法定债务。

根据世界银行“汉娜矩阵”理论和我国财政审计部门实践操作，我们绘制了我国地方政府债务风险矩阵（表1–1），并从债务类型、资产类型、承债主体、债权人类型等角度分解了隐性债务的主要构成（表1–2），汇总了2018年审计署对隐性债务清查统计的具体口径和科目（表1–3）。

表 1–1 我国地方政府债务风险矩阵

政府债务	直接负债 （在任何情况下都存在的负债）	或有负债 （只在特定事件发生时才产生的负债）
显性负债：法律或合同所确定的政府负债	1. 地方政府债券 2. 地方政府负债 3. 拖欠工资、账款形成的债务	1. 政策性担保公司的不良资产 2. 资产管理公司不良资产
隐性负债：主要反映公众期望和利益集团压力的政府道义上的债务	1. 社会保障资金缺口 2. 名股实债类政府投资基金 3. 融资租赁 4. 其他非标融资 5. 名股实债类、固定回报率 PPP 项目 6. 不规范政府采购项目 7. 其他中长期支出计划	1. 对政府企事业单位（含融资平台）从事政府公益性项目导致的补贴或救助支出 （1）债券类融资工具（融资平台发行的企业债、公司债、中期票据、短期融资券等城投债） （2）其他非市场化运营的公益性项目举借债务或其他代偿支出 2. 地方政府各部门为引资而违规担保或承担救助责任的债务 3. 地方国有银行、其他金融机构的不良资产 4. 地方国有企业未弥补的亏损

资料来源：根据相关资料整理而得。

表 1–2 隐性债务的主要构成

	具体构成
债务类型	城投债，平台贷款，融资租赁，其他非标融资方式（包括券商资管计划、基金子公司、信托、保险债权投资计划等），PPP 项目、政府购买服务、政府性产业基金中的违法违规融资
资产类型	公益性项目（棚改、保障性住房、扶贫项目等），准公益性项目（交通运输、停车场、地下管廊等），一般竞争性项目（房地产、食品、汽车等），其他直接隐性的支出责任（如养老基金、医保基金和失业救济等社会保障资金缺口）
承债主体类型	融资平台、其他地方国企
债权人类型	四大国有商业银行，城商行、农商行、农信社，券商、基金、信托等非银机构

资料来源：根据相关资料整理而得。

在总体规模方面，由于缺乏公开披露权威数据，难以对地方政府隐性债务准确估计，国内外机构、学者测算差异较大，结果在10万亿元至50万亿元之间。我们从债务类型角度对隐性债务规模开展了详细测算，结论显示2014年以来隐性债务年均增速高达59.06%，截至2018年底已达51.53万亿元，是显性债务的2.8倍。按照加权债务成本计算，如此庞大的隐性债务未来5年内利息支出将接近20万亿元，仅付息就超过目前显性债务余额。

表1–3 财政部地方全口径债务清查统计填报内容

项　目	具体内容
机关事业单位举债融资	各级机关事业单位的直接举债融资、为企业融资担保、政府购买建设工程、开展PPP项目、设立政府投资基金、设立股权融资计划、使用专项建设基金等形式的举债融资
政府及其部门机构拖欠款项	各级政府及其所属部门和财政补助事业单位，虽未举债融资但根据合同或其他具有法律效力的形式明确作为民事责任主体，应付未付的工程款、物资采购款欠款、向企业收取的应返未返的保证金
国有企业（含融资平台公司）举债融资	一是企业承接政府投资项目发生的举债融资；二是企业为没有收入的政府公益性项目举借的，最终由财政性资金偿还的债务；三是由党委、人大及其常委会、政府及其所属部门，以担保函、承诺函等形式为企业提供担保形成的举债融资；四是机关事业单位的国有资产为企业抵押或质押进行的举债融资；五是企业自主市场化经营进行的举债融资
资产情况	纳入监测范围的各类单位，需填报本单位占有、使用或管理的所有资产，按照经营性质分为公益性资产和非公益性资产；按照资产的形成来源分为项目资产和非项目资产
单位财务报表	机关事业单位填报行政事业单位部门决算中的资产负债表，国有企业（含融资平台公司）填报本单位的资产负债表、利润表和现金流量表
中长期支出事项填报内容	
政府投资基金	由地方政府及其部门根据章程约定的出资方案将政府出资额或回购资金、固定收益纳入政府预算的政府投资基金

续表

项　目	具体内容
股权融资计划	通过信托、基金、集合债券等股权投资形式融资，由政府分年度回购股权并将回购资金列入政府预算的股权融资
PPP 项目	通过政府和社会资本合作（PPP）模式实施公益性项目建设，将补贴资金列入政府预算的情形
政府购买服务项目	通过政府购买服务用于公益性项目建设，包括棚户区改造、农村公路建设、易地扶贫搬迁服务等政府购买服务
国开专项建设基金	通过国开专项建设基金方式融资，将回购资金或固定收益列入政府预算的专项建设基金
农发专项建设基金	通过农发专项建设基金方式融资，将回购资金或固定收益列入政府预算的专项建设基金
应付工程物资款	政府及其部门机构根据合同或其他具有法律效力的形式明确作为民事责任主体，已达到付款条件应当支付但尚未支付的工程款、物资采购款欠款、向企业收取的应返未返的保证金
其他政府支出事项	除上述以外其他需要地方政府列入中长期财政支出的情形

资料来源：根据相关资料整理而得。

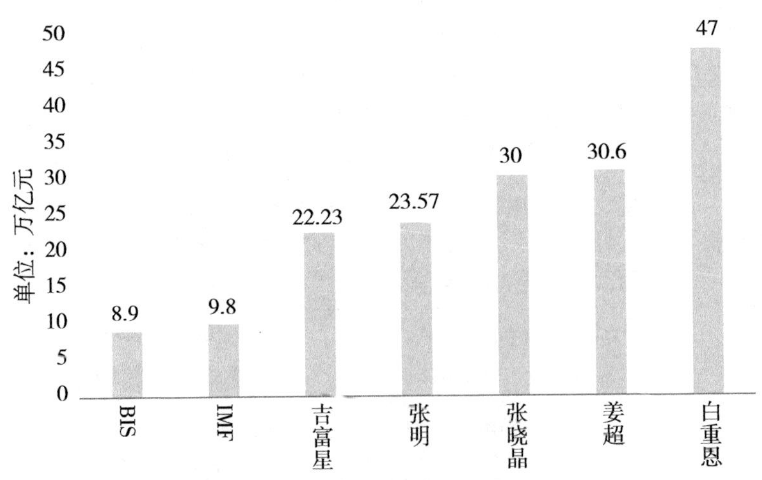

图 1-1　现有机构、学者对隐性债务规模的估计

资料来源：根据公开发表的报告及论文整理而得。

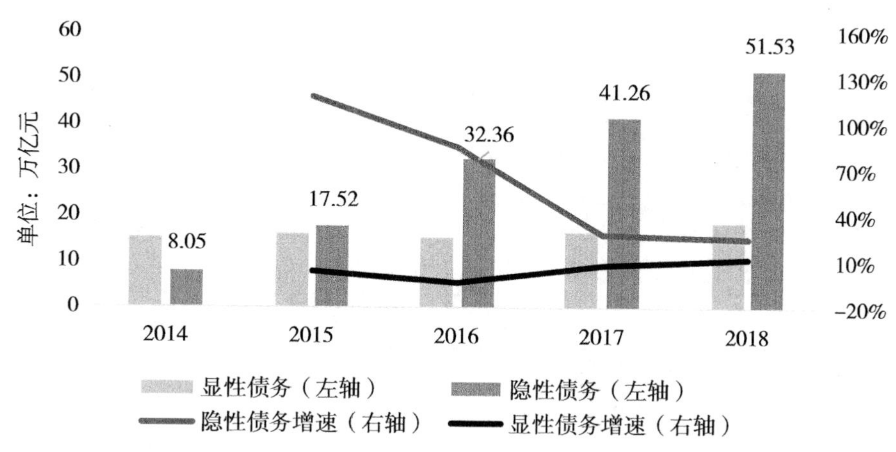

图 1-2　2014-2018 年地方政府显性、隐性债务规模及增速

资料来源：作者根据财政部网站、银保监会网站等公布的数据计算整理。

在结构特征方面，从债务类型看，其中，平台公司银行贷款、城投债和非标融资规模最大，分别为 22 万亿元、14.5 万亿元和 8.16 万亿元，三者占到隐性债务的 86.6%。从对应资产看，主要集中在公益类、准公益项目，其中市政建设、交通基础设施项目比重高达 66%。从债务主体看，隐性债务主要集中在地市、区县两级，占比超过 70%，部分省份这一占比高达 85%。从地区分布看，东部、西部地区隐性债务占总规模的 78%，江苏、北京、四川、浙江、天津位列前五，占比 38.7%。从债权人来看，70% 的隐性债务集中在城商行、农商行等地方中小银行及非银金融机构。从兑付时间看，当前地方政府债券和银行贷款平均到期年限仅为 3.72 年和 4.4 年，近三年债务还款压力较大。综合来看，由于形成原因复杂，举债主体多样，期限结构错配严重，使得隐性债务风险呈现“熔点低、燃值高、易传染”的特点。

表 1-4　地方政府隐性债务矩阵表

	直接	或有
隐性	1. 专项建设基金：189 亿元 2. 名股实债类的政府投资基金：3.8 万亿元 3. 融资租赁：0.51 万亿元 4. 其他非标融资：8.16 万亿元 5. 公共投资项目的财政承诺、担保或救助：2.56 万亿元。	1. 对国有企事业单位（融资平台）从事政府公益性项目导致的补贴、代偿或救助支出（银行贷款 + 城投债）：36.5 万亿元
总计	15.03 万亿元	36.5 万亿元

资料来源：作者计算与整理。

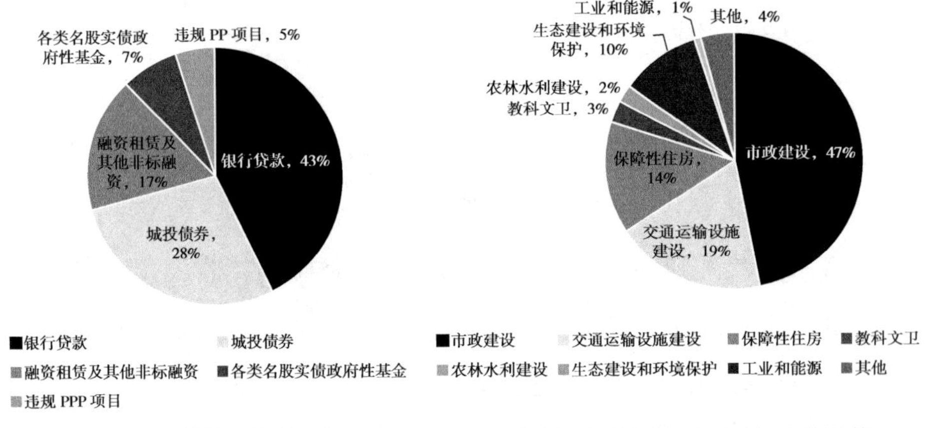

图 1-3　隐性债务的融资方式　　**图 1-4　隐性债务对应的资产结构**

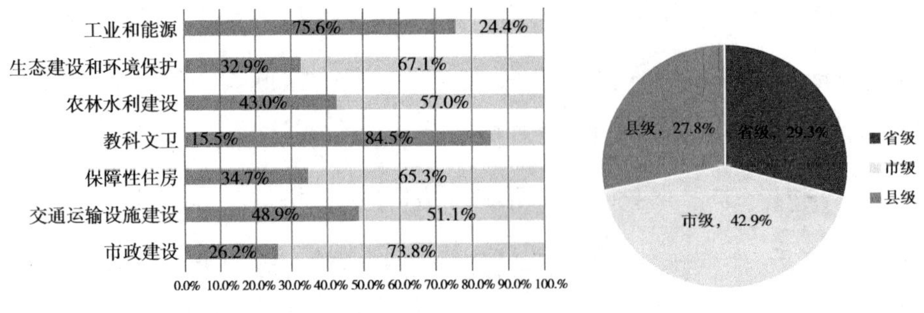

图 1-5　隐性债务中政府负有担保和救助责任的比重　　**图 1-6　隐性债务的层级结构**

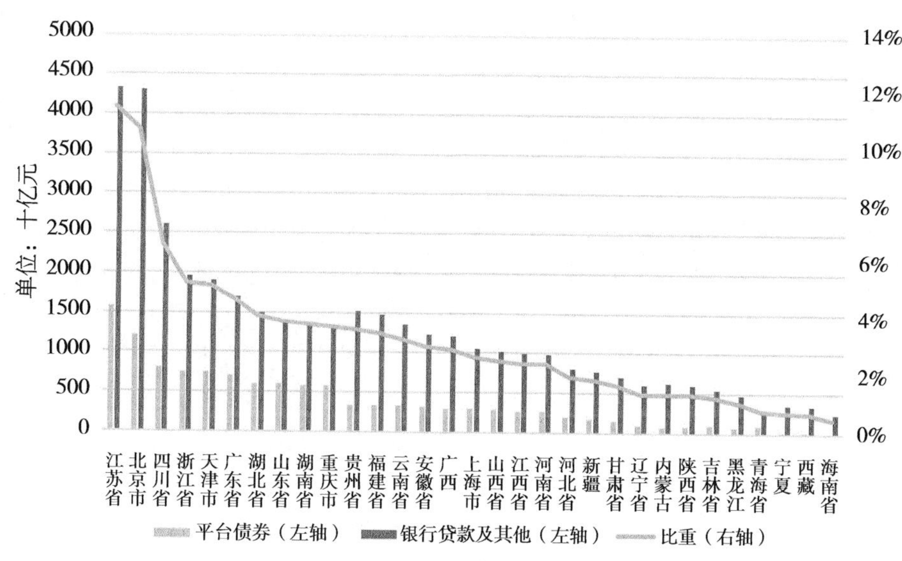

图 1–7 各省份的隐性债务规模

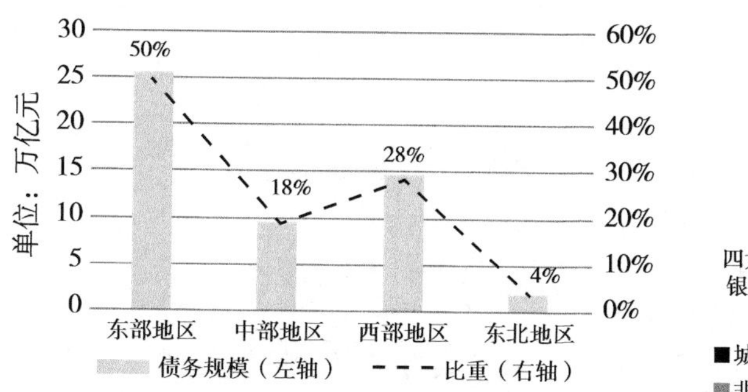

图 1–8 各区域的隐性债务规模（单位：万亿元）

资料来源：统计局网站、wind、作者计算整理。

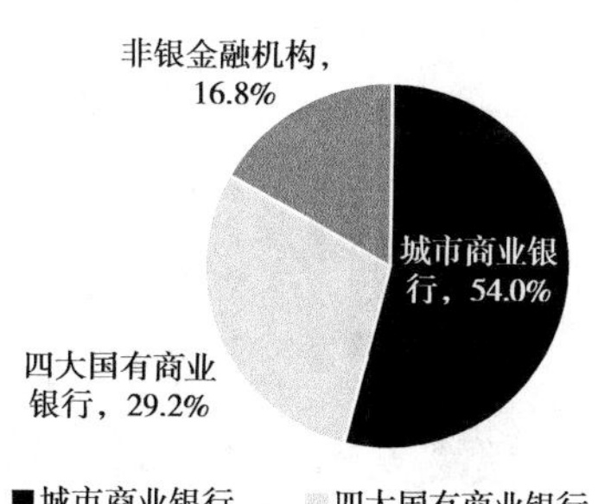

图 1–9 隐性债务的债权人结构

（二）地方政府面临严峻的偿债压力

如果纳入隐性债务，我国地方政府的债务风险指标将出现明显恶化。从债务率和负债率来看，2018 年我国地方政府显性债务率、负债率分别为 78.9%、20.5%，隐性债务率、负债率则分别高达 221%、57.1%，全口径债务率和负债率已经大幅超出 150% 和 60% 的警戒

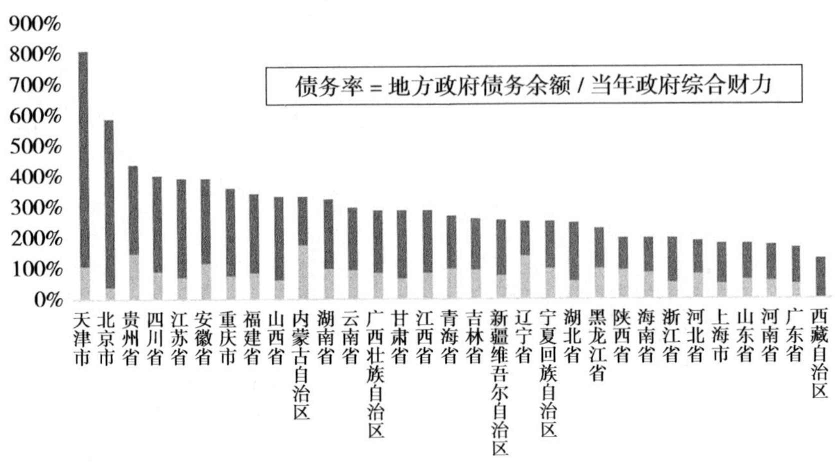

图 1–10　各省份显性、隐性债务率水平（2018 年）

资料来源：统计局网站、财政部网站、作者计算整理。

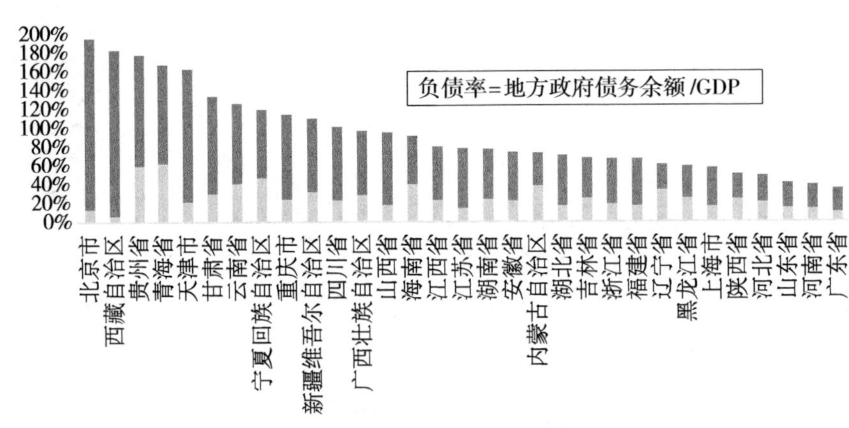

图 1–11　各省份隐性债务负债率对比图

资料来源：统计局网站、财政部网站作者计算整理。

线。天津、北京、江苏、四川、贵州等地隐性债务率均高于 290% 以上，北京、西藏、天津、贵州、青海、甘肃隐性债务负债率均突破了

100%。从财政自给率来看，2018 年青海、黑龙江和甘肃等省份财政自给率已经低于 30%，抵御隐性债务风险的能力较差。总体来看，前期扩张速度过快地区、贫困地区、传统产业扎堆地区的隐性债务风险较高，如重庆、四川、云南、贵州、甘肃、青海、宁夏、天津、内蒙古、湖南等。

（三）地方政府隐性债务的形成背景和原因

1. 发展型地方政府的内源融资能力不足

值得深究的是，地方政府融资平台在 20 世纪八九十年代就已经兴起，但为何在 2009 年后地方隐性债务才开始剧增呢？这是因为，四万亿积极财政政策的实施引发地方政府融资平台“非理性扩张”，产生了大量的“次级债务”[①]。短期内地方政府融资平台数量骤增，一方面是同一级政府所属的融资平台数量迅速增加，另一方面是区县政府所属融资平台大量增加，地方政府将融资平台作为“抢食四万亿”政策红利的工具，而不论其是否真正具备举债融资的经济可持续性，这些新增的融资平台尤其是区县级融资平台，恰恰是隐性债务增量的主体。融资超出合理限度，基础设施投资就远远超财政可承受能力。与此同时，过度超前的基础设施对增长的边际贡献迅速下降，“十一五”期间是 1.6，目前是 0.54，只是之前的三分之一。投资驱动造成了大量的低效甚至无效的投资，也导致债务风险与日俱增。隐性债务暴增的年份，往往也是基础设施投资增速远超过地方财政收入增长的年份（如图 1–12）。例如，在没有充分考虑地方财政承受能力的情

① 在此之前，融资平台为城市与工业化发展而融资，尚在合理限度内。合理范围内的地方隐性债务本身就反映了经济增长过程中基础设施建设的客观需求。瓦格纳法则表明，国民收入增长时，财政支出将会以更大的比例增长。

况下，内蒙古包头市过度举债上马多条地铁项目，最终被紧急叫停。

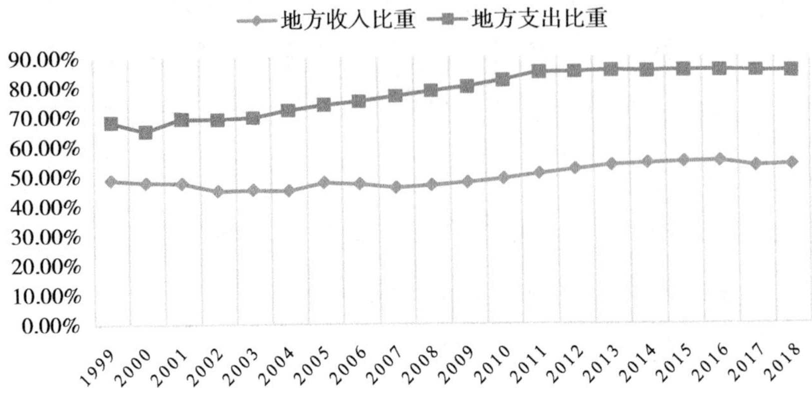

图 1-12　地方财政收入与支出比重

数据来源：国家统计局。

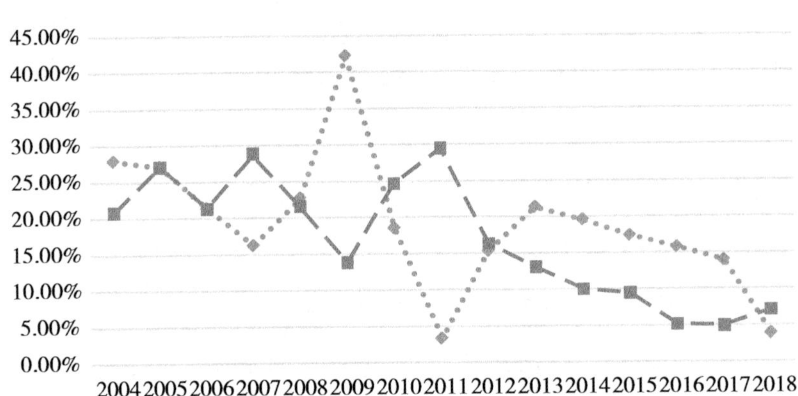

图 1-13　基础设施投资增速与地方财政支出增速

数据来源：WIND。

2014 年以来，发展型地方政府通过政府投资基金、PPP 项目、政府购买服务等融资“创新”，带来了新一轮隐性债务增长。中央针对融资平台一刀切的防风险政策导致债务融资“开前门”措施过于谨慎。目前，地方政府新增债券限额管理偏于保守，且“因素法”分配模式下，财政实力强的地区获得的配额多，而财政实力弱的地区获得的配额少，“马太效应”日趋明显。大部分省份债务限额均用到了70%以上，个别省份甚至接近100%。在此背景下，地方政府寻求新的隐性举债渠道。随着PPP模式的发展中“名股实债”、“保底条款”、拉长版的BT等不规范行为模式，实质上是将PPP异化为新的融资平台，使地方政府负债“表外化”，导致地方政府隐性债务规模增长。另外在实施中，地方政府滥用可自行制定政府购买服务目录的权限，将本属于工程建设领域的投资项目按照所谓“服务”进行分类，规避采用PPP模式，从而逃避了政府财政可承受能力论证。地方政府对提供购买服务的承接主体形成了事实上的应付义务，承接主体又以上述对政府形成的应收账款向金融机构融资贷款投入项目建设。将融资行为与政府购买服务混在一起，既威胁了金融机构资产安全，又增加了将来政府的支出责任，产生了地方政府隐性债务风险。

表1–5　2014年以来新一轮地方隐性债务的来源

替代性融资方案	增加地方政府隐性负债的机制
政府性投资引导基金	明股实债：使得财政负担的资金成本明显增加。
专项建设资金融资	可能会被要求回购基金持有的项目股权，或提供保底收益等隐性担保。
委托代建购买服务	本质是财政支出拉长型的BT模式，地方政府支持建设单位向银行贷款，但资金使用方为地方政府。
PPP模式	泛化、滥用，借PPP变相融资。

资料来源：常欣（2018）。

2. 软预算约束与中央最后兜底

软预算约束是地方隐性债务产生的深层次原因。“软预算约束”这一概念，由匈牙利经济学家科尔奈提出，用于解释国有企业与政府的关系。在软预算约束之下，向企业提供资金的一方（政府或银行），由于某些原因未能坚持原来的事先合约，使企业资金的运用超过了其当期收益的范围。政府上下级之间也有这种情况。在软预算约束之下，下级政府因为有各种"事后"补助或者无偿拨款而不会努力保持预算平衡。对应到地方隐性债务的产生机制上，软预算约束具体可分为融资平台等地方国企与地方政府两个层次。

第一个层次是融资平台等地方国企的软预算约束。作为地方隐性债务主体的融资平台，法律属性与事实属性间的冲突，导致其软预算约束问题严重，"借最贵的钱、干最不赚钱的事"而无法通过市场的反馈而硬化其预算约束，最终地方政府成为融资平台债务买单人。需要指出的是，根据社科院发布的我国资产负债表相关数据，2018 年我国居民杠杆率为 53.2%，政府（显性）杠杆率为 37%，企业部门杠杆率为 153.6%，为全球最高。但究其原因，表面上问题和风险在企业部门，实质症结在公共部门。企业债务中，国企债务占比超过六成，而国企债务中一半左右为融资平台债务。也就是说，融资平台公司债务本质上是公共部门债务，而软预算约束是融资平台债务判定为公共部门债务的关键。

第二个层次是发展型地方政府的软预算约束，使其负债未形成风险自担的约束机制。中央政府实际上承担了最终的隐性担保和刚性兑付责任。上述机制在过去很长时期内避免了地方债务危机的发生，但这是以债务风险的不断累积作为代价的，实际上形成了刚性泡沫，即政府担保的泡沫。因为有政府担保使得投资者觉得不会有损失，出现过度投机，并导致杠杆率提高和风险积累。

虽然说任何国家，出现经济危机后，中央政府都会兜底，不会任其蔓延，但问题是兜多少。缺少市场化的分担机制，发展型政府将“所有的风险都自己扛”，从而导致风险集聚。发展之初的高速增长，中央政府兜底尚有足够的底气，进入高质量发展阶段后，经济增速与财政收入增速双双放缓，全部兜底已经力有不逮。2014 年以来，虽然中央三令五申不能违规举债，但地方政府出于发展需要的借债又理直气壮，软预算约束使其最后还不上钱还是要找中央。隐性债务高企的风险将集聚到中央政府。需要指出的是，如果中央政府始终充当最后兜底人，地方政府盲目举债的冲动就永远不会得到遏制[①]。

3. 金融机构的体制性偏好与财政买单幻觉

如果没有金融机构的“配合”，存在预算软约束且内源融资能力不足的发展型地方政府也无法顺利实现隐性债务扩张。金融机构的体制性偏好与财政买单幻觉，使其倾向于向政府背景的融资平台放款。在 2014 年融资平台政策急剧收紧后，地方金融机构仍有很强激励通过所谓的“金融创新”将信贷资金输送到城投领域，助推了新一轮地方隐性债务增长。

从金融机构本身的角度来讲，其体制性偏好实际上可视为一种理性行为。虽然民营部门可能拥有更优的利润率与生产率，但基于以下两点考量，金融机构仍然偏好国有企业。融资平台类地方国企就成为地方金融机构的“优质客户”。

一是地方政府行政干预。通常情况下，城商行等地方金融机构的最大股东均为当地地方政府，这些金融机构甚至还需要承担部分准财

① 例如，十九世纪三十年代，美国各州政府为基础设施建设大量举债，美国联邦政府拒绝了其财政救助请求。这对硬化地方政府预算约束有重要的意义。美国的地方政府负债率都非常低，多在 30% 以下。

政职能，在发展型地方政府的强大行政压力下，地方金融机构难以拒绝为其基础设施建设提供资金支持的要求。这也是为什么地方隐性债务风险较高的地方，其城商行的不良率也较高的原因。反过来，作为支持地方政府发展融资的对价，即使地方隐性债务存在较大的违约风险，出于社会稳定、金融稳定与个人政治考量，地方领导人也不会让地方金融机构限于困境甚至破产，这实际上加大了地方金融机构的道德风险，使其乐意将资金源源不断地输送到融资平台等地方隐性债务的载体。

二是层层隐性担保下的财政买单幻觉。如前所述，地方政府为融资平台、中央政府为地方政府都提供了隐性担保，使得地方金融机构产生财政买单幻觉。尤其是经济增长回落、政策不确定性增强的背景下，金融机构对融资平台等政府背景的载体放贷虽然无法实现利润最大化，却可以有效地规避风险。虽然中央政府三令五申地方政府债务“谁借谁还”“中央不再兜底”，但却无法对金融机构的体制性偏好形成实质性威慑，金融机构尤其是地方法人金融机构始终存在严重的财政买单幻觉。只要能够继续借新还旧或者展期置换，地方政府的融资饥渴就不会缓解，甚至对利率市场化背景下的利率上扬都并不敏感，这实际上进一步增大了地方隐性债务风险。

同时各类地方新型金融机构和市场也在迅速发展，金融业从分业经营到混业经营的过程中，各种金融工具创新也在不断涌现，这使得财政风险金融化的途径越来越多样化、隐性化。再加上由于地方金融监管能力弱小，存在监管盲区，从而为隐性债务风险扩大提供了条件。

（四）2018 年以来隐性债务化解概况

2018 年 8 月，中发〔2018〕27 号文明确隐性债务范围，并在全国范围内开展隐性债务摸底统计，要求地方政府在 5~10 年内化解隐性债务。国家审计署于 2018 年 8 月下旬全面开启地方政府隐性债务审计工作，随后，财政部陆续下发了《地方政府债务统计监测工作方案》《财政部地方全口径债务清查统计填报说明》《政府隐性债务认定细则》等实施文件，其中《财政部地方全口径债务清查统计填报说明》明确提出 6 种隐性债务化解方式。随着债务化解工作的不断推进，各地方政府因地制宜积极化解存量隐性债务，同时中央层面先后推出地方债特殊再融资债券、建制县隐性债务化解试点、全域无隐性债务试点等化债方案。2021 年以来，配合“控增化存”政策基调，各类融资政策进一步规范。债券融资方面，2021 年 4 月，沪深交易所发布债券审核新规，明确规定主要从事城市建设的地方国企发债应符合地方政府性债务管理相关规定，不得新增地方政府债务，承诺所偿还的存量债务不涉及地方政府隐性债务。信贷融资方面，2021 年 7 月，银保监发〔2021〕15 号文对涉及隐性债务的借贷主体融资进行了规范。与之对应，这一阶段的城投企业债务增速明显放缓，由 2020 年的 13.48% 降至 9.02%。2021 年 10 月以来，广东省、上海市、北京市等地陆续提出启动全域无隐性债务试点，其中广东省在 2022 年 1 月 20 日宣布已如期实现“清零”目标。按照“控增量、化存量”的方针，本轮隐性债务化解工作预计将持续到 2028 年。

二、隐性债务管控、债务危机处置及风险化解的国际经验

（一）隐性债务管控的国际经验

一是立法机构对隐性和或有债务的制约。总结国外控制政府或有债务的政策措施，发现国家立法机关涉入或有债务相关决策事务中来，可有效限制其风险暴露。首先，这种涉入既包括了解或有债务实

施主体的相关信息以及或有债务如何影响未来的财政状况，也包括对或有债务的直接审批。几乎超过一半的 OECD 国家要求政府的信用担保需获得立法机关或国会的批准，如比利时、加拿大、丹麦、芬兰、法国、德国、希腊、冰岛、意大利、波兰、西班牙、瑞典、英国和美国（OECD，2007）。一般来说，对于政府信用担保的实施需要国会批准的规定被写进了普通法，包括预算体制法规及特别债务和借款法规，如瑞典将其写进了州预算法案，芬兰和德国还将其写进了宪法。

其次，立法机关也有权对个别担保或担保计划进行批准。如，在捷克向市场经济转型过程中，从 2001 年起要求其担保是否获得立法机关的批准须基于这一担保的个案情况。这导致政府所实施的担保数量在 2001—2003 年间明显下降且政府逐渐加大对政府担保年度总额的限制。最后，对担保设定一个最高限额是制约担保增加进而或有债务积累的直接和有效工具。很多国家已经对政府担保数量设立了最高限额，如保加利亚、加拿大、匈牙利、印度、以色列、日本、哈萨克斯坦、拉脱维亚、荷兰、巴基斯坦、葡萄牙、俄罗斯、斯里兰卡、南非、突尼斯和坦桑尼亚等国家。

二是审计机构对隐性和或有债务的制约。除立法机构外，国家审计机构的严格审查也有助于在实施和管理或有债务时有效地避免风险。虽然国家审计机构的审计范围变化多样，但对政府或有债务的审计却十分普遍。2005 年，最高审计国际机构组织 (INTOSAI) 调查发现，所有 15 个样本国家都认为国家最高审计机构的职责也包括对政府或有债务进行识别和审计。虽然很多情形下，这一职责仅被限制在核实或有债务的精确性以确定其规模是否与相关财政报告所披露的内容和立法机关的要求相吻合。而且，大多数被调查国家的最高审计机构虽然不负有通过审计政府或有债务来预测其财政后果的义务，但这不排除现实中有可能通过审计预算执行或其他政府经济决策来评估它们对未来财政状况的影响，这意味着其也能对政府或有支持形式给出一些价值判断以约束和控制政府过度积累或有债务，如立陶宛、墨西哥、葡萄牙和瑞典等国（INTOSAI，2005）。

三是对隐性和或有债务补助成本进行预算。对政府担保成本进行预算分析，可以准确比较其与直接拨款和政府贷款等政府支持方式的成本，避免政府对担保的过分偏爱，实现政府各类融资方式间的平等竞争，从而有效减少现实中政府担保的数量和潜在或有债务。但由于对担保补助成本进行预算的难度较大，实施的国家比较少。美国自1992年起为政府直接贷款和担保贷款设置了新的预算规则，要求政府对其直接贷款和担保贷款都提供一笔独立拨款，以此作为预期补贴成本，且不管这笔拨款是不是要在几年之后才真正拨付，都作为费用列入预算。其中，直接贷款的补贴成本是未偿总金额的现值和向借方收取的利息与政府的货币成本之间的差额；而担保贷款的补贴成本是对违约的赔偿与收到的费用及回收值之间差额的现值。

四是信息披露的特殊要求。信息披露对或有债务存正负双重作用，提高透明度有利于更清醒的认识和监督风险的同时，也会带来道德风险的负面作用。一地可能因为对或有债务的全面披露而导致其信用程度的降低，但相较于或有债务统计和根据其风险系数进行估算对提升债务抗风险能力带来的益处，政府至少需要在自身充分了解或有和隐性债务的风险后，对其信息披露保持一定的谨慎。

许多国家也都已将披露政府或有债务的职责制度化并内生于政府财政职责和公共财政管理立法中。在那些立法机关要求这样披露的国家，如澳大利亚、加拿大、新西兰和美国，通常通过财政声明报告或有债务。部分国家在预算草案内容中披露或有债务，也有国家将担保信息列入他们中期财政框架内容和债务管理报告提交议会，前者如哥伦比亚和秘鲁，后者如日本、捷克和土耳其。捷克从 2003 年起将有关各种财政风险的信息报告作为一章内容写入《政府财政报告》中，但从 2007 年 11 月起，为满足其 2006 年《财政责任法》的要求，生成了独立的《或有债务报告》。此外，还有一些国家将或有债务情况包含在对运用主要宏观经济变量衡量财政风险敏感度过程的声明中，如澳大利亚，巴西，智利、哥伦比亚、印度尼西亚和新西兰。

（二）地方政府债务危机处置和风险化解的典型国际实践

1. 阿联酋政府关联企业债务危机化解经验

政府过度举债以及政府融资平台风险长期累积引发债务危机。迪拜这座城市的兴起主要依靠金融房地产等产业投资，整座城市从一片沙漠中凭空而出。大量投资依靠政府关联企业（GREs），迪拜世界就是政府关联企业之一。2009 年 11 月，迪拜政府重组迪拜世界，延迟偿还其即将到期的约 600 亿美元债务，迪拜债务危机由此爆发。

有力的财政援助与各种金融支持方式，帮助其快速走出债务困境。一是首府城市提供财政援助。阿布扎比 2009 年提供 100 亿美元的援助，是此次迪拜债务危机解决的关键。二是中央银行提供流动性支持。阿联酋央行向陷入困境的银行注资 150 亿美元，并延长部分商业银行约 100 亿美元的到期债务。三是债务重组。将债权转换成股权，迪拜政府将持有的迪拜世界的 89 亿美元债务转换成股权。进行债务置换，发行新债偿还债务，并许以更高回报展期偿还到期债务。四是建立债务危机裁决法庭。迪拜酋长国政府颁发酋长令，成立由英国和新加坡人任法官的临时债务争议裁决法庭，解决与迪拜世界债务相关的争议事项。

债务危机解决后，为防止出现新的债务危机，阿联酋设定了更为有力的金融约束，包括将银行向公营企业（GREs）和酋长国政府提供的贷款总额限制在银行资本金的100%以内，并为公营企业和阿联酋的单个贷款设定了25%的上限等。

2. 美国市政破产机制下的债务化解经验

中央政府参与救助纽约市债务危机经验。美国联邦政府一般不直接参与地方债务救助，但对于影响大、容易引发较大风险的地方也会参与其中进行救助，纽约州纽约市就是代表。多年财政赤字加上经济危机引发纽约市债务危机。受美国1974年大规模经济金融危机影响，纽约州纽约市财政收入大幅下降，财政收支的巨大缺口加上多年的赤字积累导致纽约市于1975年爆发债务危机。此后，上级接管纽约市。一是上级政府临时接管。纽约州成立紧急财政控制委员会，掌控纽约市的财政、行政和人事等权力，并提出财政三年资金调配计划，设立一般公债基金确保债券偿还，规定未经同意纽约市政府不得举债。二是积极进行债务重组。纽约市与债权人协商将短期债转为长期债券，退休基金出资购买25亿美元的市长期债券，州政府向市政府注资8亿美元。三是联邦政府参与救助。1975年12月，联邦政府向纽约市提供总量不超过23亿美元的短期贷款，并给予16.5亿美元的偿债保证。经过多方努力，历经9年的债务危机终于得以化解，纽约市最终于1983年6月按约定期限偿还了全部债务。

进入破产程序的底特律债务处置经验。破产法的设置以及进入破产前州政府的行政干预，能够在第一时间隔离风险，并在法律上对居民债权人给予了优先偿还保障。长期积累的产业危机引发底特律破产，2013年底特律宣布破产实质上是20世纪60年代以来产业危机逐步积累后的集中爆发，2008年国际金融危机加速了这一进程。通过申请破产保护和与债权人积极协商成功应对，一是通过向法院申请破产获得保护，申请破产保护后，市政府免于支付各类诉讼和逾期费用；二是财政重整计划顾全多方利益，最终削减的70亿美元债务因计划的合理和公平，赢得包括已担保债券持有人、普通债券持有人、工会以及养老金机构在内的债权人对债务重组计划的支持。债务危机快速得到解决，财政状况恢复正常。底特律仅16个月便走完破产司法程序，为防止债务危机进一步恶化蔓延赢得了时间。

3. 日本夕张市财政健全化体系下的债务化解经验

经济形势欠佳和不当政策引发债务危机。日本泡沫经济破灭、宏观经济形势低迷，资源型枯竭型城市夕张市面临自身转型困境，政策性去产能导致企业和政府收入均减少，前期过度举借债务也难以偿还，夕张市陷入财政困境难以脱身。日本启动债务重建计划应对债务危机。

依靠上级政府帮助和资源收缩应对危机。一是上级政府积极协助。中央政府督促夕张市实施财政重整计划，北海道提供低利率资金置换夕张市债务，派员维持当地公共服务，并向当地提供项目援助。二是增收减支。通过拍卖公有财产、出租政府机构、对部分服务收费等方式增收，大幅度裁减政府公职人员，压缩公共服务范围。三是强化资源集约。城市规划中强化公共设施向市中心集中，大力发展集约化城镇。四是加强信息公开。提高财政运行透明度，引导民间力量积极参与应对债务危机。如今，属于资源枯竭型城市的夕张市虽度过了债务危机，但仍面临转型困境，缺乏必要的产业支撑，财政状况难以得到实质改善。

4. 巴西三轮债务危机中的区别化处置经验

巴西州政府曾于20世纪80–90年代先后经历了三轮债务危机。

三次危机引爆源不同，中央政府均施以援手。第一次危机源于外债压力，国际债券利率大幅提高，导致各州无力偿还，由巴西中央政府作为债务担保人接管各州政府外债。第二次债务危机源于各州拖欠本国联邦金融机构债务，中央政府提供贷款偿还部分州政府债务。第三次债务危机是全面地方政府债务危机，联邦政府发行中央债券置换地方政府债务纾解债务困境，并限制地方政府举债权利。

逐步填补地方政府债务约束的制度空白。为避免地方政府债务再次发生债务危机，联邦政府逐步制定和完善债务约束制度。一是严格借贷条件。实行全面的债务控制指标，设立举债审批前置条件，如向参议院提出的借款申请时必须提交给中央银行审查。二是建立惩罚性的救助制度。地方政府不得随意增加持续性支出，财政支出自由受限；联邦政府可从转移支付中扣除州政府享受到的债务补贴，州政府应以财政收入为债务提供担保，州政府受援助期间严格控制新增债务。三是严格限制联邦为州政府提供担保，任何超出联邦参议院规定的担保都将是无效的。四是加强信息披露。地方政府必须向联邦报告州市政府账户的记录和调整、预算执行报告体系及财政管理报告等方面的内容，并在规定期限内向社会公开。五是加强纪律约束。对未能严格执行财政纪律的政府采取人事处罚、革职、禁止在公共部门工作等惩戒措施，严重情况下甚至会采用刑事制裁。

债务约束提升了巴西地方政府抵抗外部风险的能力。实施《财政责任法》之后，债务水平占GDP比例有所下降。在2009年金融危机中，巴西地方政府受到的冲击较小，说明了财政责任法律体系的有效性。

（三）对我国的启示

隐性债务风险的防范和化解，需要从体制机制和具体操作经验两方面来学习借鉴国外经验，为我国地方政府隐性债务管理提供有效的启发。

1. 进一步明确划分中央和地方、政府与市场间的事权和财权

首先，继续深化中央和地方政府间的事权和财权改革，明确不同层级政府债务责任的明确划分。其次，继续深化国有企业改革，并明确区分企业和政府间债务责任。再次，注意引导并强化社会各方对政府隐性和或有债务不承担偿还责任的社会预期。此外，还需加快推进地方税体系的建立，建立起地方自有税源对地方政府举债还债的支撑保障作用。

2. 建立完善的权责发生制会计体系、预算体系和风险度量体系

首先，继续深化权责发生制的预算体系和会计核算标准，为了解债务和财务的真实状况、衡量债务风险提供更为准确可靠的数据支持，加速隐性债务的隐性财政成本透明化。其次，通过将预算外责任纳入常规的预算监控体系，迫使政府更全面披露其承担责任的长期成本和收益，为各方监管政府债务资金的使用状况提供全面的数据支撑。其三，进一步完善债务风险度量指标和体系，加强隐性债务数据在财政总体稳定状况、分配效率和技术效率等方面的科学分析，并以综合性财政风险评估替代孤立指标分析，防止仅对孤立的赤字和债务上限进行分析而造成风险误识偏差，影响债务风险分析的价值。

3. 建立与债务预算制度相适应的地方政府债务统计和报告制度

首先，结合审计机构对地方政府债务的审计情况，要求地方政府

在同一债务统计信息口径下，公布包括隐性债务在内的完整的债务信息，发布包括地方政府隐性债务的财政信息。其次，进一步发挥地方人大和财政部门的监管作用，地方政府定期向其提供并汇报其全面债务和财政状况。最后，注意地方政府债务监管部门和机构间的协调畅通，建立债务信息沟通的平台和制度保障，增强债务监管部门间的信息共享和信息交互核查纠错功能。此外，还需建立有效的债务违约追责惩戒机制，增强内部自我监管意愿。

4. 扩大债务监管对象和空间，全面监控债务风险

首先，适度扩大监管范围。借鉴日本将与地方政府业务相联结的地方公营企业债务纳入预警监测范围的经验，将融资平台公司、公营企业债务等隐性和或有债务逐步纳入监管。其次，扩展监管视角，以金融供给侧约束补充财政需求侧约束。阿联酋央行规定将银行向公营企业（GREs）和酋长国政府提供的贷款总额限制在银行资本金的100%以内，同时为公营企业和阿联酋的单个贷款设定了25%的上限。当前我国地方政府债务监管未将融资平台公司、事业单位等与政府关联的各类主体并未纳入债务风险控制范围，而且我国债务统计口径不一、数据不详，除政府债券相关数据较为完整外，地方政府隐性债务缺乏统计数据支持，相关债务状况不明，难以对债务进行有效监督和测量。应在地方政府债务底数摸清后，建立客观可信的债务信息数据库，实现更大范围的债务监管。

5. 根据行政层级设置差异化的债务限额

首先，美国州政府和州以下地方政府在债务合理区间上有所区分，层级越高管辖区域越大，对应债务指标安全区间上限就越低。如，美国阿拉巴马州的县政府债务规模限制房地产估算价值的5%以

内，而其下属市政府的债务规模则为20%。日本也是如此，都、道、府、县层面债务赤字率早期预警区间为3.75%，而市、町层面可达到11.25%–15%。我国地方政府举债权集中在省级层面，未设置债务风险指标和预警区间，上述经验启发我们在省级层面债务水平整体安全情况下，可适当放松地市级政府债务限额。其次，债务指标差异化设计考虑了人口规模、特殊收入来源等因素。如，美国新泽西州规定人口超过35万的学区债务规模可以达到房地产价值的8%，人口不足的学区债务规模仅为4%。日本则限制以赌马等特殊收入为主要收入来源的地方政府举债。我国地方政府债务规模可从人口、主要税源等情况进行更细致的设计。

6. 善用商业化市政保险和偿债准备金制度提升抗风险能力

首先，建立较为发达的债券融资商业保险机制。美国有专门的市政债券商业保险公司，与债务余额相符的偿债储备金制度进一步保障了债务偿付能力，具体数额各州有所不同。当前我国地方政府债券融资商业保险机制尚未建立，可适时引入债券商业保险业务。其次，提取一定的偿债准备金。日本地方政府每年须按照债务余额的1/3提取偿债准备金。我国偿债准备金的计提纳入一般预算管理，而非直接对应政府负债，建立与政府负债之间关联的准备金制度，更利于关键时刻风险缓冲和债务抵减。

7. 多元救助方式化解债务危机

首先，省级地方政府为债务纾解的主要救助方，极少出现中央政府施援的情况。援助过程中，上级政府进行的往往是带有约束条件的惩罚性救助，地方政府行政、人事、财政等权力将受到限制，地方公共服务等也会被适当压缩。债务救助期间，地方政府运用变卖资产、债务置换、债务减免、债转股等多种方式进行债务重组，积极与债权人协商重组方案，形成有针对性的短期债务重组和中长期财政调整计划。其次，相邻地区的互助也可作为摆脱债务困境的方法。迪拜公营企业债务危机引发的区域性危机中阿联酋首府阿布扎比提供的100亿美元的债务援助发挥了巨大作用。我国单一制分权财政体制下，兄弟省份及地区间的往来合作，以及各地官员挂职借调等干部流转体制，使得我国地方政府间拥有更为密切和便利的互助联系，关键时刻除银行金融体系的救助外，政府间互助共建也可纳入考虑。

8. 珍视平台债等债务违约经验，有效修正债务警戒边界

国外债务预警系统都是在遭遇债务困境后建立的，经过实际债务困境测试的机制和措施更有效用和鉴别力。如日本经历大阪府债务困境后，对财政健全化指标进行了修正。美国哥伦比亚州根据债务危机经验，对其债务红绿灯预警制度进行多次修订，均取得良好效果。我国地方债务虽无明显危机，但平台公司债务点状爆破，地方政府债务快速攀升，应完善债务预警机制，有效设定债务警戒边界。

三、地方政府隐性债务金融风险的分析与判断

（一）隐性债务向金融风险传导的机制

隐性债务的风险可通过资产负债表、资产价格、市场预期等多个渠道，在政府部门、金融体系、企业部门、消费者部门之间形成串联。隐性债务风险的形成和传导与债务资金在各个体系的流转关系紧密，债务风险、财政风险一定会首先以金融风险的形式爆发出来，并迅速在金融体系内部传染蔓延；金融风险又会反过来对实体经济和社会稳定造成负面影响，加大经济失速风险和社会风险（图1–14、图1–15）。

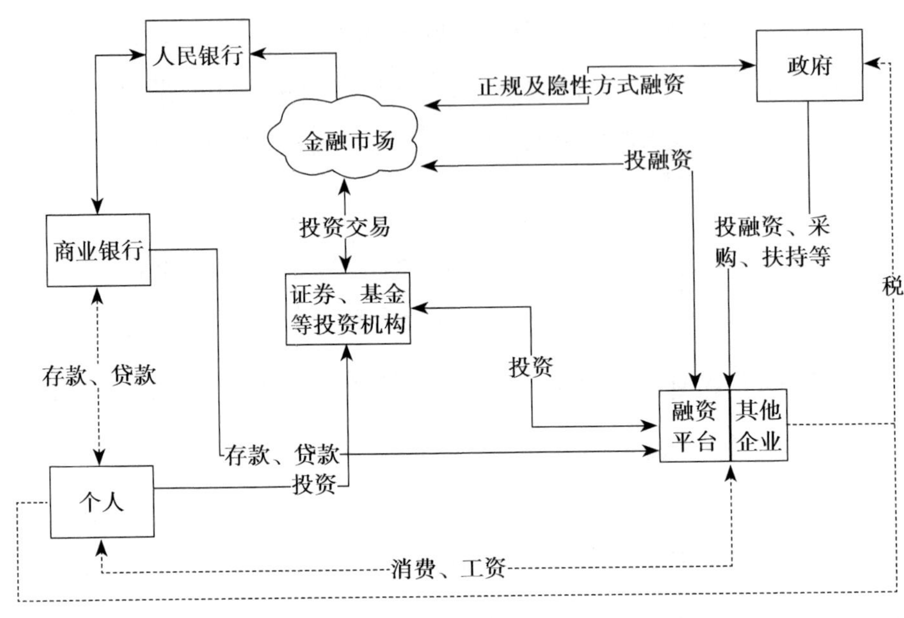

图 1–14　经济运行中各主体的经济金融关系

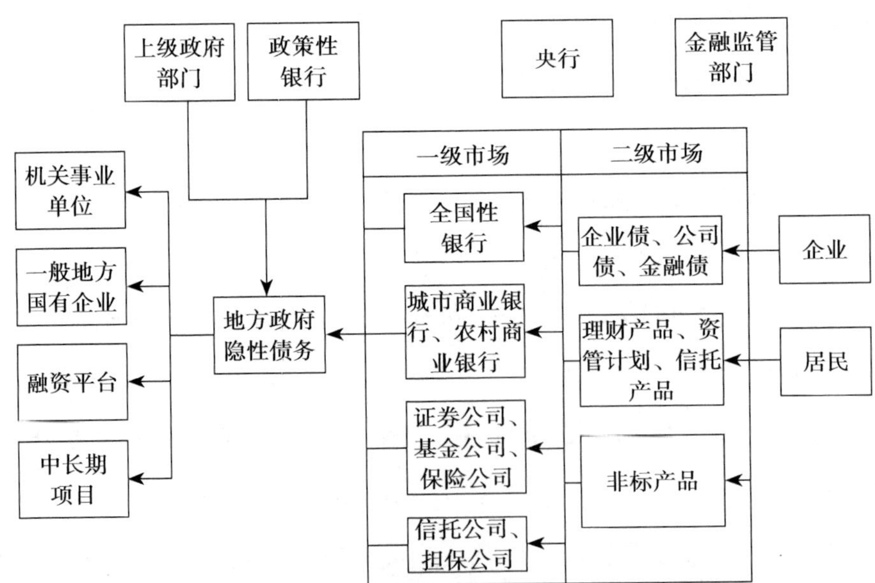

图 1–15　与隐性债务相关联的经济主体关系

隐性债务引发的风险在四大体系之间跨机构、跨市场双向传递，且随着债务对应资产在不同体系内的不同价值形态和流动性水平的变化，金融风险呈现不同类型。从承载隐性债务风险的主体来看，可归为四大体系——地方政府隐性债务人体系、作为隐性债务债权人的金融体系、投资者体系和上级调控或救助体系。在这四大体系中，风险的爆发点不仅仅也不一定来自债务人，各个体系的特殊风险都可能成为引发系统性风险的源头，各个体系之间的风险也有一定的联动性（图 1–16）。

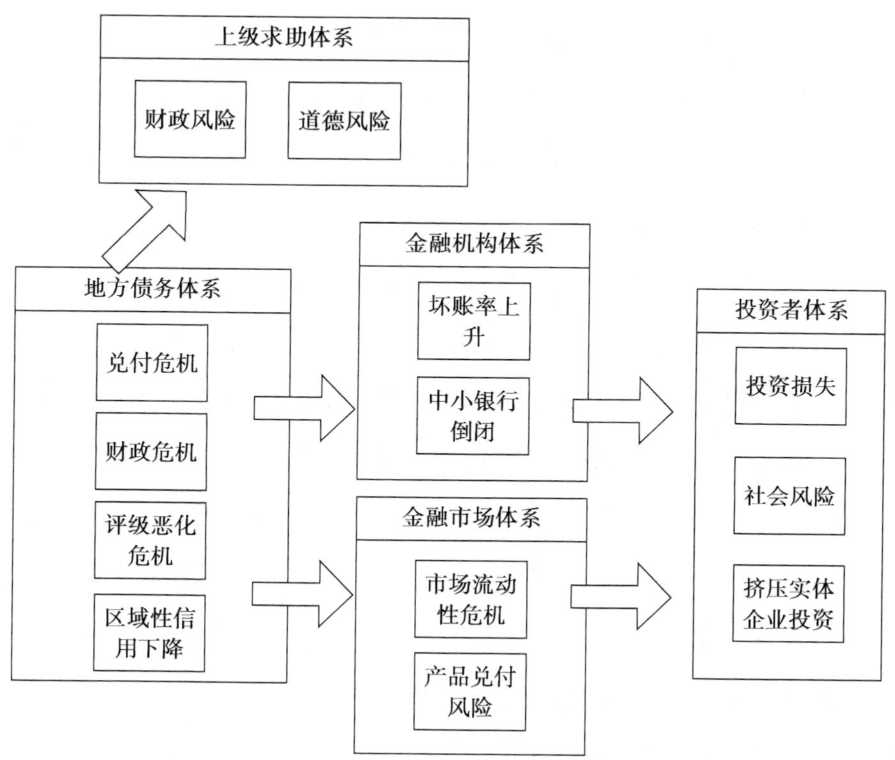

图 1–16　隐性债务风险在四大体系之间的传导以及转化机制

1. 债务人体系：既包括形成债务的实体型融资单位，如机关事业单位、一般性国有企业、地方融资平台公司；也包括非实体型的中长期融资项目，如政府投资基金、股权融资计划、PPP 项目等，是隐性债务风险的来源。主要风险点是债务偿付违约风险，随着债务规模不断膨胀，即使付息也愈发困难，无法借新还旧、债务展期。

2. 金融机构和金融市场体系：包括持有少量地方隐性债务资产的开发性、政策性银行和大型商业银行，持有大量隐性债务资产的地方城市商业银行和农村商业银行，以各类资产计划形式持有隐性债务资产的证券公司、基金公司和保险公司，以及地方性的信托公司、担保公司、融资租赁公司。隐性债务被分割、打包、整合成各类资产计划，资产类型既有地方融资平台公司的企业债、公司债、各类债务融资工具，也有各类理财产品、资管计划和信托计划，还包括各类非标准化的金融产品。隐性债务风险传导途径是债务风险→中小型金融机构风险→大型金融机构风险。金融机构由于自身问题出现经营风险，也可能引发债务资金链条断裂从而爆发兑付危机。根据 wind 数据，中小金融机构中，全国城商行和农商行前十大客户中城投企业贷款占比分别高达 60.2% 和 49.1%，平台贷款质量直接影响这类机构不良率。同时，中小型银行高度依赖同业负债，如农商行同业负债占比高达 28% 左右，而同业负债的对手方则主要以大型国有商业银行为主，其经营风险可能传导至国有大型银行，引发同业挤兑乃至系统性金融风险。此外，除表内贷款，多种类型金融机构还通过债券、非标、股票等其他金融工具广泛参与到各级融资平台运作，信贷市场上的违约事件不仅会影响信贷市场，还会传递至债券、股票等其他金融市场。

3. 投资者体系：包括持有各类投资计划的居民和企业投资者体

系，随着隐性债务风险爆发和资产计划偿付违约，债务风险损失将最终导致债券、非标产品投资人受损，也会波及其他更多机构投资者和广大个人投资者，连带产生间接挤压实体企业投资、抑制消费行为等长期影响。

4. 上级救助体系：包括中央和省、市级的上级政府部门以及开发性、政策性银行在内的一整套财政、金融、监督体系。不同政策会造成金融体系对隐性债务风险容忍度的变化，随着上级部门救助力度不同，隐性债务风险向上级部门传导情况也有所不同。如省级政府不对偿债困难的市县实施救助，则可能造成整个区域风险上升，最终威胁全盘财政稳定、金融生态环境和社会融资链条；但如果仓促救助，又面临道德风险。

值得注意的是，资产价格顺周期性可能显著放大隐性债务风险引发的不良后果，造成通货紧缩、去杠杆化、经济活动收缩的螺旋式下降：地方政府的资产价格上升 / 下降、经济增速提高 / 放缓→地方政府债务的风险溢价下降 / 上升→杠杆率上升 / 下降→基建投资增加 / 减少→资产价格进一步上升 / 下降。

除了四大体系的实际联系，隐性债务风险还通过市场预期渠道产生广泛影响。预期渠道主要存在于公开市场，如城投债市场，由于各地城投债之间具有很强的同质性，一旦某个违约事件爆发将打破长期以来金融机构的刚兑预期，引发投资者对其他城投债配置意愿，兑付压力下进一步抛售其他债券，并迅速传导至一级市场，各类债券发行难度都将大幅上升。特别是当前环境下，金融主体风险偏好明显下降，即使违约个体与其他主体毫无关联，也会通过预期渠道产生负面影响。例如，2018 年 8 月“17 兵团六师 SCP001”未能足额支付利息，不但导致该债券评级大幅下调，还引发投资者对新疆地区城投债的整体担忧；2011 年云南路投事件和上海申虹事件，也引起了城投债市场整体约 2% 的收益率飙升。

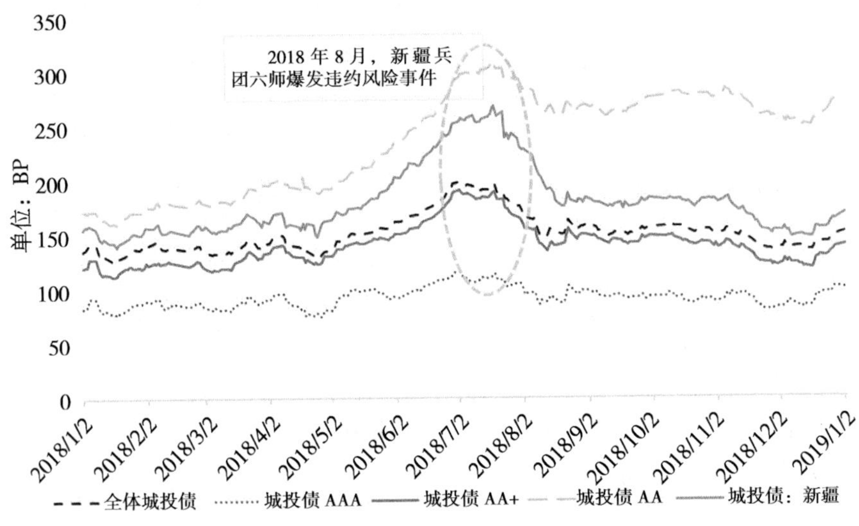

图 1–17　信用风险事件后各类城投债的信用利差（中位数）走势

（二）隐性债务形成金融风险的表现形式

隐性债务已成为金融风险的重要来源之一，如果处置不当还会产生“处置风险的风险”，主要表现为流动性风险、社会融资风险、金融机构经营风险、价格波动和价值重估风险和道德风险五种形式。

首先，地方政府隐性债务对金融体系稳定性的影响正在逐步显现，未来各类金融风险事件可能相继爆发。一是金融市场频繁面临流动性冲击和社会融资波动。与债务周期天然伴生的是流动性松紧也呈现规律，从经验来看，每一次债务膨胀后的 2–3 年，都会出现 1–2 次的“钱荒”危机，扰动金融市场，引起债务危机连锁爆发。二是金融机构稳健性面临挑战，越来越多的中小型银行和非银金融机构可能经营困难、甚至破产出清。根据作者估算，隐性债务资金来源中，五大国有银行占比约30%左右，风险敞口不大。但城商行、农商行等地方中小银行的资金在隐性债务资金来源占比50%左右，与地方隐性债务捆绑密切，对隐性债务的风险敞口不容忽视。此外，券商、信托、融资租赁等也是隐性债务的主要资金来源方，未来可能有越来越多的中小型银行和非银机构出现信用风险。三是隐性债务风险叠加资产价格顺周期，可能引发金融市场的价格剧烈波动，以及抵押品估值的大幅缩水。四是金融体系的道德风险持续上升。商业银行等金融机构可能将成为这场击鼓传花游戏的接盘者，而一些中小银行可能会成为这场漫漫危机的牺牲者。

其次，规范地方政府隐性债务是将风险在空间和时间上的再配置，处理不当就会产生“处置风险的风险”。空间方面，在处置隐性债务、防范金融风险工作中，可以通过债务展期、债务重整和“惩罚式救助”等方式，将风险引导至风险忍耐度更高的主体，如中央政府、地方政府、国家开发银行、大型国有商业银行等，但会造成风险在政府和系统性重要金融机构的纵向聚集；同样，也可以通过建立风险防火墙，把金融风险隔离在当前体系，但可能引发风险的横向蔓延。时间方面，可以采取较为激进的方式，将风险在短期暴露，采取财政偿还、企业偿还、资产出让等手段弥补债务漏洞，但需承担较高的经济社会成本，忍受财政资源下降、经济下行、社会矛盾激化等一系列问题；也可以采取展期、置换等方式，将债务风险适当延后，但可能在未来引发更大的债务风险。

表 1–6 处置风险时可能引发的衍生风险

处置方法	具体内容	衍生风险模式	时间节奏	可能衍生的风险
安排财政资金偿还	由本级政府安排年度预算资金、超收收入、盘活财政存量资金等偿还	类型转化	短期处置	造成债务在债务人体系内部的蔓延，从债务风险转化为财政风险，进而引发社会风险
出让政府股权	由本级政府通过出让政府股权及经营性国有资产权益取得收益偿还（如政府办公楼、国有企业股权等）	横向蔓延	短期处置	资产处置过程中很可能发生估值大幅缩水，而资产处置后债务主体缺乏足够的抵押物，导致其从金融机构获得的信用额度萎缩，引发进一步的资不抵债问题
债务置换	由省政府发行一般债或者专项债置换隐性债务	纵向传导	长期延后	固然可增长债务存续期，降低融资成本，但却使得风险向上级政府部门集聚，财政风险增加。一旦置换债券作为未来地方政府解决债务偿还问题的常设机制，将进一步加剧地方政府过度举债的道德风险。此外，推升中长期利率水平，造成中长期社会融资成本上升，对私人部门的中长期投资带来一定潜在抑制效应
企业利用自有资金偿还	由企业或事业单位利用结转资金、经营收入偿还（不含财政补助资金）	横向蔓延	短期处置	目前有充足经营性现金流的隐性债务项目占比不高，强行强化负债约束，可能引发地区经济发展风险和企业破产风险
借新还旧、展期或贷款置换	由企事业单位协商金融机构（包括政策性金融机构、银行以及非银类金融机构）通过借新还旧、展期、低息贷款置换等方式偿还	纵向传导	长期延后	能适当降低融资成本，增长债务存续期，但在没有进行债务货币化之前，银行可能出现坏账上升的风险，同时地方政府会进一步增加违规举债的道德风险，债务风险向未来延续。需要在风险延后的期间内积极进行财政纪律整顿，防止债务风险累积在未来形成更加的风险
债转股	由企事业单位协商金融机构，以合理的价格将债权变更为股权	横向蔓延	长期延后	由于隐性债务对应的是无法产生现金流的资产，真实债转股难度较大，更有可能得是明股实债模式，与债务展期的性质相同，只是将债务风险暂时延后

续表

处置方法	具体内容	衍生风险模式	时间节奏	可能衍生的风险
破产出清	对债务单位进行破产重整，并按照公司法等法律法规进行清算，相应化解	横向蔓延、纵向传导	短期处置	可能引发地区性信用评级下降、信用收缩，从而引发地区性债务风险的集聚爆发，同时可能引发地区中小金融机构的坏账率飙升，进而恶化当地金融生态
上级部门救助	由本级政府安排年度预算资金、超收收入、盘活财政存量资金等偿还	纵向传导	长期延后	将隐性债务风险显性化以后传导至上级救助部门，虽然可以实现债务风险的长期延后和适度控制，但却可能引发上级部门的财政风险，挤出政府在一般公共服务、基础设施建设等方面的公共支出，也会引发地方政府进一步过度举债的道德风险

隐性债务可能引发的金融风险主要有五种类型：

1. 流动性风险：表现为流动性短缺或者骤停，货币市场、债券市场利率急剧上升。例如，2013 年 6 月份“钱荒”事件中，金融市场流动性骤然紧缩，之后城投债的利率中枢 (5 年期 AA+ 评级) 提升了约 23bp。主要原因是地方政府融资主要投向大型的基础设施与公益性项目，资金需求量大、期限长、回收慢，项目变现能力较差，而银行信贷和债券资金都以 1–3 年的短期为主，资产与负债期限错配使银行面临巨大的流动性风险。

2. 社会融资风险：表现为社会融资总量收缩，融资成本上升。地方政府隐性债务 (监测口径) 占社融存量的 22.9%，2014–2018 年地方政府隐性债务年均 7.5 万亿元的增量约占每年新增社会融资的 42.4%。每年有 10 万亿 –15 万亿元左右地方政府隐性债务到期，如何保障这些债务的顺利偿付或再融资，将直接决定金融体系稳定性。

3. 金融机构经营风险：一是中小银行的信用风险上升，坏账率上升。近年来城商行等中小银行不良贷款率上升，同时拨备覆盖率下降，抵偿能力受损。本就羸弱的中小银行如果再受到重大信用风险事件的冲击，必然会导致银行坏账激增，难以生存。根据作者估计，各级政府融资平台涉及的不良贷款率可能接近 20%，不良贷款总额高达 2.4 万亿。不少地方中小银行有 20–30% 的平台贷款实际上已经不可能收回，只是在接续。二是非银机构的信用风险上升。由于城投债的“安全性”，券商、基金等非银机构往往高配甚至满仓城投债，而一些追求高收益的机构不断下沉所购城投债的信用评级，信用风险分析形同虚设，一旦发生城投债违约，将会波及当前市场上的绝大多数非银机构。

4. 价格波动和价值重估风险：一是公开市场产品（如城投债）价格剧烈波动，发生踩踏式抛售。城投债作为公开市场债券，资产价格本身就具有不稳定性，如果再与隐性债务自身存在的流动性风险交叉，使得一旦城投债发行主体发生个体风险事件，债券价格下跌幅度较其他债券更大。二是土地等抵押品价值缩水，引发债务违约和资产价格下跌之间的恶性循环。在金融杠杆的顺周期作用下，如果发生隐性债务违约冲击，将使抵押品（主要是土地）价值大幅下降，引发借款人的净值下降，外部融资溢价要求上升会导致投资者需要更高的回报进行补偿，进而引发信贷融资下滑、实体经济增长放缓，并进一步加剧债务违约风险的上升，最终形成债务违约和资产价格下跌之间的恶性循环。

5. 道德风险：表现为财政风险金融化，金融体系承担过多的财政功能。在隐性债务的关系背后，地方政府与融资平台公司、社会资本合作方、金融机构及中介机构等形成了利益共同体，存在复杂的委托－代理关系。基建投资缺乏盈利性是隐性负债引发道德风险的根本原因。城投公司的大量基建投资具有公益属性，根据wind数据，2017年城投公司平均资产收益率仅为1.9%，而同期AAA级城投债收益率为4.8%，城投公司中ROA高于AAA级城投债收益率的比例仅为7.4%。这意味只有很少一部分基建项目能够市场化融资，绝大部分需要借助政府资金或政府信用支持。

（三）对隐性债务引发金融风险的总体判断

总体判断，隐性债务引发系统性金融风险的可能性极低，但隐性债务风险可能会加速部分金融机构的信用风险、流动性风险暴露，未来一段时期可能会陆续出现点状的金融风险事件，要及时适当予以处置，避免引发区域性金融风险。

隐性债务引发系统性金融风险的可能性极低。一是国家信用的支持能够在危机时发挥重要作用。银行仍然是隐性债务最大的最终持有者，尽管不良贷款率的提高会一定程度上制约银行信贷投放，但只要国家信用背书下的“存款刚性兑付”存在，只要银行体系的流动性能够保持合理运转，隐性债务违约引发银行体系大规模倒闭的风险就几乎不存在。二是我国仍有较大的债务空间。我国中央政府负债仍然较低，同时政府债务中外债占比较低，截至2018年末外债负债率仅为14.4%，隐性债务风险爆发进而向主权债务风险升级的可能性很低。同时，较低的中央政府负债率、相比于其他主要经济体较高的利率水平，也代表了财政政策和货币政策的操作空间仍较大，可合理运用政策组合来化解隐性债务风险。三是银行业风险总体可控。我国商业银行资产质量仍较为稳健，对银行信用风险进行压力测试也表明信用风险尚可承受，假设银行对隐性债务全部按照5%计提不良资产，商业银行需要承担约1.4万亿元损失，而2018年末超额拨备也约为1.4万亿元。同时，商业银行体系流动性也较为充裕，2019年一季度末，我国商业银行资本充足率为14.18%，对照11%的要求，当前商业银行资产扩张空间还有38.85万亿元，对化解隐性债务具备一定操作空间。因此，商业银行部门基本有能力承受地方政府债务违约所造成的冲击，但拨备覆盖率和贷款拨备率指标可能会大幅低于监管水平。

融资平台和国有企业偿债能力恶化，可能造成部分金融机构信用风险爆发。尽管银行业作为一个整体，有能力覆盖地方政府隐性债务风险暴露带来的信用损失，但这并不意味着每家银行都有承接地方政府隐性债务风险的能力。目前已有一些城商行和农商行的信用风险高企，一旦地方政府隐性债务出现违约，这些银行将"雪上加霜"。根据银保监会公布的2019年上半年银行保险业经营情况，城商行的资产质量显著恶化，2019年二季度城商行不良贷款率已经达到2.3%，是2009年以来第一次回升至2%以上，也是各类型银行中资产质量恶化最为明显的银行。自5月24日包商银行事件以来，锦州银行、恒丰银行也陆续爆发风险事件，未来可能还会有其他城商行出现信用风险暴露。农商行的情况亦不乐观，2018年，共有14家农商行因不良暴露、资产质量恶化、触及监管红线而遭主体信用等级或评级展望下调，拨备覆盖率持续低于监管要求。在国内经济下行压力持续的背景下，地方性商业银行的资产质量恶化程度可能会超乎想象，部分金融机构对于隐性债务风险的承载力可能显著下降。

部分金融机构的流动性风险存在极大不确定性。由于地方政府隐性债务多用于基础设施建设，其投资周期较长，而银行的非标等资产期限多在 2–3 年，从而造成银行期限错配的流动性风险。而非标融资作为城投平台企业融资的重要手段之一，由于其复杂的交易结构和流程、资产标的分散，导致难有效追踪和监管，因此金融机构流动性风险的爆发难以进行精确的估算。值得警惕的是，即便大部分地方国企的资产负债表上显示出较高的资产质量，但由于国有资产处置在实际操作中存在一定难度，资产的特殊性较强、实际的市场价值较低，因此在现实中往往难以变现及时偿还债务，短期内仍然面临较大的流动性压力，而这种压力的大小很难评估，极易给市场带来较强的不确定性。流动性风险带来的信贷环境恶化、坏账集中爆发、资本恐慌性出逃等方面的巨大破坏力不可小觑。

如果风险处置不当，一些地区可能出现区域性金融风险。隐性债务风险目前呈点状分布，各省市县的债务风险差异较大，且不存在直接联系。随着中美经贸摩擦加剧、经济下行等负面因素叠加，部分市县经济承压，财力收缩，隐性债务风险有可能爆发。在这个过程中，地方性中小银行的经营风险可能在同一时间爆发。这时如果出现点状风险，但处置不及时不恰当，不迅速切割、隔离风险，就有可能造成区域性风险，造成区域内企业整体的信用评级下降、信贷收缩、流动性紧张，从而进一步造成经济下行，进而引发社会矛盾。

四、化解隐性债务的总体思路和工作建议

化解地方政府隐性债务，要以《关于防范化解地方政府隐性债务风险的意见》《地方政府隐性债务问责办法》等政策文件为指导，坚持中央不兜底、严明财政金融纪律的同时，兼顾利益相关方现实关切和约束，鼓励地方政府、债务主体与金融机构三方协商协力，以市场

化法治化方式探索化解隐性债务风险的方式方法，多方参与、多策并举推动隐性债务“主动偿还一批、分类置换一批、转移转化一批、违约出清一批”。中央政府要坚持不兜底的同时做好化债顶层设计，省级政府明确作为化债工作第一责任主体，同时，要鼓励金融机构在加强风险管控的基础上积极参与化债工作。

（一）总体思路

宏观管理上，要明确财政纪律，加强对地方政府和金融机构的约束，严格控制新增地方政府隐性债务。规范债务须在稳定金融体系和控制道德风险之间取得平衡，坚持不能引发区域性系统性金融风险、不能拖累经济增长滑出正常区间的工作底线。

风险个案处置上，要根据实际情况，及时有效进行应对和处置，做好风险隔离，防止单个风险事件扩散成为区域性和全局性风险。

债务处置方式上，综合利用多种方式，既要充分发挥政府在资金筹措、资产变现、资产重组、协助沟通等方面的作用，又要激发企事业单位、金融机构积极性。既要合法保护债权人权益，又要引导其适度承担部分成本。既要满足债务主体合理的融资需求，又要推动其进行结构性改革、债务重组。综合运用财政资金偿还、出让政府股权、债务置换、资产重组、借新还旧、展期或贷款置换、债转股、破产重整或清算等方式，推进“四个一批”。

1. 主动偿还一批：对于具有一定偿还能力的地方政府和债务主体，综合使用安排财政资金偿还、出让政府股权、企业利用自有资金偿还等方式进行偿还。

2. 分类置换一批：对于认定为政府性债务的部分，由省政府发行专项债置换隐性债务。对于暂时有偿还困难但未来仍有前景的企事业单位，可协商金融机构（包括开发性金融机构、银行以及非银类金融机构）通过借新还旧、展期、低息贷款置换等方式置换一批。

3. 转移转化一批：一是将政府隐性债务合法合规转化为企业债务。已形成较多经营性资产但经营效率较为低下的地区，可通过资产重组提升产出效率，进而提升偿债能力。在省域或市域范围内进行资产重组，将优质资产注入企业，将具有稳定现金流的债务合法合规转化为企业债务，未来通过资产运营产生的现金流偿还。二是将债权合法合规转为股权。前景较好的产业类国有企业或已转型的平台公司，由企事业单位协商金融机构，以合理的价格将债权变更为股权。

4. 违约出清一批：对于债务负担过重、未来也难以偿还的债务主体，进行破产重整，并按照公司法等法律法规进行清算。

（二）政策建议

1. 坚持中央不兜底的同时做好化债顶层设计

中央政府层面负责化债的顶层设计和政策协调。财政、审计、发改、国资、人行、两会等部门加强沟通，对隐性债务的责任认定、规范隐性债务的整体思路和配套政策做出明确规定，指导省级政府完成任务并组织监督工作进展。中央政府指导省级政府完成化债任务并组织监督工作进展，要确保化债工作顺利开展的同时不发生系统性区域性金融风险、经济失速风险、社会稳定风险等。

2. 明确省级政府作为化债工作的第一责任主体

由于隐性债务问题较为严重的通常是地市、区县政府及相关企事业单位，但其政府层级太低、可腾挪动用资源有限、偿债能力差异过大，化债责任过于下沉难以完成任务。而省级政府有能力进行资源配置、债务重组，由省级政府负责更为公平。因此，我们建议，由省级政府牵头抓总负责省内隐性债务化解处置工作，同时做好以下事项：

一是省级政府负责制定隐性债务化解工作方案，明确地市、区县、园区等不同层级政府化债目标、时间表、考核机制等。抓紧盘点资产负债，分类分层编制可变现资产负债表。

二是省级政府搭建成本分担机制，统筹考虑各方道德风险、偿还能力和社会影响，协调各级政府、金融机构、债务主体风险共担。省级政府可考虑设立两类基金，一是“财政稳定基金”，由省政府和各地市政府共同出资，用于给偿债困难的地市、区县政府提供低息过桥资金，借款政府要在年度预算中规划财政收入进行还款。二是“市场化债务重组基金”，财政与银行、资产管理公司、私募基金等各类社会资本共同出资，以市场化方式帮助暂时遇到困难、但具有良好发展前景的企业进行债务重组。

3. 鼓励金融机构在加强风险管控的基础上积极参与化债工作

一是银行业金融机构要管理好涉险头寸。提前预研平台贷款、城投债券、非标表外合作、非合规 PPP 和政府购买服务等各类风险敞口。加强与政府、企业、债券市场、各类投资人等利益相关方的沟通协调，“审慎参与增量、试探化解存量”，探索采取偿还、承接、转化的模式来化解风险。

二是加强金融机构对高债务风险主体的协同约束。利用好债权人委员会、联合授信委员会等机制，加强贷款信息共享，摸清债务主体表外融资、对外担保和其他隐性负债情况，全面审慎评估其信用风险，并根据风险状况合理确定利率、抵质押物、担保等贷款条件。对列入重点关注企业名单或资产负债率超出重点监管线，新增债务融资原则上应通过金融机构联合授信方式开展，由金融机构共同确定授信额度，避免金融机构无序竞争和过度授信，严控新增债务融资。对列入重点监管企业名单，金融机构不再对其新增债务融资。

表 1–7　各地化债模式与措施

<table>
<tr><th colspan="2">化债模式</th><th>具体措施</th><th>地方实践</th></tr>
<tr><td rowspan="4">财政预算偿还</td><td>纳入财政预算</td><td>纳入年度预算安排，逐年偿还</td><td>济南长清区、河南固始县、湖北监利县、宁夏固原</td></tr>
<tr><td>统筹土地出让收入</td><td>出让债务对应土地专项债，土地出让收入统一偿债（增加土地挂牌指标，暂停政策性计提）</td><td>内蒙古巴尔虎左旗、宁夏</td></tr>
<tr><td>压缩一般性支出</td><td>—</td><td>上海、内蒙古巴尔虎左旗、江苏泰州、镇江、广东化州、四川资阳</td></tr>
<tr><td>盘活存量资金</td><td>—</td><td>内蒙古鄂温克旗、贵州三穗县</td></tr>
<tr><td>资产变现</td><td>处置国有资产</td><td>拍卖资产，直接用闲置资产抵债，国企混改（出让国有股权）</td><td>沈阳辽中区、内蒙古鄂温克旗、天津、贵州龙里</td></tr>
<tr><td colspan="2">项目运营</td><td>收益性项目而产生的债务，通过项目运营收入予以偿还</td><td>江苏泰州市鼓励国有企业以项目结转资金、经营收入等偿还部分到期债务</td></tr>
<tr><td rowspan="2">转为企业债务</td><td>注入优质资产，平台转型</td><td>将具备现金流的收益性项目划转至相应融资平台，同时剥离政府性债务，促使平台转型为一般企业，相应的地方政府隐性债务也就成为企业债务，由企业自行通过生产经营偿还</td><td>山西交控“两步走”模式：第一步，组建省级的交控集团，将政府还贷路资产负债整体划转至集团层面，相应的政府隐性债务转变为企业经营性债务；第二步，企业经营性债务的市场化重组，以国开行为首的银团提供长期、低成本贷款置换原有债务</td></tr>
<tr><td>PPP 模式化债</td><td>引入社会资本，将原有的政府购买等模式建设的项目转化为 PPP 项目</td><td>内蒙古新巴尔虎左旗，山西柳林县、汾西县、晋城市，江苏泰兴市，湖北巴东县、武穴县，广东江门市，兴仁县</td></tr>
<tr><td>债务重组</td><td>债务置换</td><td>银团提供低息贷款置换</td><td>江苏镇江：国开行为其提供十年期 400 亿（分两次投放）的基准利率贷款用以债务化解，由市财政下属金信资产承接再投放至各平台</td></tr>
</table>

续表

化债模式		具体措施	地方实践
债务重组	债务展期	对仍有金缺口的，提前与债权人充分协商、深入沟通达成谅解形一致可执行决方案，通过签订补充协议采取展期、延暂时部分支付等措施化解风险。	四川资阳
	专项债借新还旧	选择重点项目申请发行专债券，以争取资金投收益作为还款来源	贵州兴仁
	债转股	银行由债主变为股东	云南建投
破产重整或清算		若债务单位无力自筹资金偿还，可按市场化原则与债权人协商进行债务重组或依法破产，政府在出资范围内承担有限责任	四川资阳提出了撤销融资平台方案

五、防控隐性债务引发金融风险的总体思路和工作建议

当前，在周期性、结构性、体制性等多种因素的交互作用下，各类风险交织积聚。隐性债务风险是可能引发金融风险的主要源头之一，必须对此加强跟踪监测，未雨绸缪制定风险应对预案，分类施策化解风险。

（一）总体思路

在宏观层面，要充分依靠有效市场的力量，同时要发挥有为政府的作用，夯实风险防控的基础。坚持实施稳健的货币政策和积极的财政政策，依托新的贷款市场报价利率（LPR）机制，疏通货币政策向信贷市场的传导机制，通过政策利率、银行间利率等引导贷款利率下行，为防风险创造良好的货币信贷环境。培育区域性信用环境，建立

健全贷款风险补偿共担机制。

在微观层面，要提升金融机构特别是地方性银行和非银机构的风险治理能力。通过大数据、人工智能等科技手段，全面强化金融机构的风险管理，建立完善风险隔离的“防火墙”机制，加强对隐性债务涉及的相关资产的监测和评估，提高风险计量的准确性和敏感性，构建实时、智能的风控体系。进一步健全风险识别及时、质量反映准确、损失抵补充足的资产质量管控机制，综合运用清收、核销、重组、证券化、债转股等多种处置手段，大力化解不良资产风险。

在金融监管层面，既要完善宏观审慎监管，也要加强微观审慎监管。优化宏观审慎评估体系，强化全面监管、穿透监管和协同监管，减少风险淤积和传染。对城商行、农商行实施差异化监管，对区县级银行提高监管要求，鼓励其聚焦本地，进行差异化竞争，降低贷款集中度。

（二）政策建议

为有效防控隐性债务可能引发的金融风险，一方面，要加强风险监测和预警、最后救援和紧急处置机制、风险隔离制度、信息沟通机制等多方面体制机制建设。另一方面，要对主要风险点加强防范，包括中小银行的信用风险和流动性风险、城投债券违约风险等。

1. 健全金融风险防控体系

加强风险监测与预警。中央建立隐性债务风险监测与预警体系，根据风险大小程度分别列出重点关注、重点监管的省份名单，责令省政府抓总负责本省各级政府隐性债务处置。一行两会、地方金融监管部门要督促金融机构对资产质量进行多情景压力测试，对潜在损失进行估计并做出预案。

完善最后救援和紧急处置机制。财政部和人民银行要保有对困境地方政府、问题金融机构施以最后救援的能力，做好直接注资、债务置换、紧急接管等工具储备。省级政府成立“紧急债务风险控制委员会”，对列入重点监管名单、隐性债务问题严重且较大可能引发金融风险的各级债务主体，启动特殊程序，对其提出整改方案，并负责监督实施。债务主体不得实施推高债务风险的境内外投融资，重大投资要履行专门审批程序，严控高风险业务，大幅压减各项费用支出。

建立风险隔离制度。在化债过程中，金融监管部门要主动研究信用风险、市场风险、操作风险、声誉风险等金融风险转化的渠道和表现形式，制定风险隔离措施，完善风险应急处置预案，防止风险转化传染。各债权金融机构要协同做好风险评估工作，理顺债权债务、担保关系，防范风险传导。

加强政府与市场之间的信息沟通。在化债工作中出现贷款、非标、债券等违约事件时，省级政府要协调债务主体与金融机构、市场投资者开展及时、真实、公开、透明的沟通协商。

强化金融机构防范风险的主体责任。督促金融机构从职责、措施、保障、评价和监督等方面细化完善内控体系，严守会计规则和审慎监管要求，强化自身资本管理和偿付能力管理，保证充足的风险吸收能力。优化董事会、监事会、管理层及员工在内控中的定位和职责，强化股东、实际控制人和债权人的自我救助责任。探索建立控股控权股东不当所得追回制度、高管人员责任追究和薪酬追回制度以及金融机构风险责任事后追偿制度。

加强金融机构对高债务风险主体的协同约束。利用好债权人委员会、联合授信委员会等机制，加强贷款信息共享，摸清债务主体表外融资、对外担保和其他隐性负债情况，全面审慎评估其信用风险，并根据风险状况合理确定利率、抵质押物、担保等贷款条件。对列入重点关注企业名单或资产负债率超出重点监管线，新增债务融资原则上应通过金融机构联合授信方式开展，由金融机构共同确定授信额度，避免金融机构无序竞争和过度授信，严控新增债务融资。坚持“穿透管理”和“实质重于形式”原则，将债券投资纳入统一授信。对列入重点监管企业名单的主体，金融机构不再对其新增债务融资。

2. 积极稳妥防范处置主要风险点

加强高风险地方性中小银行的风险防控。加强对城商行、农商行等中小银行的风险防控，建立风险预案。遵循市场化、法治化原则推进高风险金融机构兼并重组。对于面临重大信用风险的问题机构，人民银行积极给予流动性支持，或通过引入战略投资者进行股权重组、通过增资扩股等方式进行救助。对于面临严重信用危机、濒临破产边缘且难以通过市场方式解决的中小银行，由人民银行开展接管。

加快隐性债务相关不良资产的处置进度。通过发行地方政府置换债券，帮助银行业金融机构化解已纳入地方政府债务管理系统的不良资产。鼓励资产管理公司发挥好不良资产处置功能，加大不良资产转让、企业兼并重组力度，开展银行不良资产、担保公司代偿资产收购业务，采取有效手段加大处置力度。鼓励银行业金融机构综合运用重组、转让、追偿、核销等多种手段加快处置不良资产，通过追加担保、债务重组、资产置换等措施缓释相关风险。

积极防范城投债券违约风险。加强城投债券违约风险监测和预警，做好主要平台的债券违约风险摸底排查，督促其及时做好偿债计划。充分发挥城投平台、地方政府、主承销机构和监管部门各自作用，主动作为，利用市场化、法制化原则处置债券违约，建立健全城投债券违约处置机制，在风险可控前提下，可控范围内可实现个别违约、有序打破刚兑，但要防止发生连锁式违约，造成区域信用环境恶化。对城投债开展投资交易分层，引入困境投资人、特殊机会投资者、秃鹫基金等高风险偏好主体，发展信用风险对冲和转移工具，完善债券违约后的处置机制。

严密防范流动性风险。健全金融机构与金融市场流动性监测指标体系，严格流动性风险审慎监管要求，加强流动性风险管理，加强金融机构资产负债期限匹配管理。金融机构之间探索联合建立流动性互助机制和资金调剂机制。对于非标融资对应的隐性债务，要避免出现大规模资金链断裂，允许在资管新规框架下的适当创新，实现平稳替代、非标转标。

六、加强体制改革从源头上防控隐性债务再次膨胀

（一）加快财税制度改革，重塑央地政府关系

要有效管控地方政府债务规模，抑制地方政府投资饥渴、预算软约束，必须加快财税体制改革，重塑政府间的财政关系，从而根治地方政府债务风险问题。要建立权责清晰、区域均衡和财力协调的政府间财政关系，形成激励相容、风险责任清晰的现代财政体制，在事权与支出责任划分、收入划分、转移支付等方面进行科学设计。

一是构建权责清晰的央地事权划分模式。加强中央财政事权与支出责任，对出入境管理、国防公路、国界河湖治理、全国性重大传染病防治、全国性和跨区域性大通道、全国性战略性自然资源使用和保护等基本公共服务逐步上划为中央财政事权，并给予相应的资金

支持。以推进统一的财政分配权为抓手，财政部门要加强与各部门的合作，充分发挥各专业部门在各自领域的专业特长，合理确定各领域公共服务财政分配权的归属问题，有效调动相关部门参与改革的积极性。在处理好政府和市场关系的基础上，按照体现基本公共服务受益范围、兼顾政府职能和行政效率、实现权责利相统一、激励地方政府主动作为等原则，加强与相关领域改革的协同，合理划分各领域中央与地方财政事权和支出责任，最终形成中央领导、合理授权、依法规范、运转高效的财政事权和支出责任划分模式。

二是建立地方收入的稳定增长机制。合理划分央地之间的税权和税收收入，建立地方税收体系，构建地方收入稳定增长机制。在进一步明确中央、地方事权与支出责任划分的基础上，结合税收制度改革和非税收入制度改革，科学、合理、规范地划分中央和地方税收立法权、税收收入权和税收征管权，构建现代地方税收体系，实现合理分权，促进地方治理现代化。

三是完善转移支付制度。在政府间事权和收入清晰划分基础上，以转移制度为工具调节财力，保障各级政府财力与支出责任相匹配，实现事权与支出责任相适应，最终保证各级政府基于财力与支出责任的财政绩效目标得以实现。

四是硬化地方政府债务约束。实行严格规范的债务投资决策责任制度。建立债务资金的分配机制和绩效评价机制，优化省级政府对各市县级政府的资金分配，以及地方政府对各行业部门的资金分配。

（二）推进金融供给侧改革，从源头管好金融闸门

持续深化金融供给侧结构性改革，加强金融市场约束机制。

一是继续强化不良资产真实认定和有效处置，依法处置高风险机

构，完善存款保险制度和机构，稳妥推动问题金融机构有序退出。

二是加快金融行业重组和整合，培育头部证券公司，鼓励证券公司兼并重组，探索允许商业银行持股证券公司，同时加快城商行、农商行等中小银行改革，探索允许社会资本参与。

三是建立财政金融发改等部门的联合监管机制，共同治理地方各类违法违规融资行为，从源头供给侧管好金融闸门。同时，加大负面激励，让金融机构承担必要的损失，并问责相关责任人。

四是鼓励好的金融创新，盘活存量资产，加快研究推出基础设施REITs、社会效益债券等金融工具并扩大规模，打通PPP和资产证券化之间的壁垒，减轻政府债务还本付息负担。

五是管控好新增项目的金融"闸门"。督促金融机构尽职调查、严格把关，对没有稳定经营性现金流作为还款来源或没有合法合规抵质押物的项目，金融机构不得提供融资，严格按商业化原则提供融资。

（三）重塑基础设施融资机制，提升基础设施运营效率

改变政府与市场"划界而治"的理想化模式，改良基础设施投融资机制。

一是合理规范运用政府信用进行项目融资。未来推进项目建设时，不能完全否定政府信用的作用，不能将运用政府信用直接视为产生隐性债务的根源，因为利用政府信用进行融资确实在一定程度上解决了地方政府合理的基建需求。当前应该考虑如何合理规范运用政府的信用进行市场化的项目融资。推动地方政府、公益类国有企业与金融机构之间形成长期稳定的战略合作关系，规范政府信用的合理运用，明确公益类国有企业使用政府信用进行市场融资的权利和合法途径，加

强此类企业的信息披露。政府出资的投资基金、资管计划、资产证券化等应按市场化、专业化、平等化方式运作，切实发挥杠杆、引导作用或盘活效应，不得变相增加政府债务或形成财政兜底。

二是创新政府融资工具，积极发展地方政府市政债，为地方政府良好规范的借债活动松绑。建立地方政府公开透明的发债机制，允许资信能力强、还债有保障的地方政府自行发债，用公开、透明的方式筹集资金，用于满足具有稳定收入来源的公共服务和基础设施的长期资金需要，以便市场更好地发挥风险定价和监督功能，从根本上解决地方政府通过平台公司筹集资金的风险问题。认真研究市政债的运行机制，包括市政债的发行（主体明晰、试点先行，适时在法律上界定发债主体资格）、审批（自主发债、总量控制）、监管（行政控制、规则管理和市场约束）、偿债机制和责任（收支匹配、增信偿债）、信用评级和信息披露（滚动评级、信息透明）等。同时硬化地方政府债务约束，避免地方政府过度举债转嫁下届政府和将风险转移给上级政府，实行严格规范的债务投资决策责任制度。

三是进一步提升基础设施运营效率，有效降低政府债务规模。每一个项目都由独立的运营服务商提供服务，这种做法不具有经济性，同一类型的项目运营成本之和远远高于寻求一个单独的运营公司进行运营维护。所以，未来应培育优质的大型基础设施运营商，推动高速公路、污水处理等基础设施在更大范围内整合运营，充分发挥规模效应，提升运营效率，提高资产回报，从而有利于减少政府债务融资规模。

（四）做好投融资项目规划，编制政府资本预算

地方政府债务的风险很大程度上来自投资和融资的不匹配、不协调，因此管控地方债务风险需要管控投资。管控政府投资不仅要明确

投资范围，而且要通过加强投资管理来提高投资的有效性，建立投融资规划和预算的协调机制。

一是构建以中长期资本投融资规划为龙头的政府投融资规划（计划）制度体系，建立中长期投资项目储备库，同时以政府投融资规划（计划）制度体系为统领，建立健全与之相匹配的政府资本预算制度。

二是全面发挥财政投资与政府举债融资的综合效能，畅通资本预算多元化资金来源渠道，统筹协调财政预算内投资支出与政府融资支出，将两类支出的资金来源（部分一般预算收入和举债融资收入）统筹融入年度资本预算，作为资本项目支出的共同资金来源，按照供给项目基本属性匹配相应项目的预算收入，项目投资需求、融资规模与资金来源相协调后方可下达年度投资计划。对未纳入政府投资项目储备库且资金来源不落实的项目，一律不予下达年度投资计划，未下达投资计划的一律不得开工建设，从而有效降低财政风险。

三是加强政府投资项目的全流程监管和管理。充分利用大数据、云计算等先进手段，对政府投资项目所有环节加强监管，提高政府投资效率。同时，对未纳入投资计划，但是政府仍违规开工建设的行为，给予严厉惩戒。

（五）加快国资国企改革，增强市场经济活力

加快推进地方政府融资平台公司转型升级，将融资平台当成一种新型组织来看待，发挥其积极作用。

一是实施限量管理，大规模重组地方融资平台，严控平台数量。

二是实行分类处置，对“空壳类”平台公司按照法定程序予以撤销；对“实体类”平台公司，一部分转为一般企业，政府要帮助提高资产

质量，一部分转为公益类国有企业，政府要明晰其合理使用政府信用的方式。

三是积极推进平台公司开展混合所有制改革，通过债转股、引入非国有资本等方式优化资本和债务结构，鼓励优质平台企业上市融资。

四是推动平台公司尽快完善现代企业制度。

五是加强监管，从债务监管转向机构监管，从监管融资转向监管投资，在投融资决策、融资执行、项目运行管理等方面分别建立与之相应的责任追究制度。

（六）革新城市营建理念，实现分层有序发展

革新城市规划理念，各城市应根据城市规模、发展阶段，因地制宜、科学确定发展目标，合理控制建设节奏和规模。地方政府应坚持量力而行、规范管理、稳步发展的方针，确保相关基础设施建设、城市规划与城市经济发展水平相适应，防止盲目发展，确保城市整体规划有序，规模可控，避免基础设施建设增加城市债务风险。

一是省政府加强对所辖区域内地市的目标管理，避免过度“超越自身能力”和“超越发展阶段”，从债务限额、项目管控等多方面遏制债务风险较高的城市快速扩张。

二是地方政府官员要改变“能借到钱就是本事”的债务价值观，做好“借还管用”才是真本事。

三是加强土地管理。有序推进土地出让，土地出让要加强规划引领，对地块的功能布局进一步深入研究、科学论证、合理安排、优化配置，有节奏、有计划地推进成熟地块土地出让工作。同时，改革“土地财政”收益方式，对政府土地收益进行横向和纵向分流。所谓横向

分流是要保障土地出让中其他主体的利益不受损害，尊重失地农民和城市拆迁户的利益诉求，充分考虑这些群体的基本生存、发展和社会保障。纵向分流是要保障不同时期政府均等享受土地收益，改土地批租制为年租制，把一次性收取70年全部土地出让金的“批租制”改为按年度分期征收土地出让金的年租制，平衡不同任期地方政府的财税收入，同时享受土地增值带来的一部分收益。

第二章　完善我国政府债务制度研究

"十四五"时期，是我国实现第二个百年奋斗目标的关键时期，将面临诸多新挑战和新问题，亟须财政在供给公共品和治理外部性、调控经济波动、调节收入分配等方面发挥重要功能。政府债务是公共财政三类工具之一，对于调控经济波动、稳定经济增长至关重要。当前，我国政府债务制度仍然存在一些问题，主要表现在未能充分发挥管理公共风险的作用、单一债务融资工具难以满足实际需求、财政政策地方化造成债务分布不均衡、国债调控体系不完备、造成隐性债务再度新增的制度漏洞仍然存在等方面。"十四五"时期，要将债务管理纳入宏观治理框架，建立起发挥中央地方两个积极性、保障国家重大战略目标、有效平衡债务风险和公共风险的政府债务制度，加快推进国债制度改革，积极化解存量隐性债务，健全地方隐性债务的监管制度和规则体系，同时创新债务融资工具，多渠道支持政府债务融资，把财政资源与市场资源协同起来发挥作用。

近年来我国政府债务制度不断完善，地方政府举债融资机制不断规范，为防范化解重大风险攻坚战提供了有力保障。但如果突破就债务论债务，会发现其在管理公共风险、促进区域协调、支持经济建设等方面仍存在不足。当前，亟须在公共财政框架下、在宏观调控大局中再理解政府债务，充分认识到其公共物品属性，以此确定其边界以及合意水平。

一、公共财政框架下再理解政府债务

作为一个依然处于转轨和发展中的经济体，我国的财政体制更偏向于增长型财政，而不是成熟市场经济中的公共财政。突出表现是，财政支出中经济事务型支出的比重远远高于其他国家，而着眼于提供公共品的支出比重显著较低。财政在提升基础设施水平、扩大公共品供给方面发挥了重要作用，但在治理外部性、平滑经济波动和改善收入分配等方面有待发挥更大功能。例如，根据 IMF（2018）的数据，中国财政的社会救助支出、健康支出和教育支出分别为 GDP 的 0.7%、3%、3.6%，不仅低于新兴经济体的平均水平（分别为 1.4%、3.9% 和 4.2%），更是远低于 OECD 国家的平均水平（分别为 2%、6.6% 和 5%）。当前，有必要从积极财政的角度，在公共财政、功能财政的框架下，重新认识和理解债务以及债务管理。

（一）债务制度要服务于公共财政的三大目标

“十四五”时期，是我国实现第二个百年奋斗目标的关键时期，将面临诸多新挑战和新问题，亟须财政发挥重要功能。第一，保持适度稳定的增长是实现第二个百年奋斗目标的物质基础，这就要求财政保增长的功能持续发力。第二，“十四五”时期的经济发展必须把新发展理念贯穿发展全过程和各领域，实现更高质量、更有效率、更加公平、更可持续、更为安全的发展，因此，要求财政在治理外部性、调节收入分配和防控重大风险等方面持续发力。第三，随着对政府多目标决策的要求提升，以及我国参与全球合作和竞争的需求上升，财政要在国内的多部门、多政策工具协调，以及在国际政策协调中持续发力。在这样的背景下，政府债务制度要符合财政政策总体目标框架的要求，要服务于财政政策的各项目标。“十四五”时期，我国财政政策有三大主要目标：

一是供给公共品和治理外部性。政府作为公民的代理，为实现最优公共品供给，要从两方面着力：一方面要识别居民的公共品偏好，判断最优公共品供给水平；另一方面，利用征税、举债等渠道，多措并举筹集资金，保证达到公共品最优供给水平。最优公共品供给必须考虑财政的其他功能，在综合的情景中确定不同工具之间的替代和互补。由于公共品具有外部性，其供给问题可在一定程度上转化为外部性治理问题。而政府仍然是治理正负外部性的主体，要识别私人成本和社会成本之间的差距，确定外部性的程度，采用合理的手段消除外部性的影响。当考虑政府的多目标属性时，不同政策工具之间的替代和互补关系会发生变化，并直接影响最优财政工具的选择。

二是调控经济波动。关于财政政策应对经济波动的理解实际上经历了曲折的过程。凯恩斯主义的总需求理论强调财政支出在应对经济波动中的作用，但 20 世纪 70 年代“滞涨”危机之后，供给学派的降低税率、削减福利开支和缩减预算规模等主张，弱化了财政支出的功能。随着菲利普斯曲线、泰勒规则以及理性预期等理论不断发展，人们更加重视以货币政策应对经济波动，并构建了以此为基础的“新共识模型”。2008 年全球金融危机后，人们再次认识到，单一的货币政策并非调控经济波动的良方，积极的财政政策可以取得相同甚至更好的调控效果。另外，相比于货币政策，财政政策更为灵活，在调控经济波动的同时还可以调节相对收入：一方面，财政支出政策可以为失业、患病等遭遇意外的群体提供社会保障，帮助他们平滑消费，预防这一群体因短期风险而陷入长期贫困的情况；另一方面，财政支出政策可以建立特定商品的战略储备，从而抵御关键性商品的价格波动。2020年新冠肺炎疫情暴发后，全球各大经济体都由于疫情冲击陷入经济衰退，凯恩斯主义再次得到空前重视，主要经济体均出台了大规模财政刺激方案。然而，也有研究表明，在政府具有自由裁量权的情况下，财政支出规模会呈现顺周期的变动趋势，并加剧经济波动，降低经济增长率，因此，需要通过制度约束使财政工具在相机抉择的灵活性、精准性和自行其是的随意性之间达到平衡。

三是调节收入分配。由于市场机制难以自发实现收入分配的目标，政府在调节收入分配上必须承担责任。调节收入分配的基础工具有二，其一是累进式税收，Mirrlees（1971）的最优非线性收入税理论表明，征税的收入效应和扭曲劳动供给的福利损失之和应该等于税收收入的边际社会价值和再分配的福利效益之和；其二就是政府债务，Musgrave（1988）指出，通过债务将财政支出的成本延递至后代，由他们为债务的长期收益承担部分成本，体现了代际公平的原则。考虑到债务作为一种筹资方式，在一定范围内可以替代税收工具。而债务改善代际公平的前提在于，债务通过支持财政支出活动产生了长期收益，因此，优化债务用途，保持债务可持续性十分必要。Groneck（2010）的研究表明，当政府债务更多用于公共投资而非债务利息支付时，经济可以达到更高的长期增长率和社会总福利水平。

（二）政府债务是公共财政三类工具之一

与财政的多目标属性相对应，财政工具也由多种类型组成。财政的决策变量主要有三类——财政支出、财政收入和公共债务。因此，在讨论政府债务管理时，要把其与其他两类工具共同考虑，分析三类工具共同进入政府预算约束如何限制财政决策空间。

在“财政收入—债务—财政支出”的不可能三角关系下，要灵活合理利用财政工具的组合实现财政目标和发展目标。财政收入和债务都是政府的筹资手段，两者与财政支出的动态平衡构成了政府的预算约束。其中，降低税收负担是提振经济增长活力的重要举措；保持可持续的公共债务对风险控制十分必要；而财政支出水平适度扩张对于经济健康发展也至关重要。因此，收入侧缩减和支出侧扩张之间的矛盾形成了“财政收入—债务—财政支出”的“不可能三角”。在财政“不可能三角”下，实现财政的三个目标的关键，在于充分认识不同财政工具对于实现各个目标的作用。利用财政工具的组合有序解决工具之间的制约，可以在实现相同财政目标的情况下，通过财政工具在税收、债务和支出上的再分配，放宽财政预算约束。

在财政政策工具中，政府债务对于调控经济波动至关重要。Bohn（1988）指出增加名义政府债务可以起到缓和财政预算缩减引发经济波动风险的作用；Nakajima 和 Takahashi（2017）则强调了政府债务的风险规避功能，认为政府债务增强了人们进行私人储蓄的激励和能力；Canzoneri 等（2016）指出政府债务能够充当抵押品以放宽私人借贷约束，从而为私人市场主体提供了流动性。2008 年全球金融危机后我国出台了规模性刺激政策，有效熨平了危机带来的经济冲击。但与此同时也要意识到，政府债务也是累积经济风险、放大经济波动的重要因素之一。

（三）从公共物品的角度理解政府债务

不同于私营部门的负债，政府债务具有公共属性。因此，对政府债务的认知不应屈服于非理性恐惧，要摆脱陈旧思维，从更加全面的视角、特别是从公共物品的角度重新理解政府债务。

一是公共债务永远不需要偿还。和家庭和企业部门不同，对于永远存续的政府来说，债务可以无限展期，只要名义 GDP 的增长能够支付名义利息，政府债务就可以持续，也就是说，政府债务从来都不用偿还，只需要偿付。

二是 60% 的债务 /GDP 比例目标并无必要。部分学者主张以马斯特里赫特条约的 60% 作为政府债务的目标，但事实上这是以 1991 年的历史偶然事件来为当今的财政政策定目标。而关于合理的政府债务存量，目前并没有统一的认知。根据政府跨期预算约束方程，可持续、稳定状态的债务存量为$b=(\frac{Hg}{i-g})pr$，其中，b 是债务 /GDP 比例，g 是经济增长的名义增速，i 是名义利率，pr 是政府的净借入 / 出（即不包括利息支付的收入减支出，称为初级盈余）。假设初级盈余占 GDP 比例为 1.5%，而名义 GDP 增速为 5%，其中实际增速 3%、通胀 2%，政府债务的平均名义利率为 7.5%，那么 63% 的债务 /GDP 比例是可持续的，这等于未来初级盈余的净现值；若债务存量比这个比例高，债务将不可持续，需要在某个时点进行财政调整。但如果初级盈余占 GDP 比例为 0.5%，名义 GDP 增速放缓至 3%，实际增速 1%、通胀 2%，政府债务的平均名义利率为 3.5%，实际利率 1.5%，在这样的假设下，可持续的债务 /GDP 比例是 103%。也就是说，当名义和实际利率更低时，即使初级盈余更少，可持续的公共债务也会相应灵活调整。随着经济复苏、利率上升，政府需要提高税收收入来获取更多的初级盈余，比调低债务存量更加符合逻辑。

三是政府债务反映了家庭储蓄。功能财政框架下，在一个封闭经济体中，政府债务可视为没有其他外部金融资产时的家庭储蓄出口，财政空间随着家庭消费和投资选择而变化调整。政府债务 /GDP 比例是家庭部门消费—储蓄和名义 GDP 增速的函数$b=(1+g)\frac{psib}{g}$。以日本为例，在过去三十年，日本私人部门平均盈余 /GDP 比例为 7.5%，而名义 GDP 增速平均为 1.5%。如果财政政策完全按照净私人储蓄调整，政府债务将缓慢达到 GDP 的 500%。如果没有国内金融资产，则意味着储蓄将通过经常账户盈余来表示，也就意味着要求其他国家的政府或私人部门产生赤字，从而意味着将本国居民的私人储蓄暴露在外部风险中。由于政府债务通常通过金融中介间接持有，从而被认为是纳税人的负债，其作为私人储蓄工具的角色被忽视。而当思考政府债务的适宜水平及边界时，应将其与储蓄水平协同考虑。

四是国际收支约束对政府债务的影响不容忽视。增长是由国内需求还是出口驱动，对于评估政府债务的可持续性至关重要。现有的债务可持续性评估，对于内债和外债都用相对 GDP 衡量，这忽略了国际收支约束对于政府债务的影响。需要将国际收支整合进债务框架，即用相对于 GDP 的比例衡量国内持有的债务，同时用相对于商品和服务的出口的比例衡量非居民债务。当增长更多由国外需求拉动时，国际收支约束对于外债的影响更加显著；反之亦然。

（四）从增长与风险的角度理解政府债务

任何一类主体的债务都有两道边界，第一道是总量债务的边界，边界在于温和的通胀。温和通胀对应于特定的购买力增长，特定的购买力增长对应于特定的金融资产扩张速度，即特定的债务扩张速度。债务扩张超过这个速度，会带来通货膨胀和经济过热，以及随后的政策紧缩、资产价格下跌，债务增长难以为继；债务扩张低于这个速度，会带来通货紧缩和经济萧条，债务增长也难以为继。第二道边界则是个体边界，边界在于举债个体的偿债保障能力和金融中介的风险应对能力。当总体债务中有大量举债主体的偿债能力缺乏保障，债务违约普遍发生时，会加大金融体系的系统性金融风险，加剧债务风险。因而偿债保障能力不仅包括举债方的偿债能力，也包括金融机构面临债务违约时候的应对能力。

当前，我国面临总量和个体两道边界的冲突问题。在理想的情况下，总量和个体两道边界并不存在矛盾：金融监管部门负责金融机构的稳健运营，守住债务的结构边界；在既定的监管环境下，货币当局和财政当局负责债务总量的扩张或者收缩，守住债务的总量边界。然而现实中的情况更为复杂，从总量角度看，我国经济面临通缩压力，购买力不足背后是债务扩张不足；从个体角度看，大量债务集中在偿债能力难以保障的举债主体。

相较于家庭或企业，政府的债务边界更具弹性。在市场自发债务增长不足以保障温和通胀边界的时候，需要政府部门债务扩张或者收缩进行调节，保持全社会债务增长与温和通胀相匹配。由于政府的偿债能力和私人部门迥异，因此政府债务有着更大的弹性空间。第一，从更长的时间来看，政府的目的是维护债务增长的合理边界，这既包括债务增长不足时政府债务的主动扩张，也包括债务增长过度时的主动收缩，因此从长期来看政府债务负担并不必然是单调增加的。第二，在债务增量不足导致全社会需求不足时，政府增加债务的同时也增加了全社会购买力，促进总产出水平扩张，进而提升了政府的收入和偿债能力。第三，政府的实际收入不仅包括一般意义上的税收和非税收入，还包括增发货币带来的铸币税收入。在需求不足情况下，政府在举债的同时也获得了铸币税收入，政府债务和债务偿付能力同时增加。第四，私人部门债务扩张不足并引发通货紧缩环境下，政府债务扩张将带来政府收入增长，同时还面临较低的债务利息成本，因此政府比私人部门有着更强的能力去填补市场自发债务扩张的不足。

政府债务应在跨周期宏观调控中发挥更大作用。根据以上分析，当经济运行处于较低利率的情况下，政府债务扩张的作用更加突出。在低利率环境下，适度的政府债务扩张，能够推动经济回到均衡状态，同时可兼顾债务的总量边界和个体边界。大卫·斯塔萨维奇的《公债与民主国家的诞生》一书讲述了光荣革命后英国现代财政和央行体制雏形的建立。在 18 和 19 世纪，人口只有法国 1/3 的英国不断地在英法战争中战胜法国。对此，法国著名历史学家布罗代尔总结到："公债有效地动员了英国的有生力量，提供了可怕的作战武器。"

（五）从财政金融协同角度理解政府债券

2008 年全球金融危机之后，人们开始反思过去理念和政策机制存在的问题，在金融监管等领域推行改革，货币政策非常规措施逐渐变为常规。货币政策和财政政策的边界有所模糊，美联储、欧央行、日本央行等全球主要央行都通过购买国债甚至风险资产来扩张资产负债表，政府债券特别是国债成为横跨货币和财政两大部门的主要工具，成为财政政策和货币政策协同配合的主要联结点。包括国债在内的政府债券改革，不仅仅关系到财税体制的改革，与金融市场的发展和改革也密切相关。

政府债券市场是利率市场化及金融体系定价的基础。无风险利率应在市场利率体系中处于皇冠地位，而国债收益率曲线需要反映无风险资产的利率水平和市场状况，金融体系其他所有金融产品的定价均应以此为参考，进而形成完整的金融利率体系。

政府债券市场是人民币国际化和资本项目开放的基础。从发达国家较为成熟的金融市场的经验来看，境内的国债市场应承载持有本币的境外投资者配置资产的功能。例如，美国的国债市场就是美元国际货币地位的基本保障。十四五期间，人民币国际化和资本项目开放如果要迈出实质性步伐，就必须夯实境内的政府债券市场，使其能够满足境外投资者的资产配置需求。

政府债券市场是金融市场开放的基础。政府债券市场发展的质量直接决定了回购市场、信贷市场、衍生品市场等金融自市场的发展，具有广度和深度、发育较为成熟的国债市场往往承担了重要的担保品功能，进而成为金融合约的对象。

二、我国政府债务制度改革进展及存在的问题

党的十八大以来，我国政府债务制度不断完善，政府债券市场建设取得重要进展。地方政府举债融资机制不断规范，从开大前门、严堵后门、加强管理、促进发行等方面加大改革力度，基本建立起了涵盖发行方式、信息披露、信用评级、流动性管理等较为规范、透明的地方政府债券管理机制，隐性债务化解工作取得积极进展，为防范地方政府债务风险提供了有力保障。但如果突破就债务论债务，就会发现我国的政府债务制度仍然存在一些问题，与全面实现现代化的要求相比仍有较大差距。

（一）未能充分发挥管理公共风险的作用

我国当前面临的公共风险广泛存在于经济、社会、生态环境、金融、财政等领域，只有降低了公共风险，才能构建和提高发展的确定性，否则就可能停滞不前。政府债务是财政政策与货币政策的结合点，政府债券是金融市场的核心基础，债务风险的扩大或缩小本身就是一个政策工具，应该承担起“转化”公共风险的重任，以抑制其他各方面各领域产生的公共风险，如经济下行风险、金融系统性风险、社会养老和社会分配风险、生态环境风险等。而我国目前的政府债务制度尚未从需求管理转向风险管理，没能实现为发展注入更多确定性这一目标。政府通过债务进行逆周期调节的力度不够，政府债务未能充分发挥承担更多公共风险的压舱石的作用。

（二）单一债务融资工具难以满足实际需求

当前我国的基础设施建设还存在诸多短板，实现基础设施现代化还需要大量资金支持，需要地方政府、公共机构等多种主体共同参与建设。应根据融资主体、建设项目的不同特征，设计运用差异化融资工具，单一融资工具难以满足多元化的融资需求。根据新《预算法》规定，地方政府唯一合法的举债方式就是发行债券，而仅靠地方政府发行债券一种方式很难满足地方政府基础设施建设、园区建设、产业发展等方面的融资需求。从国际经验来看，其他主要经济体大多采取多元化的政府债务融资方式，例如，美国的地方政府及公共机构都可通过直接发债、借助银行系统发债或组建融资平台发债等方式，融资支持市政建设；德国的地方政府可凭借自身资产和信用从商业银行或政府性银行机构直接获取贷款资金，如德国为中小市政基础设施提供无担保贷款的抵押银行。我国需考虑适度拓宽债务融资渠道和债务融资主体，以满足地方的经济社会发展的需要。

图 2–1 部分国家地方政府债务结构

数据来源：韩国数据根据韩国 ministry of public administration and security(MOPAS) 整理；日本数据来自 2018 年日本地方政府财政白皮书，其中公营企业债券包含在债券统计中；美国数据为作者根据州及州以下地方政府情况估算；德国数据转引自鹏元资信评估有限公司研究报告；法国数据转引陈工，根据世界银行公共债务季度数据库整理；英国数据来自英国社区和地方政府部（DCLG）网站。数据为相对值，可能存在一定口径上的误差，仅供参考。

表 2–1 其他国家的地方政府债务融资方式及监管机构

国家	地方政府债务融资方式	债务及债券监管中央层面机构设置
美国	主要为市政债券	中央层面设置 SEC 市场监管部门下属市政债券办公室和市政债券规则委员会
加拿大	主要为政府债券，包括传统债券及 CPP 加拿大养老金计划	财政部财政市场处统筹，包括政府融资和资本市场政策部门、债务管理政策部门、储备和风险管理部门。
日本	发行地方公债和借款	总务部与财务部协商
澳大利亚	借款和政府债券	财政部下属专门机构：借款委员会
新西兰	债券、股票，紧急情况可借款	财政部下属专门机构：新西兰债务管理办公室
法国	主要为银行借款，少量债券	经济财政与工业部下属国库司“债务管理中心”

续表

国家	地方政府债务融资方式	债务及债券监管中央层面机构设置
德国	主要为银行借款，少量债券	财政部下属理事会
英国	主要为银行借款	财政部下属专门机构：债务管理办公室

来源：作者整理

专栏2-1 地方政府债务融资方式的国际经验

总体来看，各国地方政府主要采取两种方式获取支持地方基础设施建设所需的长期融资。一是贷款融资。根据获取来源不同，可直接从银行借贷或从中央政府设置的专供地方政府借款的金融机构或平台举债，银行业历史较为悠久的西欧国家更多采用此种方式。二是债券融资。发行形式灵活，地方政府及其公共机构可直接发债、借助银行系统发债或通过组建融资平台发债等。为满足规模较小的地方政府发债需求，节约发行成本提高发行效率，也有国家采用联合发债的形式。

1. 贷款获取来源不同

（1）从银行借贷

地方政府可凭借自身资产和信用从商业银行或政府性银行机构直接获取贷款，如德国为中小市政基础设施提供无担保贷款的抵押银行。为避免地方政府凭借其信用任意借款，各国政府会设置一定的债务控制指标，防止地方政府借用政治信用随意从银行举债。

（2）从上级政府贷款

中央政府设置专供地方政府借款的融资机构，该机构从市场筹资后，为地方政府资本性支出提供低息贷款，且灵活便利。如，英国公共工程贷款委员会，负责为地方政府资本性投资提供贷款并负责追缴还款。

2. 债券发行形式灵活

（1）地方政府及公共机构直接发债

地方政府债券发行主体不仅包括了地方政府，还包括地方公共机构和公营企业，通过发行市政债券向市场募资，如美国的市政债券、日本发行的地方公债和公企业债等。与此同时，为满足规模较小的地方政府发债需求，降低债务发行成本可提高发行效率，还有国家采用联合发债方式，如德国、日本。

（2）借助银行系统发债

美国州政府层面建立市政债银行，购买所属州内地方政府发行的市政债券，如纽约州地方债银行。加拿大已有超过一半的省份成立了债券银行，为省以下地方政府筹集资金提供便利。德国为中小市政基础设施提供无担保贷款的抵押银行也可发行地方债，并且是其再筹资活动中最重要的工具。

（3）组建融资平台发债

设置或组建地方政府融资平台，单独或联合发债，以提升债券发行和管理效率。针对发债规模较小的地方政府，地方政府可组建共同筹资专业性金融机构实现联合发债，如日本的地方公共团体金融机构，法国的地方政府联合发债的代理机构 Agence France Locale(AFL)，瑞典的政府性金融机构 Kommuninvest 等。

3. 债务增信方式多样

（1）市场增信

一是债券保险机构担保，指债券发行人向保险机构购买用于市政债券的商业保险，达到增加市政债券信用的目的，如美国、德国。美国已有数十家专业市政债券保险机构，并由金融保险协会统一管理，并可在市政债券发行的不同环节进行投保。德国保险规定最为严格，未清偿的地方债务必须有公共债务贷款的保险。

二是银行或信用担保，指债券发行人向银行支付一定的担保费，银行收款后向发行人签发信用证明，以银行自身信用为担保，也叫“信用担保”。

（2）政府增信

一是中央政府严格行政控制和财政纪律带来的增信外溢效应。常出现在日本等单一制国家，联邦制国家中州政府对下级政府监管严格的国家也会出现，如加拿大、德国等。另一方面，通过偿债准备金制度提升债务偿还可靠性，达到增信作用，如美国、日本、瑞典等。

二是州政府对非政府行政主体发行的债券进行担保。如澳大利亚国库公司面向资本市场发行的所有债务性融资工具均由州政府提供担保。

（三）财政政策地方化造成债务分布不均衡

分税制改革以来，我国出现财政政策地方化的特征。在增长型财政体制下，财政分权体制导致财政政策地方化。财政政策有三大功能，即资源配置（例如通过提供公共品）、收入分配（例如通过税收）和宏观经济稳定，其中，资源配置和收入分配功能根据公共品和税收属性在中央和地方进行分配，而宏观经济稳定几乎完全是中央的功能。我国财政政策的地方化表现为财政三大功能过度地分配给地方财政，不仅本该由中央财政承担的公共品责任（如公共养老金体系、失业保险和教育健康支出）让渡给了地方，在2008年全球金融危机之后，理应由中央财政担责的宏观经济稳定功能也较大程度下放了。

财政政策地方化使得各地的公共品服务难以均等化，同时导致政府债务失衡，不利于区域协调发展。

一是央地失衡。我国债务分布结构呈现明显的央地不平衡特征，根据财政部公布的统计数据，截至2019年底，我国政府累计债务余额达37.7万亿元，占GDP的比重为38%。其中，国债余额规模为16.7万亿元，与GDP之比为16.8%，远低于日本、美国、英国和德国的187.7%、87.7%、73.3%和33.9%；而地方债在2016年之后快速增长，2019年底地方债余额已达21.1万亿元，国债规模与地方债规模之间的差距越来越大。我国国债与地方债的规模之比约为0.8，如果将地方政府隐性债务计入，这一比值还将大幅下降。与之相比较，截至2018年底，美国的联邦政府债务超过21万亿美元，州和地方政府债务大多为市政债券，市政债未偿付余额为3万亿左右，“联邦政府债务/州和地方政府债务”高达7，债务高度集中于联邦政府。我国的“债务下放”现象与“事权下放、财权上收”的央地财政关系紧密相关，由于中央政府的统筹协调不足，大量事务又需要由地方政府举债来完成，而各地发展水平不同、举债能力不同，导致了地区分化越来越严重，不利于区域协调发展。

二是区域间失衡。基于地方政府债券和城投债券，统计2005年至2019年我国各省、自治区、直辖市的地方政府债务，发现，地方政府债务在区域间呈现出经济越落后的地区地方政府债务负担越重的现象。根据截至2019年的政府债务存量、平均期限和发债成本，预期2021年许多省市将进入偿债高峰，届时经济不发达地区到期的债务本息将达到财政自有收入的42%，这意味着要么借新还旧，要么债务违约。2020年爆发的新冠肺炎疫情使得地方政府偿债压力大增，偿债高峰提前到来。疫情冲击下，几乎所有省市的财政收入都是负增长，包括湖北在内的7个省财政收入增速为–20%到–31%。而与此同时，地方政府的财政支出由于刚性特征，很可能依然是较高的正增长。根据疫情后地方财政状况判断，未来五年地方政府的偿债压力都将非常巨大。

（四）国债调控体系不完备导致隐性财政风险较高

在财政体制存在根本性缺陷和财政政策地方化的背景下，货币政策部分承担了本应由财政政策承担的功能，即货币政策财政化。1994年以前，财政可以直接向央行透支和借款，即“赤字/债务货币化”，而发放贷款的银行体系又依靠央行的再贷款，进而形成货币超发和通货膨胀。1994年开启了改革开放后第一次全面系统的财政货币体制改革，1995年《中国人民银行法》颁布后，财政再也无法直接向央行透支或借款，但是，由于财政政策功能的缺位，央行依然承担着财政功能，只不过从直接的赤字/债务货币化转变成隐性的财政行为（IMF称作是“准财政行为”），即央行或其他公共金融机构从事的本来可以由财政预算单位通过税收、补贴和财政支出完成的行为。准财政行为导致人民银行资产负债表与其他主要经济体央行的资产负债表存在差异。在人民银行的资产端，表现为：第一，购买“有毒资产”，救助金融/非金融机构；第二，给予特定金融机构或特定金融行为优惠条件的再贷款；第三，为稳定汇率，持有大量外汇资产。在人民银行的负债端，则表现为：第一，出于金融资源配置或稳定汇率的政策目的，设定较高的法定存款准备金率；第二，对准备金支付利息，使得准备金成为商业银行持有的事实上的政府债务资产；第三，发行央行票据，本质就是央行债券，与国债争夺安全资产的地位。

在财政体制和经济体制不健全的背景下，央行的准财政行为对于发挥央行最后贷款人功能、保持宏观经济和金融稳定确实发挥了作用，但目前已经出现边际效用递减、边际成本递增。当前，央行准财政行为已呈现出诸多负面效应：第一，由于央行公开市场业务不以国债为基础吞吐基础货币，削弱了国债作为全社会安全资产的地位，使得人民币成为事实上依附于美元的货币。第二，MLF、SLF 等以各种“粉”的形式存在的大量再贷款，信息不透明，规则不清晰，扰乱了利率体系，加大了道德风险。第三，准财政行为可能导致央行出现严重亏损，极大地削弱央行的公信力、货币政策操作的有效性和作为最后贷款人保持宏观金融稳定的能力。在新兴和发展中经济体，央行亏损非常普遍，近几年，随着发达经济体普遍推出量化宽松政策，央行亏损也正在成为关注的焦点。而导致央行亏损的首要原因是资产端外汇资产的低收益和价值重估，其次是资产端各种形式的“不良贷款”，最后是负债端的付息准备金和央行债券。以人民银行为例，2019 年资产为 36 万亿人民币，自有资金只有 220 亿元，以此计算的央行“资本充足率”仅为 0.04%。2019 年人民银行持有的外汇资产为 21 万亿元，如果考虑到过去十多年来人民币升值了 10% 左右，那么以本币估值的外汇资产损失达 2 万多亿人民币。此外，人民银行对银行和非银行金融机构的债权 16 万亿元，如果有 1% 的不良率，就会有相当于央行自有资金 8 倍的 1600 多亿“不良贷款”。所以，央行的准财政职能，可能造成隐形财政风险上升，进而对央行履职构成影响。

国债市场改革滞后，国债一直没有真正发挥其在宏观调控和金融发展中应有的作用。国债作为公共财政与货币金融的连接点，是“财金一盘棋”的核心。国债作为财政工具，具有资源配置、收入分配和经济稳定功能；作为金融工具，则是经济金融体系关键性的安全资产，而目前国债的金融功能被极大地忽视了。一是国债的市场规模仍然不够。当前，我国国债在整个债券市场的占比仅有 17%，已经被后来居上的地方债所超越，低于 22% 的地方债占比 5 个百分点。与之相对比，美国的国债市场在债券市场总体规模中的占比为37%，远高于市政债9%的占比。如果要形成基准的利率体系，国债的市场规模一定要足够大，当前的国债市场规模难以承担起构建基准利率体系的重任。二是国债的期限结构不尽合理。当前，我国的短期国债占比比较低，中期国债比例比较高。以去年发行的国债为例，一年和一年以内的短期品种的占比是24.5%，2–10年的中期品种的占比是64.4%，10年以上的中长期品种的占比是11.1%，相比之下，美国的国债短期品种的发行占比在最近几年当中都保持市场的一半以上。由于期限结构的问题，一些品种的国债发行期限短、交易不活跃，市场利率价格经常出现扭曲，期限利率倒挂。三是国债二级市场的活跃度较低。受到税收、持有者结构等因素的影响，我国国债交易的流动性与成熟市场相比显著偏低。税收制度对国债市场的扭曲仍然存在，由于只有国债利息收入免税，而其他品种债券的投资者均需对利息缴税，大大增加了定价的复杂性，影响了国债收益率曲线的基准性，导致不少市场投资者更多把发行量大且不免税的国开债当作了无风险收益率的替代性基准。持有者中以商业银行为主体，而很多商业银行采取持有到期的策略，也降低了国债二级市场交易的活跃性。

（五）造成隐性债务再度新增的制度漏洞仍然存在

造成隐性债务再度新增的制度漏洞仍然存在，如果不进行改革和修正，未来可能造成债务风险再度累积。目前，我国一般政府政务的相对规模低于世界主要国家，但大量隐性公共债务隐患依然存在，明晰化、规范化政府债务仍然是防范化解重大经济金融风险的重要任务。隐性债务总体规模方面，由于缺乏公开披露权威数据，难以对地方政府隐性债务准确估计，国内外机构、学者测算差异较大，结果在10万亿元至50万亿元之间。我们从债务类型角度对隐性债务规模开展了详细测算，结论显示2014年以来隐性债务年均增速高达59.06%，截至2018年底已达51.53万亿元，是显性债务的2.8倍。按照加权债务成本计算，如此庞大的隐性债务未来5年内利息支出将接近20万亿元，仅付息就超过目前显性债务余额。隐性债务结构特征方面，从债务类型看，其中，平台公司银行贷款、城投债和非标融资规模最大，分别为22万亿元、14.5万亿元和8.16万亿元，三者占到隐性债务的86.6%；从对应资产看，主要集中在公益类、准公益项目，其中市政建设、交通基础设施项目比重高达66%；从债务主体看，隐性债务主要集中在地市、区县两级，占比超过70%，部分省份这一占比高达85%；从地区分布看，东部、西部地区隐性债务占总规模的78%，江苏、北京、四川、浙江、天津位列前五，占比38.7%。从债权人来看，70%的隐性债务集中在城商行、农商行等地方中小银行及非银金融机构。从兑付时间看，当前地方政府债券和银行贷款平均到期年限仅为3.72年和4.4年，近三年债务还款压力较大。综合来看，由于形成原因复杂，举债主体多样，期限结构错配严重，使得隐性债务风险呈现“熔点低、燃值高、易传染”的特点。造成隐性债务风险高企的原因，一是在当前的财政分权体制下，地方政府举债融资“前门”开的仍然不够大，基础设施建设等各项事权和支出责任仍未厘清，导致地方政府融资缺口持续存在。需要注意的是，事权与财权的不匹配不仅表现在中央和地方，在省级以下地方政府表现更为明显；二是政府预算制度缺乏资本预算，尽管我国早在1994年《预算法》中提出了复式预算理念，但是至今也未能真正实现经常性预算与资本性预算全面有效分离，地方政府和融资平台等国有企业的软预算约束依然难以破除。

三、“十四五”时期完善政府债务管理的政策建议

完善政府债务制度要有宏观视野、有整体思维和辩证思维，将债务管理纳入宏观管理框架，以债务作为融合点，把财政资源与市场、社会资源协同起来发挥作用。建立起发挥中央地方两个积极性、保障国家重大战略目标、有效平衡债务风险和公共风险的政府债务制度，积极化解存量隐性债务，健全地方隐性债务的监管制度和规则体系，创新债务融资工具，多渠道支持政府债务融资。

（一）完善政府债务制度

统筹考虑政府债务支持经济社会发展、支撑逆周期宏观调控和平衡基础设施投资代际负担的多重目标和功能，加快完善政府债务制度，优化政府债务结构，建立规范高效的地方政府债务管理机制。

一是发挥发展战略规划对政府债务的引导和约束作用。以经济社会发展规划为统领，结合重大战略，编制年度政府资本支出和相关债务预算，在国家重大建设项目库的基础上，在中长期财政规划框架下建立覆盖中央和地方的政府投资项目储备库。为了避免规划外项目过多占用债务资金，除国家批准的特殊情况，进入政府年度投资计划的项目必须来源于政府投资项目储备库，且必须明确资金来源。

二是发挥好政府债务对宏观经济的逆周期调节作用。把政府债务管理放在宏观调控和宏观治理的大框架下，在控制好通胀条件下增强财政赤字、货币供应等的灵活性，解决当下结构性矛盾和增强宏观调控有效性。目前我国3%赤字率警戒线标准来自欧盟的《马斯特里赫

特条约》，学界早已普遍认为只是经验标准，存在着标准设置过于绝对、理论支撑不足等问题。因此，要尽快完善赤字管理，推动平衡财政转向功能财政，构建结构性赤字指标，设定以潜在GDP水平为依据、与经济周期阶段相适应的赤字率，促使财政姿态更为灵活，更好发挥逆周期调节作用。推动债务管理从微观审慎转向宏观审慎，建立应对各类重大事件冲击的债务管理应急反应机制，实现债务管理的宽严有度，更好地发挥财政的应对冲击功能。

三是以扩大国债市场深度，统筹优化债务结构、促进财政货币政策协调。考虑到当前地方政府杠杆率水平已经较高，中央政府杠杆率较低、有较大的举债空间，在将更多跨区域、外溢性程度高的事权和支出责任划归中央后，匹配建立长期建设国债的定期发行机制和特别国债的触发发行机制，探索发行永续国债，以适度提高中央政府债务在总债务中的占比，充分发挥中央财政的稳定器和压舱石作用。统筹考虑财政支出状况和金融市场的变化，加强国债发行与财政投放节奏的匹配。合力安排国债发行期限与频率、公布财政收支与发债计划，公开交易信息，提高透明度。研究取消国债利息免税政策，纠正税收制度的扭曲影响。加强金融市场机制建设，稳步发展国债回购、期货、期权等相关市场，完善做市商制度，拓展国债的金融工具功能，最终建立起基于统一国债市场的基础货币投放模式，加快推进现代央行财务治理建设、中央银行资产负债表健康机制建设，逐步建立锚定国家信用的货币发行机制，提升货币政策和财政政策的协同度，降低货币政策操作成本。

四是建立规范高效的地方政府债务管理机制。地方政府债务管理体系的进一步改革，需要各部门有效配合，以及地方政府治理体系、政府间财政关系安排、金融体系等改革的协调推进。优化地方政府债务限额管理机制。按照资金跟着项目走的原则，进一步完善地方政府专项债券额度分配机制。充分考虑各省项目需求和准备情况，合理分配专项债券额度。适度提高省内债务限额管理灵活度，由各省统筹安排专项债券项目，并压实省级政府偿债责任，不按市、县债务限额层层分配专项债券额度。构建地方政府债务资金管理和项目管理相协调的机制。确立财政部门定规模、发改部门定项目的管理模式，推动地方政府加快建立资产负债表，完善综合财务报告制度，探索建立以资产负债管理为基础的债务管理机制，以此更加科学合理地确定地方政府债务上限、评估债务可持续性、完善地方政府债务预警机制；分领域、分行业、分层级建立地方政府债券项目库，由发改部门统一实行项目管理。建立举债项目综合评价制度，以评价为基础完善项目库动态调整、问责追责等机制。健全地方政府债务长效管理机制。合理设计的限额管理可以有效地控制债务的规模风险、结构风险以及债务过快增长风险，是硬化预算约束的适宜选择，但是限额管理并不能阻止地方政府不合法、不合规的债务。因此，必须逐步健全对地方举债的市场约束、行政约束的双重约束机制，提高债务透明度，强化外部监督。将地方政府债务相关指标纳入政绩考核体系，切实落实债务管理责任。探索分区域差异化地方政府债务融资机制。根据不同地方的经济发展水平、财政自有收入水平、财政支出效率、金融市场发展水平等，实施差异化融资方式，建立起主体多元化、资金来源多样稳定的地方政府债务融资机制。

（二）协同改革财政货币体制

促进财政和货币政策都应该回归其本源，而财政体制改革是前提和基础。对于财政政策而言，要建立更好发挥政府作用的公共财政体制，中央和地方要合理划分财权，尤其是事权，中央财政要承担起本来应该承担的财政功能，特别是提供全国性公共品的责任和宏观经济稳定的功能；对于货币政策而言，要逐步减少准财政行为，以国债作为公开市场操作的主要工具，建立有效的间接调控的货币政策框架。

财政当局和货币当局加强相互配合。通过购买国债，使国债成为顶级安全资产，且发行利率可控，货币当局因而可以作为财政当局的支撑。通过发行国债置换央行过多的付息准备金，并提供替代外汇资产的公开市场业务工具，财政当局也可以成为货币当局的支撑。特别是对于央行由于前期准财政行为发生的潜在亏损，财政当局可以为央行提供注资，同时不会对宏观经济和物价总水平产生显著影响。

建立基于法治的国家治理体系，提高财政支出的效率，防止政府过度负债。赤字 / 债务货币化与正常的基于国债的公开市场操作之间仅仅隔着一层薄板，风险防范取决于法治。即使不考虑此次疫情的冲击，随着人口老龄化，我国政府在养老、健康医疗和教育的财政支出压力也将是巨大的。为缓解财政压力，提高财政支出效率，有必要进一步压缩各种于国于民无利的会议、形象工程支出。

（三）加强地方政府隐性债务管理

坚守不发生系统性金融风险的底线，妥善处理好化债和发展、政府和市场、债权人和债务人之间的关系，稳妥化解存量隐性债务，严格控制新增隐性债务，“坚定、可控、有序、适度”推进政府隐性债务风险的防范化解。

一是完善隐性债务管理的整体思路。宏观管理上，要明确财政纪律，加强对地方政府和金融机构的约束，严格控制新增地方政府隐性债务。规范债务须在稳定金融体系和控制道德风险之间取得平衡，坚持不能引发区域性系统性金融风险、不能拖累经济增长滑出正常区间的工作底线。树立不确定性思维，辩证地看待隐性债务风险，为地方政府化解隐性债务创造适当的政策空间。风险个案处置上，要根据实际情况，及时有效进行应对和处置，做好风险隔离，防止单个风险事件扩散成为区域性和全局性风险。债务管理长效制度上，从健全政府投资管理与债务资金使用机制、建立资本预算制度、加快推动财税改革、完善政府投融资制度等方面入手，将债务管理重心前移，从源头治理地方政府债务。

二是健全存量隐性债务化解处置的机制和举措。建立化债成本分担机制。统筹考虑各方道德风险、偿还能力和社会影响，协调各级政府、金融机构、债务主体风险共担，综合运用财政资金偿还、出让政府股权、债务置换、资产重组、借新还旧、展期、债转股、破产重整或清算等方式，妥善化解存量隐性债务。建立债务风险缓释机制，支持地方设立“政府债务平滑基金”，由省政府和各地市政府共同出资，为偿债困难的地市、区县政府提供低息过桥资金。在政府隐性债务和转化为企业经营性债务的前提下，支持设立“市场化债务重组基金”，以市场化方式帮助暂时遇到困难、但具有良好发展前景的企业债务重组。健全偿债保障和风险处置机制。建立财政偿债基金制度，保证财政偿债有稳定的资金来源。完善风险隔离制度，理顺债权债务、担保关系，防范风险传导。完善困境地方政府、问题金融机构的最后救援和紧急处置机制。

三是优化隐性债务监管机制。建立协同监管机制，加强财政、发改、人行、融资平台公司、银行等的协同配合，从资金“借、用、还”全链条、各节点制定评价指标，促进及早识别地方政府违法违规举债新苗头、新趋势。探索“科技+监管”，充分利用大数据、云计算和智能风控等先进手段，对地方各类融资行为密切监测，减少隐性债务可能诱发的各类风险。完善风险预警机制，全国各省、市、县级政府全面实施隐性债务风险等级评定制度，以评定的等级为依据进行风险预警。

四是积极稳妥防范处置主要风险点。加强高风险地方性中小银行的风险防控。加强对城商行、农商行等中小银行的风险防控，建立风险预案。遵循市场化、法治化原则推进高风险金融机构的兼并重组。对于面临重大信用风险的问题机构，人民银行积极给予流动性支持，或通过引入战略投资者进行股权重组、通过增资扩股等方式进行救助。对于面临严重的信用危机、濒临破产边缘且难以通过市场方式解决的中小银行，由人民银行开展接管。加快隐性债务相关不良资产的处置进度。鼓励资产管理公司发挥好不良资产处置功能，加大不良资产转让、企业兼并重组工作力度，开展银行不良资产、担保公司代偿资产收购业务，采取有效手段加大处置力度。鼓励银行业金融机构综合运用重组、转让、追偿、核销等多种手段加快处置不良资产，通过追加担保、债务重组、资产置换等措施缓释相关风险。积极防范城投债券违约风险。加强城投债券违约风险监测和预警，做好主要平台的债券违约风险摸底排查，督促其及时做好偿债计划。建立健全城投债券违约处置机制，在风险可控前提下，可控范围内可实现个别违约、有序打破刚兑，但要防止发生连锁式违约，造成区域信用环境恶化。对城投债开展投资交易分层，引入困境投资人、特殊机会投资者、秃鹫基金等高风险偏好主体，发展信用风险对冲和转移工具，完善债券违约后的处置机制。严密防范流动性风险。健全金融机构与金融市场流动性监测指标体系，严格流动性风险审慎监管要求，加强流动性风险管理，加强金融机构资产负债期限匹配管理。金融机构之间探索联合建立流动性互助机制和资金调剂机制。对于非标融资对应的隐性债务，要避免出现大规模资金链断裂，允许在资管新规框架下的适当创新，实现平稳替代、非标转标。

专题篇

第三章 地方政府隐性债务的现状、形成原因及面临的偿债压力

地方政府隐性债务是指法定政府债务限额之外，地方政府违规举债和变相举债所形成的政府义务，表现为直接约定或承诺以财政资金偿还，或违法提供担保，或以承担救助责任等方式举借的债务或表外负债。我国地方政府隐性债务“规模庞大、关联复杂”，过去5年年均增速接近60%，2018年末已达51.53万亿元，是显性债务的2.8倍。按照加权债务成本计算，如此庞大的隐性债务未来5年内利息支出将接近20万亿元，仅付息就超过目前显性债务余额。由于举债主体多样、期限结构错配，隐性债务金融风险呈现“熔点低、燃值高”的特点。发展型地方政府的内源融资能力不足、预算软约束以及金融机构的体制性偏好是地方政府隐性债务产生的根源。综合考量各省的债务存量、财政收支水平、经济发展水平以及债务率、负债率和债务依存度，虽然叠加隐性债务后，总债务风险水平高企，但风险仍然可控。然而，当前一些地区可能会出现区域性风险。从地区来看，我国东部地区债务风险相对较小，西部地区债务问题最为严重。隐性债务问题较为严重的省份主要为天津、贵州、重庆、四川、云南、甘肃、内蒙古、湖南、青海、宁夏。

一、地方政府隐性债务的内涵及构成

（一）内涵

清晰界定地方政府隐性债务的内涵是准确把握债务风险的前提和基础。一般意义上，隐性债务是指在法律上没有明确由政府来承担，但是政府出于规则或者道义上的要求，由政府承担的偿债责任。它不是政府的法定债务，没有明确的法律界定，但是等到隐性债务突然显性，由于有可能发生灰犀牛事件，政府出于防范系统性风险的考虑会承担的债务。就我国而言，地方政府隐性债务是指法定政府债务限额之外，地方政府违规举债和变相举债所形成的政府义务，表现为直接约定或承诺以财政资金偿还，或违法提供担保，或以承担救助责任等方式举借的债务或表外负债。这类债务一旦显性，地方政府出于防范风险的考虑，需要承担的非法定债务。

国际上通常依照世界银行纳普拉科瓦（Hana Polackova Brixi）提出的债务风险矩阵模型划分政府债务类型。参照债务风险矩阵，可将隐性债务细分为直接隐性负债以及或有隐性负债。① 直接隐性债务是指法定债务外，出于防范风险，在任何情况下地方政府都会承担的债务或支出责任。主要表现为未落实预算的政府购买服务融资项目，名股实债类 、固定回报类 PPP，名股实债类的基金，各类资管计划等。或有隐性债务是指，只有在特定事件发生时，政府出于防范风险承担的债务或支出责任，表现为违规担保或承担救助责任的债务等。具体内涵如表 3–1。

① 直接债务是指在任何条件下都必然会发生的财政负债，可以根据某些特定的因素来预测和控制，具有必然性，并不依赖于任何具体事件的发生。或有债务是指政府财政面临一些随机发生的事变会做出相应的支出、承担相应的责任。

表 3–1 我国地方政府债务风险矩阵

政府债务	直接负债（在任何情况下都存在的负债）	或有负债（只在特定事件发生时才产生的负债）
显性负债：法律或合同所确定的政府负债	1. 地方政府债券 2. 地方政府负债 3. 拖欠工资、账款形成的债务	1. 政策性担保公司的不良资产 2. 资产管理公司不良资产
隐性负债：主要反映公众期望和利益集团压力的政府道义上的债务	1. 社会保障资金缺口 2. 名股实债类政府投资基金 3. 融资租赁 4. 其他非标融资 5. 名股实债类、固定回报率 PPP 项目 6. 不规范政府采购项目 7. 其他中长期支出计划	1. 对政府企事业单位（含融资平台）从事政府公益性项目导致的补贴或救助支出 （1）债券类融资工具（融资平台发行的企业债、公司债、中期票据、短期融资券等城投债） （2）其他非市场化运营的公益性项目举借债务或其他代偿支出 2. 地方政府各部门为引资而违规担保或承担救助责任的债务 3. 地方国有银行、其他金融机构的不良资产 4. 地方国有企业未弥补的亏损

资料来源：根据相关资料整理而得。

（二）地方政府隐性债务的构成

1. 债务类型

按照债务类型，地方政府隐性债务主要由融资平台公司的贷款、债券、融资租赁和其他非标融资方式（包括券商资管计划、基金子公司、信托、保险债权投资计划），PPP 项目、政府购买服务、政府性产业基金中的违法违规融资等构成。

2. 资产类型

从投资项目来看，地方政府所形成的隐性债务主要是投向了公益性项目和准公益性项目，如交通运输设施建设、市政建设、科教文卫、保障性住房、生态建设和环境保护等。同时，还投向了一般竞争性领域，如房地产、汽车等领域。

3. 承债主体类型

从承债主体来看，地方政府主要通过地方融资平台来筹集资金，另外，一些地方国企也承担了部分公益性项目，因而也具备一定的融资功能。

4. 债权人类型

从隐性债务对应的债权人来看，债权主体可以包括四大国有商业银行，地方的城商行、农商行、农信社，以及券商、基金、信托等非银机构。

表 3–2　隐性债务的主要构成

	具体构成
债务类型	城投债，平台贷款，融资租赁，其他非标融资方式（包括券商资管计划、基金子公司、信托、保险债权投资计划等），PPP 项目、政府购买服务、政府性产业基金中的违法违规融资
资产类型	公益性项目（棚改、保障性住房、扶贫项目等），准公益性项目（交通运输、停车场、地下管廊等），一般竞争性项目（房地产、食品、汽车等），其他直接隐性的支出责任（如养老基金、医保基金和失业救济等社会保障资金缺口）
承债主体类型	融资平台、其他地方国企
债权人类型	四大国有商业银行，城商行、农商行、农信社，券商、基金、信托等非银机构

资料来源：根据相关资料整理而得。

二、地方政府隐性债务的规模及特点

根据作者估算，我国地方政府隐性债务“规模庞大、关联复杂”，过去 5 年年均增速接近 60%，2018 年末已达 51.53 万亿元，是显性债务的 2.8 倍。按照加权债务成本计算，如此庞大的隐性债务未来 5 年内利息支出将接近 20 万亿元，仅付息就超过目前显性债务余额。从债务类型看，以平台类银行贷款和城投债券为主；从对应资产看，债务主要集中在市政建设和交通基础设施建设项目；从承债主体看，地方隐性债务主要集中在市县两级；从地区分布看，隐性债务主要集中在东部和西部地区；从债权人来看，以城市商业银行及非银类金融机构为主；从时间节点来看，近三年的债务还款压力较大。

（一）已有估算结果

由于地方政府债务结构分散、隐蔽性强，加之口径不一、数据不透明、来源渠道较窄、可得性较差，目前对地方政府隐性债务估计较难，也导致国内外学者和机构对地方政府隐性债务规模的测算差异较大。目前，测算结果大致在 10 万亿至 50 万亿之间。

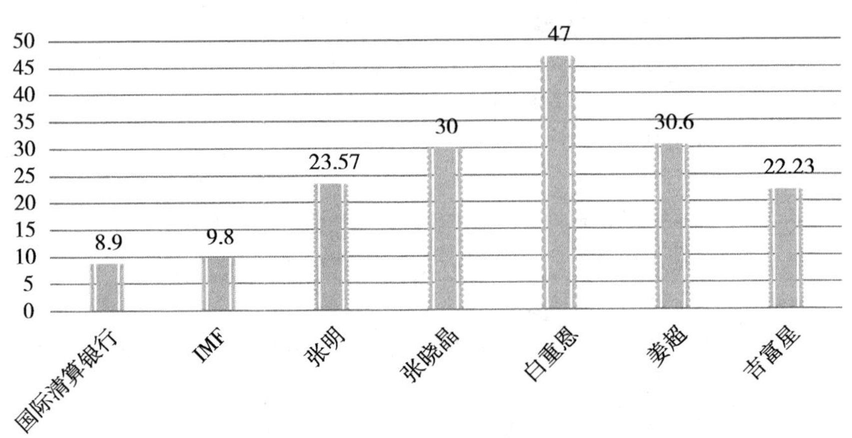

图 3-1 2017 年我国地方政府隐性债务规模的估计（单位：万亿）

资料来源：根据公开发表报告及论文整理而得。

（二）从债务类型角度尝试对地方政府隐性债务进行估计

本课题从债务类型的角度尝试对地方政府隐性债务规模进行估计，预计 2018 年中国地方政府隐性债务规模大致在 50 万亿左右。具体测算如下。

1. 平台公司银行贷款。2013 年 7 月 31 日，中国银监会网站公布截至 2013 年 6 月末的平台贷款余额为 9.7 万亿元，同期国内金融机构贷款余额为 68.1 万亿元，平台贷款占比为 14.2%。2018 年底的国内金融机构贷款余额为 136.3 万亿元，假设这一比例为 15%，推算出平台贷款余额约为 22 万亿元。

2. 城投债规模。曹婧（2019）等通过手工对 wind 数据库和银监会数据进行了修正，2017 年规模大致为 12.61 万亿。2018 年新增债券 2.45 万亿元。考虑到到期债务的偿还，则截止至 2018 年底，城投债规模约为 14.5 万亿元。

3. 融资租赁。根据中国租赁联盟发布的 2018 年度报告，截止至 2018 年底全国融资租赁合同余额约为 6.65 万亿元。根据商务部网站发布的报告，基础设施及不动产行业的融资租赁资产比例约为 7.64%。则可大致估算通过融资租赁投向地方政府融资平台的资金约为 0.51 万亿元。

4. 非标融资。一是券商及基金子公司资管产品。基金业协会网站公布的相关统计年报显示，截止至 2017 年底，通过券商通道业务最终投向地方融资平台的规模为 6907 亿元，剔除掉投资证券投资基金（2.1%）和持牌机构资管产品和私募基金（10.4%）这一嵌套部分，可以得到通过券商通道业务直接投向地方融资平台的资金量约为 0.60 万亿元。另外，报告还显示截至 2017 年底，通过基金子公司专户最终投向地方融资平台的规模为 9638 亿元，剔除掉投资持牌金融机构资管产品和私募基金（35.1%）的嵌套部分，可以得到通过基金子公司直接投向地方融资平台的资金量约为 0.63 万亿元。这两项预计 2018

年增长 15%，则券商及基金子公司资管产品带来的隐性债务为 1.41 万亿元。二是保险资管计划。根据保险资产管理业协会的数据，2018 年底债权加股权累计注册额约为 2.53 万亿元，大约 93% 的比重为债权投资，可以估计债权投资计划的累计注册额约为 2.35 万亿元，这部分债权投资计划主要投向基础设施和不动产，大部分会流入地方政府融资平台。三是信托产品。根据中国信托业协会数据，2018 年投向基础产业的信托资金约为 4.4 万亿元。综合来看，2018 年非标融资带来的隐性债务规模为 8.16 万亿元。

5. 各类政府性基金。一是政府引导基金。根据 wind 数据，截至 2018 年底，全国共设立 1636 支政府引导基金，总目标规模为 9.93 万亿元，已经到位资金规模为 4.05 万亿。按照 1 ∶ 4 比例放大，并考虑到 80% 是名股实债以及 30% 的损失率，产生隐性债务规模为 3.8 万亿。二是专项建设基金。截至 2018 年底大致存在 1 万亿左右，考虑到政策性银行不良率为 1.89%，隐性债务规模为 189 亿元。各类政府性基金带来的隐性债务大致为 3.8 万亿元。

6. PPP 项目。截至 2018 年底，已经投放 6.6 万亿建设规模，除去政府付费类项目比例，并假定引入社会资本中有 80% 为名股实债，则 PPP 项目带来的隐性债务约为 2.56 万亿元。

综上所述，2018 年地方政府隐性债务规模为 51.53 万亿元。另外，采用过去 10 年发行债券的加权平均利率和央行的平均贷款利率，5 年内将新增利息支出约 20 万亿元。可见，如果不及时处置地方政府隐性债务，隐性债务就像滚雪球一样，越滚越大，带来的风险也越来越大。

表 3–3　地方政府隐性债务矩阵表

	直接	或有
隐性	1. 专项建设基金：189 亿元 2. 名股实债类的政府投资基金：3.8 万亿 3. 融资租赁：0.51 万亿 4. 其他非标融资：8.16 万亿 5. 公共投资项目的财政承诺、担保或救助：2.56 万亿	1. 对国有企业事业单位（融资平台）从事政府公益性项目导致的补贴、代偿或救助支出（银行贷款 + 城投债）：36.5 万亿
总计	15.03 万亿	36.5 万亿

资料来源：作者根据相关资料整理而得。

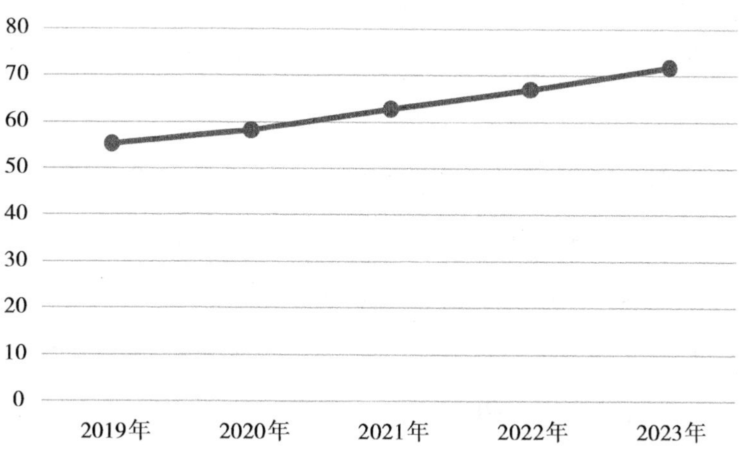

图 3–2　2019—2023 年我国地方政府隐性债务规模的估计（单位：万亿）

资料来源：作者估算。

（三）隐性债务的特征

1. 从债务类型看，以平台类银行贷款和城投债券为主

从债务类型看，截止至 2018 年底，如图 3–3，地方政府隐性债务以融资平台贷款和城投债为主，两者占到地方政府隐性债务的 70% 以上。

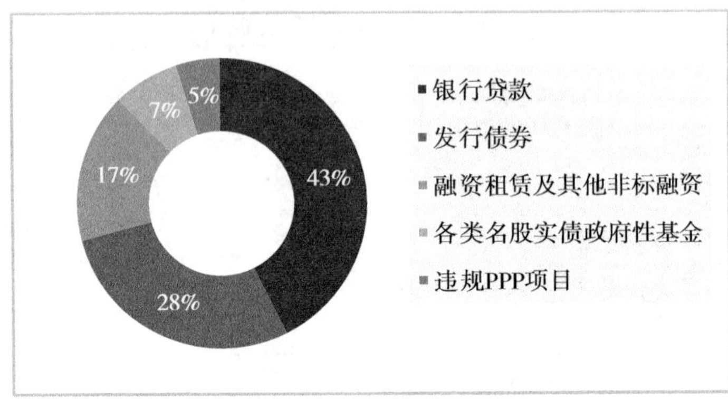

图 3–3　地方政府隐性债务债务类型结构图

数据来源：作者估算。

2. 从对应资产看，债务主要集中在市政建设和交通基础设施建设项目

地方政府隐性债务形成的资产主要集中在公益类项目和准公益类项目。如图 3–4，隐性债务投向市政建设和交通基础设施建设项目的比重高达 66%。如图 3–5，市政建设项目和交通基础设施建设项目形成的隐性债务中，担保类债务分别占到了 26.20% 和 48.88%，救助类债务分别占到了 73.80% 和 51.12%。

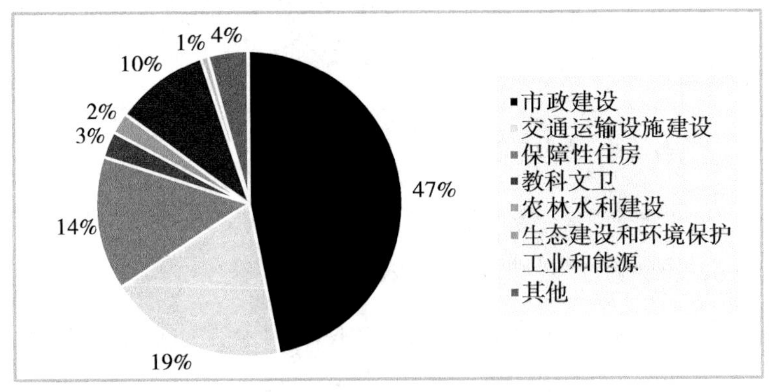

图 3–4　2018 年隐性债务对应的资产结构图

数据来源：根据 Eastmony 相关数据测算。

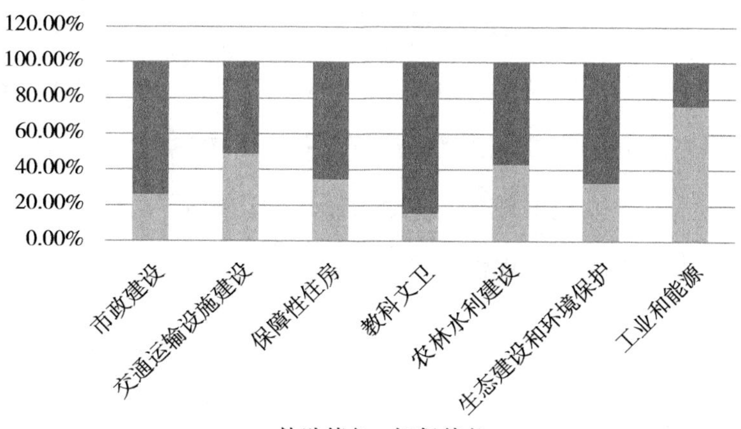

图 3-5　各类资产担保和救助债务结构图

数据来源：作者估算。

3. 从承债主体看，地方隐性债务主要集中在市县两级

从承债主体看，市县两级融资平台产生了超过 70% 以上的地方政府隐性债务。2009 年四万亿刺激计划出台后，融资平台快速发展。目前，我国已有 2500 余家地方融资平台，省级融资平台仅占到不足 20% 的比例，其余均为市级或县级融资平台。据相关研究，某省隐性债务中，市县两级隐性债务占比达 85%。

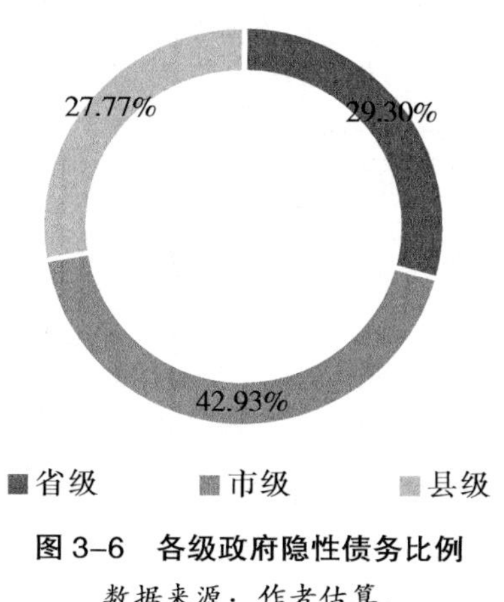

图 3-6　各级政府隐性债务比例

数据来源：作者估算。

4. 从地区分布看，隐性债务主要集中在东部和西部地区

从地区分布看，江苏、北京、四川、浙江、天津地方政府隐性债务规模位列前五，占全国隐性债务存量的38.7%。宁夏、海南和西藏绝对隐性债务规模相对较小。从区域分布来看，隐性债务主要集中在东部和西部地区，占总规模的78%。

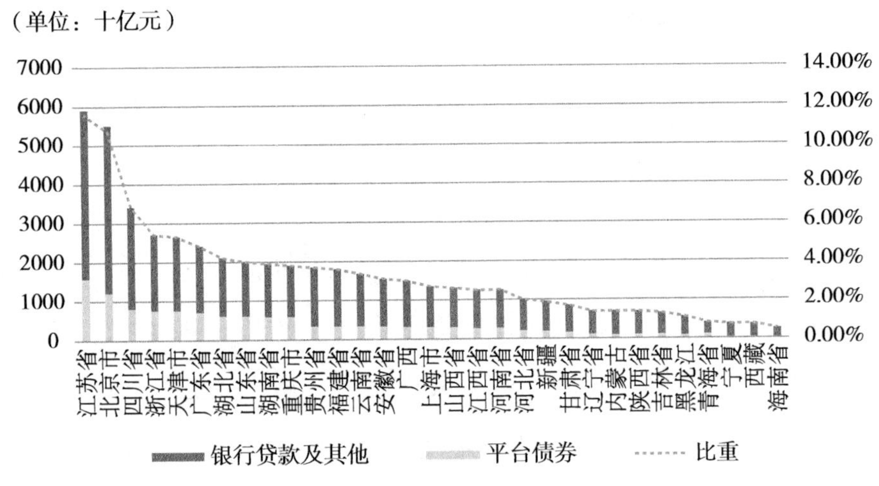

图3-7　2018年各省隐性债务规模

数据来源：作者估算。

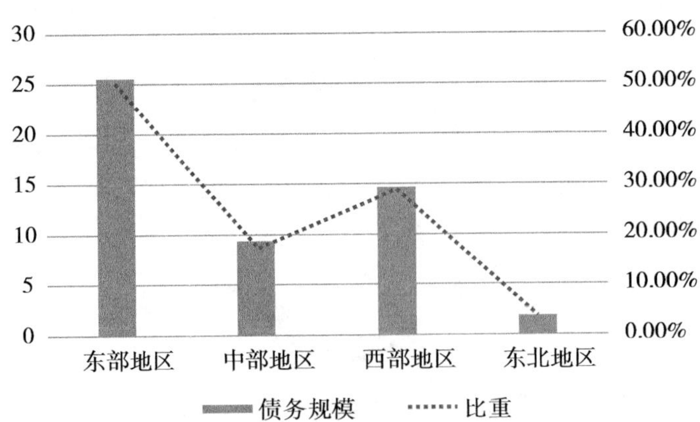

图3-8　2018年各地区隐性债务规模（单位：十亿元）

数据来源：作者估算。

5. 从债权人来看，以城市商业银行及非银类金融机构为主

从债权人来看，地方城商行、农商行以及非银机构面临的隐性债务的风险敞口较大，占到隐性债务总规模的 71%。

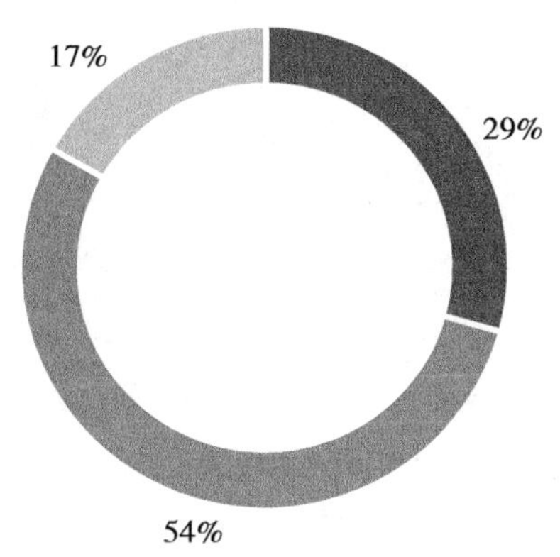

■四大国有商业银行 ■城市商业银行 ■非银金融机构

图 3-9　债权主体结构图

数据来源：作者估算。

6. 从时间节点来看，近三年的债务还款压力较大

截至 2018 年末，地方政府债券和银行贷款剩余平均年限仅为 3.72 年和 4.4 年。可见，近三年地方政府偿债压力较大。

7. 小结

地方政府隐性债务规模增长较快。自 2014 年以来，地方政府显性债务的增长速度相对较慢，年均增速仅为 4.5%，年均增量也只有约 0.8 万亿元。隐性债务方面，自 2014 年以来的年均增速达到了 59.06%，存量迅速增加。

地方政府隐性债务规模较大，2018 年是全国地方政府债务限额的 2.8 倍。同时，由于形成原因复杂，举债主体多样，导致隐性债务隐蔽性强。另外，由于地方政府债务期限结构错配，地方政府隐性债务

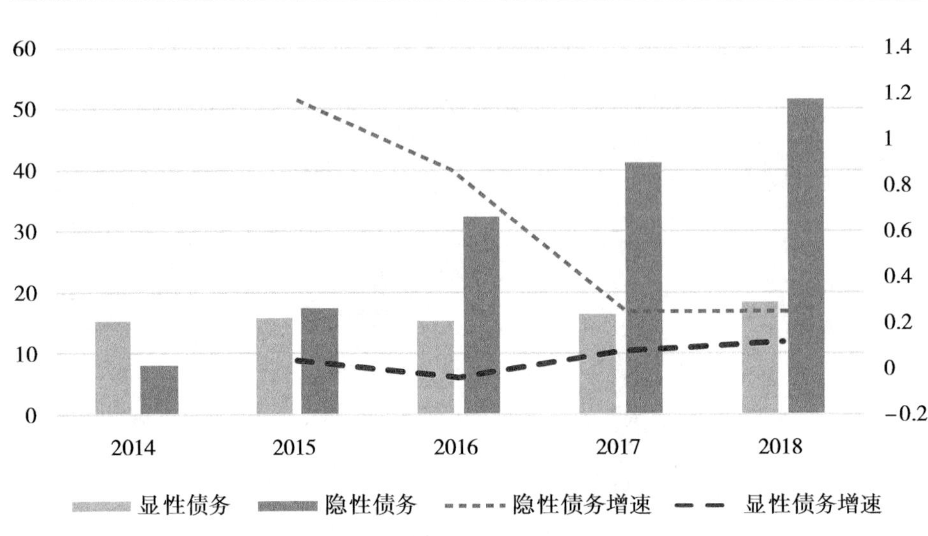

图 3–10 2014——2018 年地方政府显性、隐性债务规模及增速

数据来源：作者估算。

中 80% 以上属于中短期债，但是多用于建设周期和回报周期较长的市政建设项目，也使得地方政府隐性债务风险较高，呈现“熔点低、燃值高”的特点。

三、地方政府隐性债务的形成背景和原因

（一）发展型地方政府的内源融资能力不足

我国的地方政府是典型的发展型政府，肩负繁荣地方经济的任务，尤其是基础设施建设和公共服务提供。但有时地方政府又缺乏足够的财政收入和正规渠道的资金。大多数地方预算内财政仅仅够“吃饭”，维持基本的运转。作为公共品的基础设施建设的融资，在无法增税的情况下，地方政府只能依靠债务融资。而 2014 年新《预算法》实施前，地方政府实际上并没有正式的举债权，大量的基础设施融资需求只能借用平台公司的融资来满足。

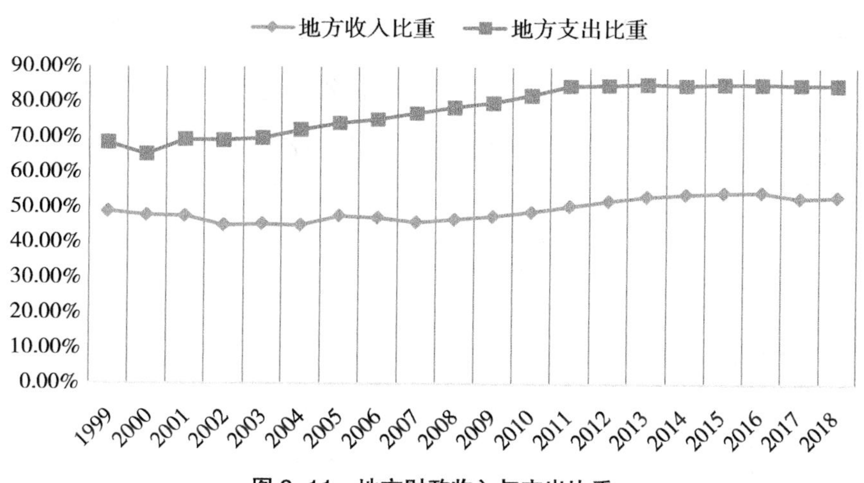

图 3-11　地方财政收入与支出比重

数据来源：国家统计局。

值得深究的是，地方政府融资平台在 20 世纪八九十年代就已经兴起，但为何在 2009 年后地方隐性债务才开始剧增呢？这是因为，四万亿积极财政政策的实施引发地方政府融资平台“非理性扩张”，产生了大量的“次级债务”[①]。短期内地方政府融资平台数量骤增，一方面是同一级政府所属的融资平台数量迅速增加（龚强等，2011[②]），另一方面是区县政府所属融资平台大量增加，地方政府将融资平台作为“抢食四万亿”政策红利的工具，而不论其是否真正具备举债融资的经济可持续性，这些新增的融资平台尤其是区县级融资平台，恰恰是隐性债务增量的主体。融资超出合理限度，基础设施投资就远远超财政可承受能力。与此同时，过度超前的基础设施对增长的边际贡献

① 在此之前，融资平台为城市与工业化发展而融资，尚在合理限度内。合理范围内的地方隐性债务本身就反映了经济增长过程中基础设施建设的客观需求。瓦格纳法则表明，国民收入增长时，财政支出将会以更大的比例增长。

② 龚强、王俊、贾珅：《财政分权视角下的地方政府债务研究：一个综述》，《经济研究》，2011 年 7 月。

迅速下降，十一五期间是 1.6，目前是 0.54，只是之前的三分之一。投资驱动造成了大量的低效甚至无效的投资，也导致债务风险与日俱增。隐性债务暴增的年份，往往也是基础设施投资增速远超过地方财政收入增长的年份（如图 3–12）。

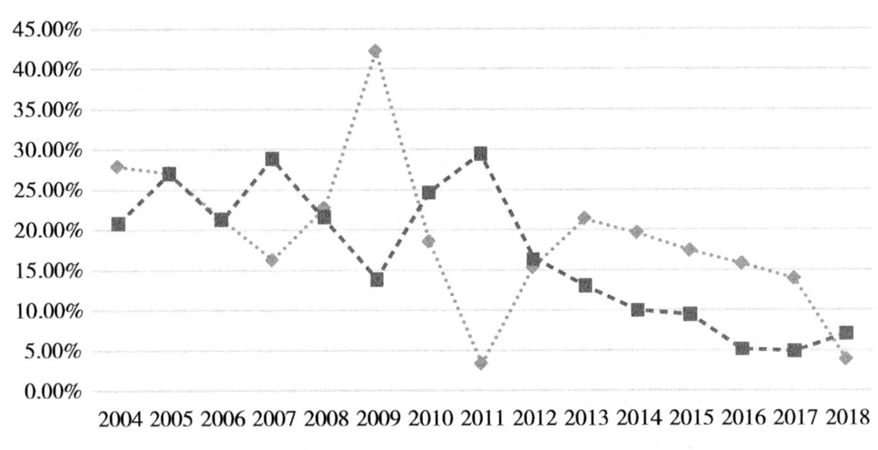

图 3–12 基础设施投资增速与地方财政支出增速

数据来源：WIND 资讯。

2014 年中央“43 号文”的出台，明确规定剥离融资平台公司政府融资职能，融资平台公司不得新增政府债务。但是这并不意味着融资平台和发展型地方政府的彻底剥离。在产权关系上，地方政府仍然是城投公司的主要股东或实际控制人，在实际业务层面，地方政府也仍然是城投公司的最重要的“金主”。城投公司仍然以地方政府“委托”的基础设施建设与土地整理业务为主，政府补助的营业外收入仍然是其重要的利润来源（常欣，2018①）。

① 常欣：《对地方政府隐性债务风险的思考》，《开放导报》，2018 年 1 月。

2014 年以来，发展型地方政府通过政府投资基金、PPP 项目、政府购买服务等融资“创新”，带来了新一轮隐性债务增长。中央针对融资平台一刀切的防风险政策导致债务融资“开前门”措施过于谨慎。目前，地方政府新增债券限额管理偏于保守，且“因素法”分配模式下，财政实力强的地区获得的配额多，而财政实力弱的地区获得的配额少，“马太效应”日趋明显。大部分省份债务限额均用到了 70% 以上，个别省份甚至接近 100%。在此背景下，地方政府寻求新的隐性举债渠道。随着 PPP 模式的发展中“名股实债”、“保底条款”、拉长版的 BT 等不规范行为模式，实质上是将 PPP 异化为新的融资平台[①]，使地方政府负债“表外化”，导致地方政府隐性债务规模增长。另外在实施中，地方政府滥用可自行制定政府购买服务目录的权限，将本属于工程建设领域的投资项目按照所谓“服务”进行分类，规避采用 PPP 模式，从而逃避了政府财政可承受能力论证。地方政府对提供购买服务的承接主体形成了事实上的应付义务，承接主体又以上述对政府形成的应收账款向金融机构融资贷款投入项目建设。将融资行为与政府购买服务混在一起，既威胁了金融机构资产安全，又增加了将来政府的支出责任，产生了地方政府隐性债务风险。

表 3–4　2014 年以来新一轮地方隐性债务的来源

替代性融资方案	增加地方政府隐性负债的机制
政府性投资引导基金	明股实债：使得财政负担的资金成本明显增加。
专项建设资金融资	可能会被要求回购基金持有的项目股权，或提供保底收益等隐性担保。

① 短时间内，能源、交通、环保、市政等上万个 PPP 项目进入财政部 PPP 项目名录，涉及投资十多万亿元。

续表

替代性融资方案	增加地方政府隐性负债的机制
委托代建购买服务	本质是财政支出拉长型的 BT 模式，地方政府支持建设单位向银行贷款，但资金使用方为地方政府。
PPP 模式	泛化、滥用，借 PPP 变相融资。

资料来源：常欣（2018）。

（二）软预算约束与中央最后兜底

软预算约束是地方隐性债务产生的深层次原因。“软预算约束”这一概念，由匈牙利经济学家科尔奈提出，用于解释国有企业与政府的关系（科尔奈，1986[①]）。在软预算约束之下，向企业提供资金的一方（政府或银行），由于某些原因未能坚持原来的事先合约，使企业资金的运用超过了其当期收益的范围。政府上下级之间也有这种情况。在软预算约束之下，下级政府因为有各种“事后”补助或者无偿拨款而不会努力保持预算平衡。对应到地方隐性债务的产生机制上，软预算约束具体可分为融资平台等地方国企与地方政府两个层次。

第一个层次是融资平台等地方国企的软预算约束。作为地方隐性债务主体的融资平台，法律属性与事实属性间的冲突（详见专栏3-1），导致其软预算约束问题严重，“借最贵的钱、干最不赚钱的事”无法通过市场的反馈而硬化其预算约束，最终地方政府成为融资平台债务买单人。需要指出的是，2018 年我国居民杠杆率为 53.2%，政府（显性）杠杆率为 37%，企业部门杠杆率为 153.6%，为全球最高。但究其原因，表面上问题和风险在企业部门，实质症结在公共部门。企业债务中，国企债务占比超过六成，而国企债务中一半左右为融资平

① 科尔奈：《短缺经济学》，经济科学出版社 1986 年版。

台债务。也就是说，融资平台公司债务本质上是公共部门债务，而软预算约束是融资平台债务判定为公共部门债务的关键。

专栏 3-1　融资平台法律属性与事实属性间的冲突

国务院曾于 2010 年 6 月对地方政府融资平台的性质和范围进行了界定。国务院 19 号文中，地方政府投融资平台是“指由地方政府及其部门和机构等通过财政拨款或注入土地、股权等资产设立，承担政府投资项目融资功能，并拥有独立法人资格的经济实体”。从上述界定中可知，融资平台本质上是独立企业法人。根据《民法通则》第 36 条，独立法人资格的要件关键在于“具备独立的民事行为能力，能够独立承担民事责任”。而融资平台公司是政府设立的，其主要功能是为政府投资项目融资，这意味着其“民事行为能力”受到政府的引导，不可能如同其他企业法人一样，完全独立；也恰恰是基于上述原因，融资平台公司也不需要“独立”承担民事责任，其积累的政府性债务最终的买单人是地方政府。因此，融资平台公司的法律属性与事实属性间存在一定的张力：从法律属性上来讲，融资平台公司是经济实体，受《公司法》等相关法律约束，但在事实上不具备独立的民事行为能力，也无法独立承担民事责任。上述法律与事实间的冲突也是融资平台公司相关问题，尤其是地方预算软约束问题产生的根源。

随后，财政部、发改委、人民银行、银监会四部委联合下发《关于贯彻国务院关于加强地方政府投融资平台管理有关问题的通知相关事项的通知》，进一步明确融资平台公司范围包括：各类综合性投资公司，如建设投资公司、建设开发公司、投资开发公司、投资控股公司、投资发展公司、投资集团公司、国有资产运营公司、国有资本经营管理中心等，以及行业性投资公司，如交通投资公司等。

需要注意的是，四部委联合下发的这一文件中，对国务院 19 号文给出的界定进行了两项补充，一是在“政府所属部门和机构”后，增加“所属事业单位”，即将事业单位设立的融资平台也明确划入；二是在“政府投融资功能”前，增加“公益性项目”，明确融资平台公司是为公益性项目融资的功能。此外，也明确了公益性项目的范围，即“为社会公共利益服务、不以盈利为目的，且不能或不宜通过市场化方式运作的政府投资项目，如市政道路、公共交通等基础设施项目，以及公共卫生、基础科研、义务教育、保障性安居工程等基本建设项目”。

表 3–5　融资平台公司相关的界定与范围

	界定 / 范围	出处
融资平台公司概念	指由地方政府及其部门和机构等通过财政拨款或注入土地、股权等资产设立，承担政府投资项目融资功能，并拥有独立法人资格的经济实体	《国务院关于加强地方政府融资平台公司管理有关问题的通知》国发〔2010〕19 号
融资平台公司范围	各类综合性投资公司，如建设投资公司、建设开发公司、投资开发公司、投资控股公司、投资发展公司、投资集团公司、国有资产运营公司、国有资本经营管理中心等，以及行业性投资公司，如交通投资公司	《关于贯彻国务院关于加强地方政府融资平台公司管理有关问题的通知相关事项的通知》财预〔2010〕412 号
公益性项目	为社会公共利益服务、不以营利为目的，且不能或不宜通过市场化方式运作的政府投资项目，如市政道路、公共交通等基础设施项目，以及公共卫生、基础科研、义务教育、保障性安居工程等基本建设项目	

资料来源：作者整理。

第二个层次是发展型地方政府的软预算约束，使其负债未形成风险自担的约束机制。中央政府实际上承担了最终的隐性担保和刚性兑付责任（国研中心课题组，2018）。上述机制，在过去很长时期内避免了地方债务危机的发生，但这是以债务风险的不断累积作为代价的，实际上形成了刚性泡沫，即政府担保的泡沫，政府担保使得投资者觉得不会有损失，出现过度投机，并导致杠杆率提高和风险积累（朱宁，2016[①]）。

虽然说任何国家，出现经济危机后，中央政府都会兜底，不会任其蔓延，但问题是兜多少。缺少市场化的分担机制，发展型政府将“所有的风险都自己扛”，从而导致风险集聚。发展之初的高速增长，中央政府兜底尚有足够的底气，进入高质量发展阶段后，经济增速与财政收入增速双双放缓，全部兜底已经力有不逮。2014 年以来，虽然中央三令五申不能违规举债，但地方政府出于发展需要的借债又理直气壮，软预算约束使其最后还不上钱还是要找中央。隐性债务高企的风险将集聚到中央政府（张晓晶等，2019[②]）。需要指出的是，如果中央政府始终充当最后兜底人，地方政府盲目举债的冲动就永远不会得到遏制[③]。

（三）金融机构的体制性偏好与财政买单幻觉

如果没有金融机构的“配合”，存在预算软约束且内源融资能力不足的发展型地方政府也无法顺利实现隐性债务扩张。金融机构的体制性偏好与财政买单幻觉，使其倾向于向政府背景的融资平台放款。在 2014 年融资平台政策急剧收紧后，地方金融机构仍有很强激励通过所谓的“金融创新”将信贷资金输送到城投领域，助推了新一轮地

① 朱宁:《刚性泡沫》，中信出版社，2016 年。

② 张晓晶、刘学良、王佳:《债务高企、风险集聚与体制变革——对发展型政府的反思与超越》,《经济研究》，2019 年第 54 期。

③ 例如，十九世纪三十年代，美国各州政府为基础设施建设大量举债，美国联邦政府拒绝了其财政救助请求。这对硬化地方政府预算约束有重要的意义。美国的地方政府负债率都非常低，多在 30% 以下。

方隐性债务增长。

从金融机构本身的角度来讲，其体制性偏好实际上可视为一种理性行为。虽然民营部门可能拥有更优的利润率与生产率，但基于以下两点考量，金融机构仍然偏好国有企业。融资平台类地方国企就成为地方金融机构的“优质客户”。

一是地方政府行政干预。通常情况下，城商行等地方金融机构的最大股东均为当地地方政府，这些金融机构甚至还需要承担部分准财政职能，在发展型地方政府的强大行政压力下，地方金融机构难以拒绝为其基础设施建设提供资金支持的要求。这也是为什么地方隐性债务风险较高的地方，其城商行的不良率也较高的原因。反过来，作为支持地方政府发展融资的对价，即使地方隐性债务存在较大的违约风险，出于社会稳定、金融稳定与个人政治考量，地方领导人也不会让地方金融机构限于困境甚至破产，这实际上加大了地方金融机构的道德风险，使其乐意将资金源源不断地输送到融资平台等地方隐性债务的载体。

二是层层隐性担保下的财政买单幻觉。如前所述，地方政府为融资平台、中央政府为地方政府都提供了隐性担保，使得地方金融机构产生财政买单幻觉。尤其是经济增速回落、政策不确定性增强的背景下，金融机构对融资平台等政府背景的载体放贷虽然无法实现利润最大化，却可以有效地规避风险（纪洋等，2018①）。虽然中央政府三令五申地方政府债务“谁借谁还”、“中央不再兜底”②，但却无法对金融

① 纪洋、王旭、谭语嫣等：《经济政策不确定性、政府隐性担保与企业杠杆率分化》，《经济学（季刊）》，2018 年第 2 期。

② 如 2014 年 43 号文，2016 年国务院办公厅下发的《地方政府性债务风险的处置预案》中均提出地方政府对其举借的债务负有偿还责任，中央实行不救助原则。

机构的体制性偏好形成实质性威慑，金融机构尤其是地方金融机构始终存在严重的财政买单幻觉。只要能够继续借新还旧或者展期置换，地方政府的融资饥渴就不会缓解，甚至对利率上扬都并不敏感，这实际上进一步增大了地方隐性债务风险。

同时各类地方新型金融机构和市场也在迅速发展，金融业从分业经营到混业经营的过程中，各种金融工具创新也在不断涌现，这使得财政风险金融化的途径越来越多样化、隐性化。再加上由于地方金融监管能力弱小，存在监管盲区，从而为隐性债务风险扩大提供了条件。

四、地方政府面临严峻的偿债压力

从地方政府全口径的债务率、负债率、债务依存度以及财政自给率来看，地方政府面临着严峻的偿债压力，局部地区尤其是贫困地区、传统产业扎堆地区、市场活力较弱地区以及前期扩张速度过快的地区均面临着较高的债务风险。

（一）债务率[①]

根据作者估算，从全国来看，截止至2018年底，我国显性债务率仍处于相对合理水平，但叠加隐性债务后的总债务率却远高于150%的最高参考范围上限。具体来看，全国地方政府显性债务率达78.9%，低于国际货币基金组织90%的参考标准。但是，地方政府隐性债务率却高达221%，全口径地方政府债务率为300%。

分地区来看显性债务率，东北地区地方政府显性债务率最高，为

① 债务率为地方政府债务余额/当年政府综合财力。当年政府综合财力为一共公共预算收入、政府性基金收入、国有资本预算收入以及获得中央转移支付加总计算而得。

111.3%。中部、西部和东部地区债务率分别为80.9%、92.25%、69.11%。分省来看，内蒙古、贵州、辽宁、安徽、青海、湖南显性债务率最高，皆高于100%，内蒙古债务率高达174.26%，超过标准参考范围150%的上限。浙江、上海、广东、北京和西藏显性债务率水平较低。

分地区来看隐性债务率，东部地区政府隐性债务率最高，为255.7%。中部、西部和东北地区债务率水平分别为213.7%、241.7%和137.9%。分省份来看，天津、北京、江苏、四川、贵州隐性债务率最高，均高于290%以上。

综合来看，东部地区总债务率最高，为324.8%。天津、北京、贵州、四川最高，海南、广东、西藏总债务率水平较低。

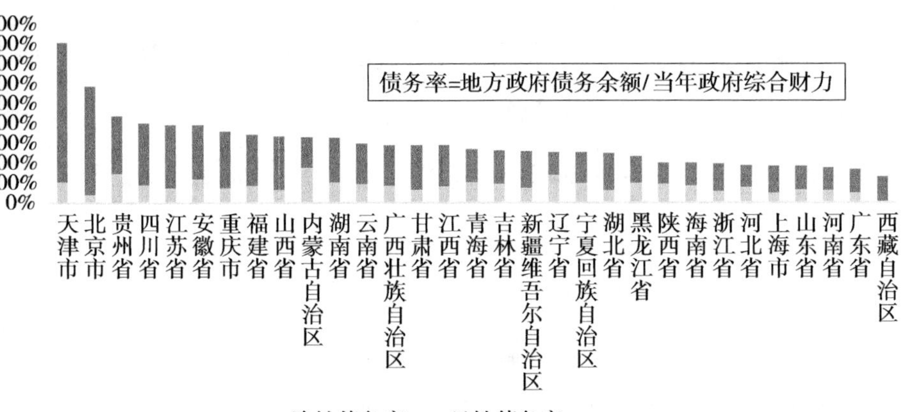

图3-13 各省份债务率水平（2018年）

数据来源：作者整理及估算。

（二）负债率①

2018年地方政府显性债务负债率为20.47%，叠加隐性债务后，

① 负债率为地方政府债务余额/GDP。

地方政府全口径债务负债率为 77.57%，高于 60% 的警戒线。考虑到利息支出，未来五年地方政府隐性债务负债率还会有所提高（见图 3–14），最终又进一步导致全口径负债率高于安全值范围。

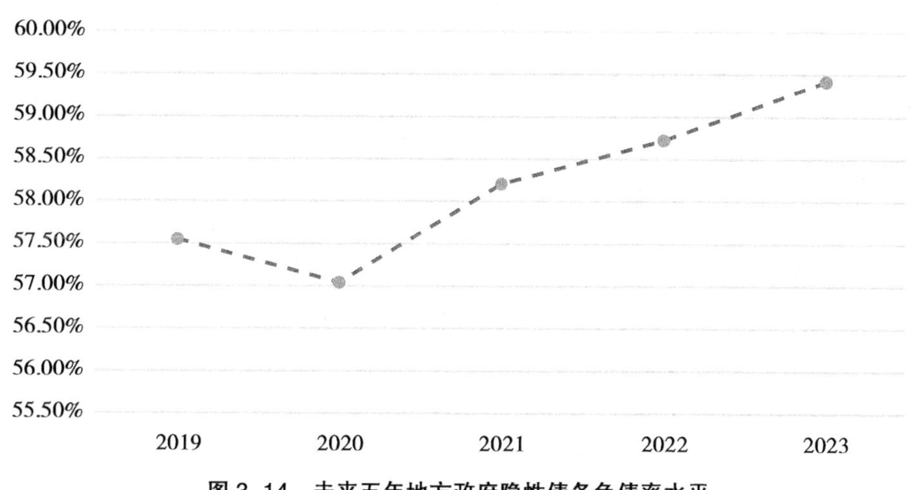

图 3–14　未来五年地方政府隐性债务负债率水平

数据来源：作者估算。

分地区看显性债务负债率，西部地区最高，为 34.59%，其次是东北地区，为 27.79%。东部地区和中部都较低，分别为 18.54% 和 19.6%。分省来看，青海省最高，为 62.56%，已经超过警戒线。其次为贵州省，59.66%，西藏、广东、北京最低。

从隐性债务负债率看，东北地区隐性债务负债率最低，为 34.8%，西部地区最高，为 86.5%。分省来看，北京、西藏、天津、贵州、青海、甘肃隐性债务负债率较高，均突破了 100%，有 16 个省份超过了警戒线。山东、河南、广东负债率较低。

从全口径债务来看，西部地区总债务负债率最高，为 121.1%，东北地区最低，为 62.6%。分省来看，叠加隐性债务后，北京、西藏、

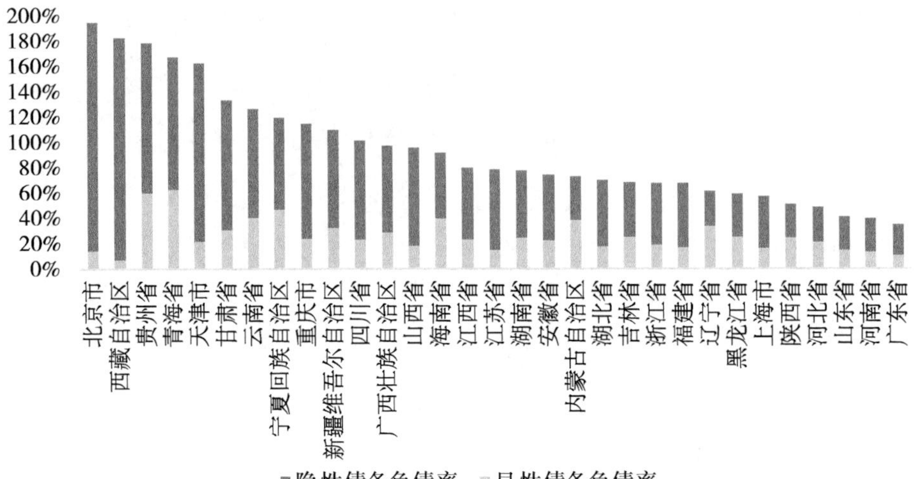

图 3-15 各省份隐性债务负债率对比图

数据来源：统计局、作者计算。

贵州、青海、天津、甘肃、云南、宁夏、重庆、新疆四川负债率较高，均超过 100%。仅有 7 个省未超过警戒线，广东省全口径债务负债率最低，为 34.85%。

（三）债务依存度[①]

截止至 2018 年，我国地方债务依存度为 53.43%，高于国际上公认的债务依存度安全线（15%–20%），可见财政支出对债务收入的依赖过高。东部、中部和西部地区增量债务依存度分别为 39.41%、58.33% 和 72.58%，远高于 20%，省份层面，陕西和内蒙古自治区债务依存度高于 100%，福建、湖南、贵州和云南等省份债务依存度高于 70%。

① 债务依存度 = 当年地方政府债务收入 / 当年财政支出总额。财政支出总额 = 地方政府一般公共预算支出 + 政府性基金支出 + 国有资本预算支出。我们将当年地方政府债务收入定义为当年地方政府债发行量（显性债务）和总债务增量，并分别求值。该指标衡量财政支出对债务收入的依赖程度。国际上公认的债务依存度安全线为 15%–20%。

（四）财政自给率[①]

2018 年，全国财政自给率为 52.02%，经济发达地区财政自给率远高于经济薄弱地区。地区层面，东部地区遥遥领先，财政自给率高达 67.75%，中部地区随后为 44.40%，东北地区为 36.4%。西部地区对中央财政转移支付依赖度最高，仅为 34.70%。31 个省份中，由于中央不断推进扶贫开发，西藏自治区财政自给率仅有 11.68%。西部地区青海、东北地区黑龙江和中部地区甘肃财政自给率未及 30%。广东、江苏、浙江、北京和上海等东部发达地区财政自给率高于 70%。

综合考量各省的债务存量、财政收支水平、经济发展水平以及债务率、负债率和债务依存度，虽然叠加隐性债务后，总债务风险水平高企，但风险仍然可控。然而，当前一些地区可能会出现区域性风险。从地区来看，我国东部地区债务风险相对较小，西部地区债务问题最为严重。隐性债务问题较为严重的省份主要为天津、贵州、重庆、四川、云南、甘肃、内蒙古、湖南、青海、宁夏。相比之下，北京、江苏等东部沿海省份，经济发展相对较快，财政自给水平较高，对地方政府债务具有较强的支撑能力，隐性债务风险总体可控。另外，因几乎完全依靠中央补助，西藏等省份显性债务问题温和，虽然负债率较高，但是债务问题相对并不突出。可见，贫困地区、传统产业扎堆地区、市场活力较弱地区以及前期扩张速度过快的地区都属于隐性债务风险较高的地区。

---

① 财政自给率 = 地方财政一般预算内收入 / 地方财政一般预算内支出。财政自给率评价地方财政的“自我造血能力”。财政自给率越大，地方政府对中央财政转移支付的依赖越低，地方经济越繁荣。

第四章 规范隐性债务的金融风险分析

地方政府的隐性债务既与国家信用有关，又与金融体系紧密联系，因此在处置地方政府隐性债务的过程中，如果处置不当或者操作过急，很可能引发"处置风险的风险"，并与其他金融风险相联系结合，造成新的更大的系统性风险。处置隐性债务风险，在空间上是横向蔓延和纵向传导的权衡，在时间上是短期暴露和长期延后的抉择。合理而有效的隐性债务处置方式，应该是将隐性债务风险从风险忍耐度较低的体系引导至风险忍耐度较高的体系，做到风险的缓解的平滑。隐性债务风险与处置的风险，这两种风险都是源于地方政府的信用不足，且都将造成较大的金融体系震荡，但隐性债务风险时滞长、分布散、冲击弱，但衍生风险却更加迅速、传播快且冲击强。总体来看，隐性债务风险引发系统性金融风险的可能性较低，但隐性债务带来的风险是长期隐蔽、侵蚀性的，将对经济造成长期不利影响。

在规范和处置地方债务风险的过程中，由于处置不当、时点错误、评估失误等原因，将造成金融体系和政府体系的衍生风险。这种"处置风险的风险"，比隐性债务风险本身的金融风险更为直接、迅速、猛烈，并将叠加已有的其他金融机构经营风险、市场风险等，造成新的更大的系统性风险。

一、地方政府隐性债务金融风险的传导机制与表现形式

债务问题是经济问题的一个横切面，当前隐性债务的风险不在短期而在长期，正如“每朵乌云都镶着金边”，不同角度的风险判断可能不同，但至少“明者远见于未萌、智者避危于未形”，请让我们做个悲观的乐观派。

（一）隐性债务风险引发金融风险的传导途径

隐性债务的风险可通过资产负债表、资产价格、市场预期等多个渠道，在政府部门、金融体系、企业部门、消费者部门之间形成串联。隐性债务风险的形成和传导与债务资金在各个体系的流转关系紧密，在我国的财政体制下，债务风险通常不易显性化，而是以金融风险的形式爆发出来；金融风险又会反过来对实体经济和社会稳定造成负面影响，加大经济失速风险和社会风险（图 4–1 和图 4–2）。

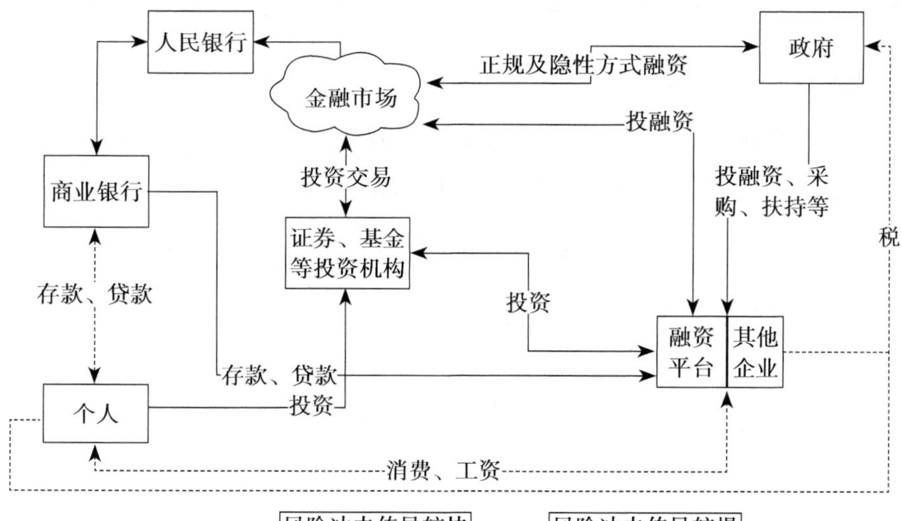

图 4–1　经济运行中各主体的经济金融关系

资料来源：作者整理。

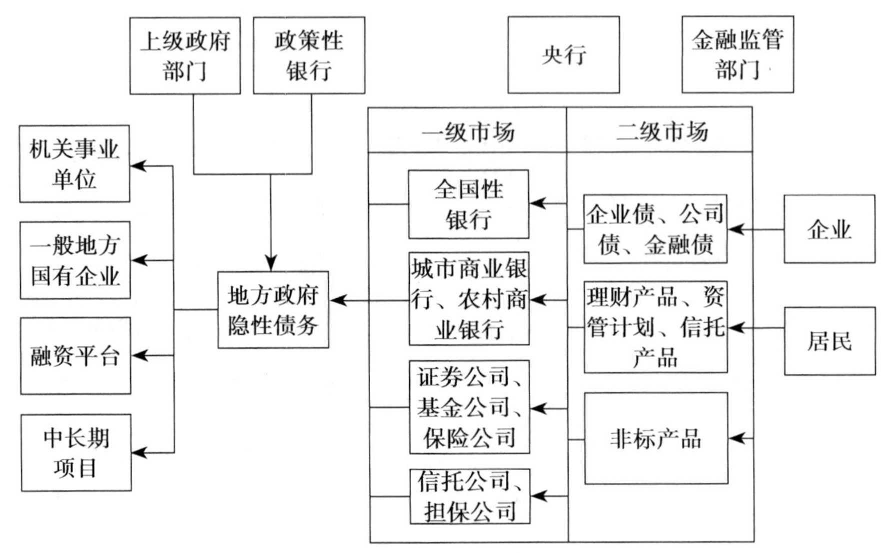

图 4-2 与隐性债务相关联的经济主体关系

资料来源：作者整理。

隐性债务引发的风险在五大体系之间跨机构、跨市场双向传递，且随着债务对应资产在不同体系内的不同价值形态和流动性水平的变化，金融风险呈现不同类型。从承载隐性债务风险的主体来看，可归为五大体系——地方政府隐性债务人体系、形成隐性债务的一级金融体系、隐性债务对应资产流转的二级金融体系、投资者体系和上级调控或救助体系（表 4-1）。在这五大体系中，风险的爆发点不仅仅也不一定来自债务人，各个体系的特殊风险都可能成为引发系统性风险的源头，各个体系之间的风险也有一定的联动性（图 4-3）。

1. 债务人体系：既包括形成债务的实体型融资单位，如机关事业单位、一般性国有企业、地方融资平台公司；也包括非实体型的中长期融资项目，如政府投资基金、股权融资计划、PPP 项目等，是隐性债务风险的来源。主要风险点是债务偿付违约风险，随着债务规模不断膨胀，即使付息也愈发困难，无法借新还旧、债务展期。

2. 金融机构和金融市场体系： 包括持有少量地方隐性债务资产的开发性、政策性银行和大型商业银行，持有大量隐性债务资产的地方城市商业银行和农村商业银行，以各类资产计划形式持有隐性债务资产的证券公司、基金公司和保险公司，以及地方性的信托公司、担保公司、融资租赁公司。隐性债务被分割、打包、整合成各类资产计划，资产类型既有地方融资平台公司的企业债、公司债、各类债务融资工具，也有各类理财产品、资管计划和信托计划，还包括各类非标准化的金融产品。隐性债务风险传导途径是债务风险→中小型金融机构风险→大型金融机构风险。金融机构由于自身问题出现经营风险，也可能引发债务资金链条断裂从而爆发兑付危机。中小金融机构中，全国城商行和农商行前十大客户中城投企业贷款占比分别高达 60.2% 和 49.1%，平台贷款质量直接影响这类机构不良贷款率。同时，中小型银行高度依赖同业负债，如农商行同业负债占比高达 28% 左右，而同业负债的对手方则主要以大型国有商业银行为主，其经营风险可能传导至国有大型银行，引发同业挤兑乃至系统性金融风险。此外，除表内贷款，多种类型金融机构还通过债券、非标、股票等其他金融工具广泛参与到各级融资平台运作，信贷市场上的违约事件不仅会影响信贷市场，还会传递至债券、股票等其他金融市场。

3. 投资者体系： 包括持有各类投资计划的居民和企业投资者体系，随着隐性债务风险爆发和资产计划偿付违约，债务风险损失将最终导致债券、非标产品投资人受损，也会波及其他更多机构投资者和广大个人投资者，连带产生间接挤压实体企业投资、抑制消费行为等长期影响。

4. 上级救助体系： 包括中央和省、市级的上级政府部门以及开发性、政策性银行在内的一整套财政、金融、监督体系。不同政策会造成金融体系对隐性债务风险容忍度的变化，随着上级部门救助力度不同，隐性债务风险向上级部门传导情况也有所不同。如省级政府不对偿债困难的市县实施救助，则可能造成整个区域风险上升，最终威胁全盘财政稳定、金融生态环境和社会融资链条；但如果仓促救助，又面临道德风险。

表 4–1 隐性债务风险在五大体系中产生并传导

五大体系	内涵解释	与隐性债务风险的关系
债务人体系	既包括形成债务的实体型融资单位，如：机关事业单位、一般性国有企业、地方融资平台公司；也包括非实体型的中长期融资项目，如：政府投资基金、股权融资计划、PPP 项目、政府购买服务、专项建设基金、应付工程物资款等	造成隐性债务风险的来源
形成隐性债务的一级金融市场体系	包括持有少量地方隐性债务资产的开发性、政策性银行和大型商业银行，持有大量隐性债务资产的地方城市商业银行和农村商业银行，以各类资产计划形式持有隐性债务资产的证券公司、基金公司和保险公司，以及地方性的信托公司、担保公司、融资租赁公司	在一级市场中，隐性债务的相关方关系明确，不存在债务风险的大范围蔓延。隐性债务风险的爆发也只会影响少量金融机构
隐性债务对应资产流转的二级金融市场体系	在二级市场上，隐性债务被分割、打包、整合成各类资产计划，在各类金融机构中交易流转，形成了风险的广泛传递覆盖。资产类型既有地方融资平台公司的企业债、公司债、各类债务融资工具，也有各类理财产品、资管计划和信托计划，还包括各类非标准化的金融产品	在一级市场中风险隐患较小的大型商业银行，由于大量持有小银行和非银行金融机构的金融资产，因而隐性债务风险也可能极大地传递至大型商业银行

续表

五大体系	内涵解释	与隐性债务风险的关系
投资者体系	持有各类投资计划的居民和企业投资者体系	居民和非金融企业持有各类资产计划，成为隐性债务风险的最后承担者。随着隐性债务风险爆发和资产计划偿付违约，居民和企业投资者将面临投资损失
上级调控或救助体系	包括中央和省、市级的上级政府部门以及开发性、政策性银行在内的一整套财政、金融、监督体系。	央行和监管部门的不同政策会造成金融体系对隐性债务风险容忍度的变化，从而影响风险的爆发和传导。随着上级部门救助力度不同，隐性债务风险向上级部门传导情况也有所不同

资料来源：作者整理。

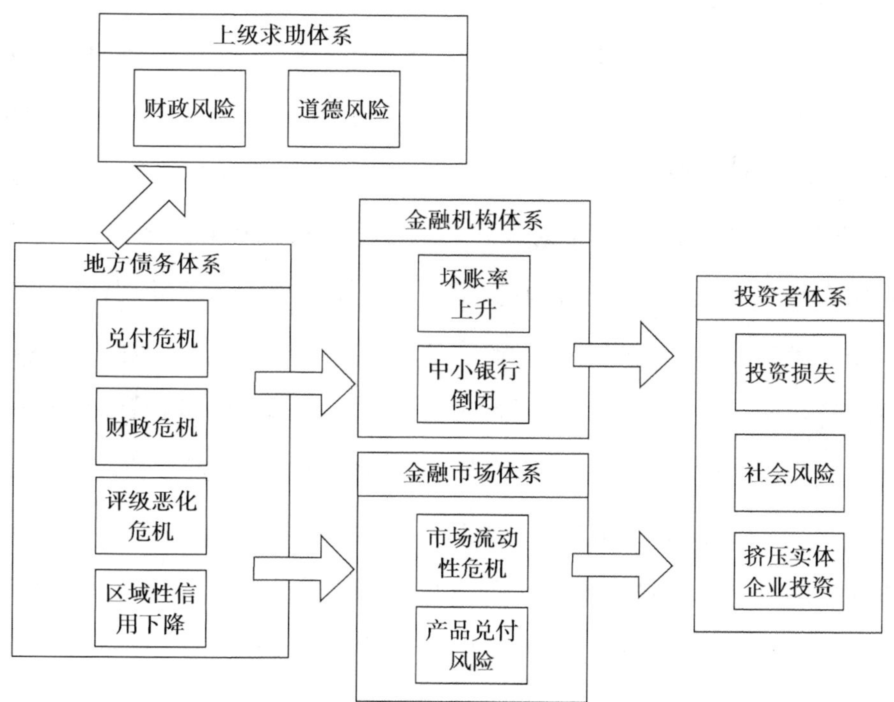

图 4–3　隐性债务风险在五大体系之间的传导以及转化机制

资料来源：作者整理。

除了五大体系的实际联系，隐性债务风险还通过市场预期渠道产生广泛影响。地方政府城投债作为信用债，极易受到城投个体风险事件的影响。由于城投企业自身普遍缺乏创造现金流的能力，收入以地方财政补贴和转移支付为主，对外部融资环境与流动性有很强的依赖，因此各地城投债之间具有很强的同质性，利差呈现出同涨同跌的走势。一旦某个违约事件的爆发打破长期以来金融机构对地方政府债务的刚性兑付预期，就会引发投资者对其他城投债的配置意愿，导致投资者提前赎回，在兑付压力下进一步引发债券市场流动性风险，迅速传导至一级市场，包括民企债在内的各类型债券的发行难度都将随之大幅上升。

随着信用收缩背景下多年积累的融资平台风险陆续释放，多起城投平台的违约风险事件充分表明地方政府债务的违约预期传染效应。例如 2011 年云南路投事件，上海申虹事件、2018 年兵团六师事件等对城投债市场均造成了较大冲击。以 2018 年 8 月“17 兵团六师 SCP001”未能足额支付利息事件为例，从股权结构和业务类型上看，兵团六师和其他同类城投企业在难以自负盈亏、尚未建立现代企业管理制度等方面具有较强共性。此次违约不但导致该债券的评级大幅下调，还打破了市场长期以来对城投债的信仰，继而引发投资者对新疆地区城投债的风险偏好的明显下降以及对城投债的重新定价。类似地，2011 年云南路投事件和上海申虹事件，也引起了城投债整体约 2% 的收益率飙升。在经济增速放缓和强化金融监管的宏观环境下，金融市场各类主体的风险偏好均明显下降，即使其他个体风险事件对某个债券无实质影响，也可能放大其价格的下跌幅度。

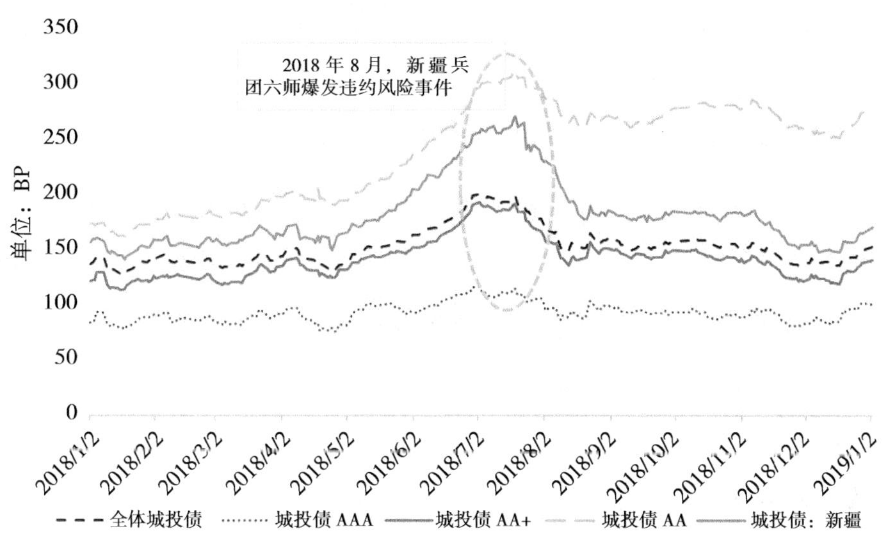

图 4-4　信用风险事件后各类城投债的信用利差（中位数）走势

数据来源：WIND。

（二）地方政府隐性债务金融风险的具体类型

近年来，地方政府隐性债务对金融体系稳定性的影响正在逐步显现，其潜在的系统性风险主要体现在金融市场的流动性风险和社会融资波动、金融机构的经营困难和破产风险、资产价格的顺周期风险、金融体系的道德风险等四个方面。监管部门如果及时不采取政策行动，未来各类金融风险事件有可能相继爆发（见表 4-2）。

1. 金融市场频繁面临流动性冲击和社会融资波动

金融市场流动性是保障金融资产价格稳定的重要基础。流动性风险表现为债务规模大、集中度高可能导致银行的坏账与流动性危机，金融主体虽然有清偿能力，但无法及时获得充足资金或无法以合理成本及时获得充足资金以应对资产增长或支付到期债务的风险。与债务周期天然伴生的是流动性松紧也呈现规律，从经验来看，每一次债务膨胀后的 2–3 年，都会出现 1–2 次的“钱荒”危机，扰动金融市场，引起债务危机连锁爆发。

在利率市场化改革的推进过程中，银行的存贷款利差受到挤压，使得银行有动机积极开拓新的利润空间，银行贷款成为地方政府通过城投平台融资的主要方式之一。但地方政府债务往往存在较为严重的期限错配问题，极易导致银行的流动性风险。一方面，由于地方政府融资平台贷款主要投向大型的基础设施与公益性项目，资金需求量大、期限长、回收慢，项目变现能力较差；另一方面，商业银行对地方政府债务融资的主要资金来源是储户的活期存款，中长期贷款占比过高将引发资产负债表的结构失衡，导致资产与负债期限错配问题，使其面临巨大的流动性风险，可能导致金融体系资金供需的总量失衡，最终引发市场资金链的突然断裂。从可持续性角度看，地方政府隐性债务期限普遍在 3–5 年，这意味着未来每年将有 10–15 万亿左右地方政府隐性债务到期，如何保障这些债务的顺利偿付，或者后续融资顺利进行，将直接决定金融体系稳定性。

2. 金融机构稳健性面临挑战，越来越多的中小型银行和非银金融机构可能经营困难、甚至破产出清

根据作者估算，隐性债务资金来源中，五大国有银行占比约 30% 左右，风险敞口不大。但城商行、农商行等地方中小银行的资金在隐性债务资金来源占比 50% 左右，与地方隐性债务捆绑密切，对隐性债务的风险敞口不容忽视。此外，券商、信托、融资租赁等也是隐性债务的主要资金来源方，未来可能有越来越多的中小型银行和非银机构出现信用风险。

金融机构的经营风险指的是收益率相对较低、盈利能力相对较

差的地方政府债务违约后，对金融机构稳健经营的负面影响。由于地方融资贷款的资金量大，且有政府担保，各商业银行偏好这类贷款业务，同时地方融资平台的融资渠道有限，地方政府利用自己对地方资源的控制力影响商业银行，以满足政府的资金需求，地方政府债务来源单一，主要来源于银行，并以政府信誉作为担保，加重了财政负担，也加剧了银行的经营风险。银行贷款集中度高的后果是引发坏账风险，加大了银行稳健经营的难度。如果外部市场环境出现较大变化，尤其是若城投平台项目出现断裂，必然会导致银行坏账激增，最终对金融安全造成冲击。

现实中，地方政府融资平台往往同时向多家商业银行贷款，容易造成过度融资和平台负债率高的问题。在回报率较低、现金流不足的情况下，地方政府难以通过项目收益偿还贷款，最终需要依靠财政收入还债。而一旦地方财政出现支付困难，隐性债务则会转化成为银行的不良贷款与坏账，加剧当地银行的经营风险。尽管新《预算法》出台后，地方政府债务以政府债券的形式出现，但银行依然是政府债券的最主要购买者，政府债券同样有偿还周期，当地方财政收入或债券所投项目资金回流不能及时满足债务清偿时，地方政府同样有不能及时偿还政府债券本息的可能性，使银行体系乃至整个金融系统受到威胁。

3. 隐性债务风险叠加资产价格顺周期，可能引发金融市场的价格剧烈波动，以及抵押品估值的大幅缩水

尽管财政政策的初衷是逆周期调节，但金融杠杆作用却具有明显的顺周期性。首先，城投债的价格波动性较高，本身就具有资产价格不稳定性。由于政府隐性债务自身存在的流动性风险，与城投债的流动性风险交叉，一旦城投债发行主体发生个体风险事件，债券价格的

下跌幅度可能较其他债券更大。其次，在金融杠杆的顺周期作用下，地方政府债务违约的负面冲击使贷款人作为抵押品持有的资产价格下降，引发借款人的净值下降，提高外部融资溢价，导致被迫的资产抛售，抵押品价格进一步下降。此外，房地产价格和地方债务之间的正反馈机制进一步助涨了资产泡沫。2017 年，地方政府融资平台存货约占总资产 27%，远高于其他非金融企业的 15%，且融资平台的存货资产中以土地储备为主。地方政府通过土地储备给融资平台注资获得抵押贷款，将进一步加大土地财政的系统性风险，从而加剧资产价格的顺周期风险。一旦地方政府债务违约风险上升，外部融资溢价要求上升会导致投资者需要更高的回报进行补偿，进而引发信贷融资下滑、实体经济增长放缓，并进一步加剧债务违约风险的上升，最终形成债务违约和资产价格下跌之间的恶性循环。

4. 金融体系的道德风险持续上升

地方政府债务涉及多类经济主体与政府部门，地方政府、融资平台公司、社会资本合作方、金融机构及中介机构等形成了利益共同体，导致地方政府与上述经济主体间形成复杂的委托—代理关系。

一方面，基建投资缺乏盈利性是隐性负债引发道德风险的根本原因。地方政府隐性债务所投向的基建投资盈利难以覆盖融资成本，必须依赖政府信用背书。城投公司由于基建投资具有很多公益属性，具有低回报率和长投资周期特征，这决定了大部分基建投资难以通过市场化方式融资。数据表明，2017 年城投公司平均资产收益率仅为 1.9%，而同期 AAA 级城投债收益率为 4.8%，城投公司中 ROA 高于 AAA 级城投债收益率的比例仅为 7.4%。这意味着只有很少一部分基建项目能够实现市场化融资，绝大部分需要借助政府资金或政府信用支持。

另一方面，债务置换作为化解地方政府隐性债务的方式，进一步加剧了道德风险的严峻性。2014 年，国发 43 号文提出了“发行地方政府债券置换存量的政府债务”，2015 年财预〔2015〕225 号也要求“地方政府存量债务中通过银行贷款等非政府债券方式举借部分，通过三年左右的过渡期，由省级财政部门在限额内安排发行地方政府债券置换”。地方政府置换的初衷本是为解决地方政府面临的到期债务本金偿还问题，防范潜在的财政金融风险，但从市场角度看，却可能将其视为中央政府为地方政府解决债务困境提供的一种救助机制。一旦置换债券作为未来地方政府解决债务偿还问题的常设机制，将进一步加剧地方政府过度举债的道德风险，并通过置换债券的方式掩盖和延迟可能出现的债务风险。

表 4-2 隐性债务的金融风险

风险类型	具体表现	原因
流动性风险	流动性短缺或者骤停，货币市场、债券市场利率急剧上升。例如，2013年6月份“钱荒”事件中，金融市场流动性骤然紧缩，之后城投债的利率中枢（5年期AA+评级）提升了约 23bp	地方政府融资主要投向大型的基础设施与公益性项目，资金需求量大、期限长、回收慢，项目变现能力较差，而银行信贷和债券资金都以 1–3 年的短期为主，资产与负债期限错配使银行面临巨大的流动性风险
社会融资风险	社会融资总量收缩，融资成本上升	地方政府隐性债务（监测口径）占社融存量的 22.9%，2014–2018 年地方政府隐性债务年均 7.5 万亿元的增量约占每年新增社会融资的 42.4%。每年有 10–15 万亿左右地方政府隐性债务到期，如何保障这些债务的顺利偿付或再融资，将直接决定金融体系稳定性

续表

风险类型	具体表现	原因
经营风险	一是中小银行的信用风险上升，坏账率上升。估计各级政府融资平台涉及的不良贷款率可能接近20%，不良贷款总额高达2.4万亿。不少地方中小银行有20–30%的平台贷款实际上已经不可能收回，只是在接续。 二是非银机构的信用风险上升	一是近年来城商行等中小银行不良贷款率上升，同时拨备覆盖率下降，抵偿能力受损。本就羸弱的中小银行如果再受到重大信用风险事件的冲击，必然会导致银行坏账激增，难以生存。 二是由于城投债的“安全性”，券商、基金等非银机构往往高配甚至满仓城投债，而一些追求高收益的机构不断下沉所购城投债的信用评级，全靠“信仰”投资，信用风险分析形同虚设，一旦发生城投债违约，将会波及当前市场上的绝大多数非银机构
价格波动和价值重估风险	一是公开市场产品（如城投债）价格剧烈波动，发生踩踏式抛售。 二是土地等抵押品价值缩水，引发债务违约和资产价格下跌之间的恶性循环	一是城投债作为公开市场债券，资产价格本身就具有不稳定性，如果再与隐性债务自身存在的流动性风险交叉，使得一旦城投债发行主体发生个体风险事件，债券价格下跌幅度较其他债券更大。 二是在金融杠杆的顺周期作用下，如果发生隐性债务违约冲击，将使抵押品（主要是土地）价值大幅下降，引发借款人的净值下降，外部融资溢价要求上升会导致投资者需要更高的回报进行补偿，进而引发包括信贷融资下滑、实体经济增长放缓，并进一步加剧债务违约风险的上升，最终形成债务违约和资产价格下跌之间的恶性循环
道德风险	财政风险金融化，金融体系承担过多的财政功能	在隐性债务的关系背后，地方政府与融资平台公司、社会资本合作方、金融机构及中介机构等形成了利益共同体，存在复杂的委托—代理关系。基建投资缺乏盈利性是隐性负债引发道德风险的根本原因。城投公司的大量基建投资具有公益属性，2017年城投公司平均资产收益率仅为1.9%，而同期AAA级城投债收益率为4.8%，城投公司中ROA高于AAA级城投债收益率的比例仅为7.4%。这意味只有很少一部分基建项目能够市场化融资，绝大部分需要借助政府资金或政府信用支持

（三）地方政府隐性债务的金融风险水平测算

考虑到银行是地方政府性债务的主要资金来源之一，因此银行表内外资产中地方政府隐性债务的占比情况，较大程度上反映了银行对地方政府隐性债务的风险敞口大小，即地方政府隐性债务的金融风险敞口高低。本部分通过对银行持有的各类表内外地方政府债务情况进行估算，以此为基础判断当前地方政府隐性债务的金融风险水平。

1. 银行对地方政府隐性债务的表内贷款约为 11.7 万亿

首先，广延意义上银行持有了约 8 成的各类地方政府隐性债务。从地方政府隐性负债被银行所持有的规模角度看：审计署 2013 年 6 月末最新一次的地方政府债务调查结果显示，在地方政府性债务的各项资金来源中，银行贷款在地方政府性债务中的占比约为 57%，尽管受强化金融监管的影响较 2010 年末的 79% 已有所下降。然而在地方政府性债务的其他资金来源中，信托融资、融资租赁、金融机构融资等融资方式的占比仍为 12%。尽管该部分资金没有直接反应在银行的资产负债表上，但是通过银行表内非标投资、理财非标投资等形式，最终大部分仍被银行所持有，因此也应归为银行表内持有的地方政府政府性债务。此外，债券融资在地方政府债务性债务资金来源中的占比为 17%。而中央国债登记结算公司首次公开的地方债的投资者持有结构数据显示，2018 年 12 月份，在所有地方债的投资者中，商业银行为最大的持有机构，合计持有 15.33 万亿地方债，占比为 84.82%。因此，由商业银行持有的债券融资也应视为银行资金，在地方政府性债务中占比为 14%。因此，“银行贷款 + 债券融资 + 信托融资”等三项占地方政府或有债务资金来源的比例约高达 83%。

其次，从银行表内贷款投向行业来看，银行的贷款行业分布与地方政府性债务有较大重合，均集中在基础建设相关行业。一方面，从地方政府资金来源中的银行贷款行业分布角度看，地方政府性债务资金用途所主要投向了交通运输、水利、环境和公共设施管理业、建筑业、租赁和商务服务业等基础设施建设。而类似地，从金融机构角度看，2008 年国际金融危机后，银行对公贷款中投向前述四行业的占比不断提升，与基建投资的相对快速增长呈现同步变化趋势。因此，可以通过从金融机构基建相关行业的贷款情况推测出银行对地方政府隐性债务的表内信贷风险敞口情况。

结合地方政府和银行两方面情况的基本假设和具体测算过程如下：

➢ 假定 2017 年地方政府性债务余额中银行贷款占比与 2013 年持平，均为 59%；

➢ 假设基建相关行业贷款同比增速与金融机构总贷款增速持平；

➢ 假设未置换地方政府债务均为银行贷款。

估算思路是：一是计算地方政府债务资金来源中的银行贷款占比。2013 年 6 月末基建类相关行业贷款余额为 17.1 万亿元，同期地方政府性债务余额中来自银行贷款的规模为 10.1 万亿元，约占基建类相关行业贷款的 59%，因此据此可假设这部分银行贷款实际投向了地方政府债务。二是估算银行对基建相关行业的表内贷款规模。尽管目前银保监会尚未披露 2018 年末的银行业分行业贷款数据，但可以合理假设基建相关行业贷款同比增速与金融机构总贷款增速持平，均为 13.5%，则可根据 2017 年末金融机构对基建相关行业的贷款余额(17.9 万亿元)，大致估算出 2018 年末基建类贷款余额为 20.3 万亿元。最后，根据上述四行业贷款中有 59% 投向地方政府隐性债务的假设，同时考虑到截至 2018 年末尚有 0.32 万亿元未置换的地方政府债务（为 2015

年前形成的未置换的地方政府负有偿还义务的、以非政府债券形式存在的债务），并且乐观假设未置换地方政府债务均为银行贷款，则2018年末银行表内贷款中所投的地方政府隐性债务规模估计在11.7万亿元左右。

2. 银行持有的地方政府隐性债务非标资产约为10万亿

地方政府隐性债务的复杂性和隐蔽性体现在举债方式多样，地方政府通过平台公司、购买服务、PPP、各类发展基金和引导基金等进行融资，资金来源除传统的表内贷款，以及保理、银票保函等表外授信外，还包括资管计划等表外类信贷融资，其中部分涉及名股实债、抽屉协议、承诺回购等违规方式，共同导致了隐性债务规模快速增长。2017年起，持续一年多的金融强监管对同业业务的规范，加之资管新规要求公募型产品转向净值型，高成本要求的刚兑资金开始萎缩，基建类非标占比逐渐下降。但从信托资金投向基建的走势大致可以看出，2014年后基建类的非标占比整体趋降。但2018年下半年以来，政府加大基础设施领域补短板的力度，基建类非标在新增信托项目中的金额以及占比有所回暖。目前大部分银行表内外非标资产存量仍主要投向了城投、地产等领域。

尽管具体比例情况难以无法从统计数据上进行准确量化，本文在基本假设基础上对其进行了大致估算：

- 将金融机构信贷收支表中的“股权及其他投资”项目视为银行表内非标资产；
- 将“非保本、非同业”的表外理财余额中投向非标资产的部分视为银行表外非标资产；
- 假设银行全部非标资产余额中有45%投向基建类相关行业，

即地方政府隐性债务。

银行对非标资产的投资可以分为表内自营和表外理财两个渠道：

一是表外理财部分，银行主要将理财资金直接投向委托贷款、票据等资产，或通过 SPV“绕道”向企业发放贷款，将筹集到的资金最终投向非标资产。根据银行业理财登记托管中心发布的《中国银行业理财市场报告(2018 年)》，截至 2018 年末，银行理财余额 32.1 万亿，其中“非保本、非同业”的表外理财余额大约 21.2 万亿，其中投向非标资产的比重为 17.23%。可得到截至 2018 年末，银行持有的表外非标投资大约为 3.7 万亿。

二是表内自营部分，银行将自营资金最终投向非标资产，主要反映在金融机构信贷收支表中的“股权及其他投资”一项，主要包括银行购买和持有的资管计划、信托计划、理财产品等，也包括境外投资、股本投资及股权投资等。但由于该部分信息不全面，导致非标资产难以清楚区分，对此只能进行大致估算。根据金融机构信贷收支表数据，2018 年末金融机构股权及其他投资约 19.6 万亿元，其中金融同业类产品存续余额 1.22 万亿元，将同业产品部分扣除后，剩余的表内股权及其他投资约为 18.5 万亿元，可以将其全部假设为银行持有的表内非标资产。加总表内外非标资产，2018 年末，银行所持有的表内外非标资产总规模为 22.2 万亿元（表内 18.5 万亿，表外 3.7 万亿）。

三是估算银行表内外非标资产投向地方政府隐性债务的比例。2018 年中国信托业相关数据显示，截至 2018 年 4 季度末，资金信托为 18.95 万亿元，同比 2017 年 4 季度末的 21.91 万亿元下降 13.51%；从资金信托余额在五大领域的占比来看，2018 年 4 季度末的排序是工商企业（29.90%）、金融机构（15.99%）、基础产业（14.59%）、房地产业（14.18%）、证券市场（11.59%）；资金信托投向的行业分布来看，在剔除投向金融业的相关部分（证券市场和金融机构）后，剩下的资金应视为投向基建相关行业投资，其占比在2018年末为44.3%。考虑到2014年三季度披露该数据以来，该比值始终在44–47%区间波动，且均值为45%，因此可以将银行非标投资对地方政府隐性债务的占比合理设定为45%。

将表内贷款与表内外非标资产规模相加（22.2万亿元），并根据非标资产投向基建相关行业，即政府隐性债务的占比为45%的假设，则银行表内外非标资产对应的地方政府隐性债务的敞口约为10万亿元。最后，将银行表内贷款和表内外非标资产持有两部分汇总，截至2018年末，商业银行对地方政府隐性债务的敞口共计21.7万亿元，从而构成地方政府隐性债务金融风险程度的判断基础。

3. 银行对地方政府隐性债务的承接能力测算

在金融机构所持有的高达21.7万亿的地方政府隐性债务规模下，我国金融体系主要面临着两大类风险：一类是部分平台公司和国有企业的偿债能力本身恶化所引发的信用风险，另一类是平台公司和地方国企本身有足够的偿债能力，但因为流动性问题导致的违约，即流动性风险。

与显性债务相比，隐性债务最大的特点是不在地方政府资产负债表的负债之内，债务的偿还不是“既定”义务，而只是在融资平台不能偿还时才须履行，且偿还的只是融资平台不能偿还的部分。因此，地方政府隐性债务的风险程度取决于这些债务承载项目不良资产率的高低。如果不良资产率为零，则项目本身的现金流就能偿还债务，不需要地方政府代为偿还，即便是隐性债务也不存在金融风险；相反，如果项目不良资产率很高，需要地方政府代为偿还的比率很高，则债务的金融风险程度则更高。这意味着就风险程度而论，不能将地方政府的隐性债务与显性债务同等看待，隐性债务的金融风险水平高低关键取决于债务承载项目的不良资产率。

对此，可进行一个简化版的信用风险的压力测试，对此提出如下假设：

➢ 假设银行对地方政府隐性债务全部按照 5% 计提不良资产；

➢ 进一步假设这部分不良资产价值下降为 0；

➢ 补提的不良资产的持有者全部集中在商业银行；

➢ 假设表外理财非标损失由银行而非投资者承担。

首先，在地方政府债务集中爆发的压力情景下，银行仍有较强的信用风险消化能力。对大多数地方政府隐性债务的承载项目而言，鉴于其政府项目性质，不良资产率一般会高于一般项目，但也不应该高至 100%。2017 年末制造业、批发零售业不良贷款率较上年有所上升，分别达到 4.2%、4.7%，而交通运输、租赁和商务服务业、水利环境等基建相关行业的不良贷款率均较低，仅有 0.7%、0.6%、0.1%，建筑业的不良率稍高，但是也仅为 1.8%，均远低于 2017 年末银行业整体的不良率水平（1.74%）。这表明投向政府债务的银行贷款中，确实有部分贷款质量较好，但也并不排除某些城投企业通过借新还旧等方式维持资金运转，再加上政府隐形的信用背书，使得其真正的信贷风险尚未得到暴露。而尽管 2018 年末银行业分行业不良贷款率的数据尚未披露，但是考虑到 2018 年在新的贷款五级分类制度下，银行业不良资产加快确认，银行业整体的不良贷款率水平（1.89%）较 2017 年末（1.74%）有所上升。因此，我们合理假定银行对地方政府隐性债务全部按照 5% 计提不良资产，这部分不良资产的价值下降为零，且补提的不良资产的持有者全部集中在商业银行，银行对理财产品存在刚性兑付，表外理财投资非标的损失由银行而非投资者承担。

在上述假设基础下，在金融机构所持有的高达 21.7 万亿的地方政府隐性债务规模下，一旦地方政府隐性债务风险骤然升级，商业银行共需要承担 1.1 万亿元的贷款损失。同时，考虑到 2018 年末商业银行的超额拨备（银行为贷款减值准备金预留应付坏账的款项中，超过监管部门的贷款拨备率要求的部分）约为 1.4 万亿元。因此，从整体角度看，商业银行部门基本有能力承受地方政府债务违约所造成的冲击，但拨备覆盖率和贷款拨备率指标可能会大幅低于监管水平。

需要特别指出的是，尽管将银行业作为一个整体有能力覆盖地方政府隐性债务风险暴露带来的信用损失，但这并不意味着每家银行都有承接地方政府隐性债务风险的能力。一旦地方政府隐性债务出现较多的违约，部分区域性银行将面临巨大的偿付压力，不良风险将集中暴露在跟地方政府绑定较深的城商行和农商行。如 2018 年，浙江民泰银行在营收和净利润增长的同时，不良率出现了较大幅度的上升。2018 年末，其不良贷款率 2.41%，2017 年和 2016 年的不良率分别为 1.57% 和 1.52%；同时，拨备覆盖率则从 2017 年末的 175.95% 降至 2018 年末的 118.73%，已低于 120% 的拨备覆盖率监管标准。此外，2018 年，共有 14 家农商行因不良暴露、资产质量恶化、触及监管红线而遭主体信用等级或评级展望下调，拨备覆盖率持续低于监管要求。对这些区域银行而言，需要以债务置换的方式缓释地方政府的隐性债务风险。

其次，流动性风险存在极大不确定性。目前地方政府隐性债务除了信用风险，还存在很大的流动性风险，是地方政府隐性债务最危险的金融风险之一。由于地方政府隐性债务多用于基础设施建设，其投资周期较长，而银行的非标等资产期限多在2–3年，从而造成银行期限错配的流动性风险。而非标融资作为城投平台企业融资的重要手段之一，由于其复杂的交易结构和流程、资产标的的分散，导致难有效追踪和监管，因此金融机构流动性风险的爆发难以进行精确的估算。鉴于我国信贷资产大多有担保抵押物，多数融资平台和国有企业信贷有政府为风险兜底，整体风险可控。但值得警惕的是，即便大部分地方国企的资产负债表上显示出较高的资产质量，但由于国有资产处置在实际操作中存在一定难度，资产的特殊性较强、市场上的实际价值较低，因此在现实中往往难以变现及时偿还债务，短期内仍然面临较大的流动性压力，而这种压力的大小很难评估，极易给市场带来较强的不确定性。其引发流动性风险并恶化信贷环境、提前引发坏账集中爆发、增加资本恐慌性出逃而引发的流动性衰竭带来的巨大破坏力不可小觑。

二、规范处置隐性债务过程中可能引发衍生风险

地方隐性债务体系，既与地方政府的隐性担保和国家信用有关，又与银行体系乃至整个金融体系紧密联系，牵一发则动全身。因此规范处置隐性债务风险过程中，如果处置不当或者操之过急，可能引发“处置风险的风险”，并与其他金融风险相联系结合，造成新的更大的系统性风险。总体而言，规范处置隐性债务实际上就是将风险在空间和时间上进行再配置，将风险从忍耐度低的系统化入忍耐度高的系统，从而平衡风险和发展的关系。在实践中，不同的处置方式将在空

间和时间上对风险产生不同的效果，需要对不同的处置方式进行风险评价考量。尤其关键的是，将隐性债务的风险转移到金融体系，又面临金融体系的结构性问题，风险将严重积聚在城商行农商行等中小银行，造成金融体系的流动性分化问题。

（一）处置隐性债务需要空间和时间上的权衡

规范地方政府隐性债务是将本质上风险在空间和时间上的再配置，处理不当就会产生“处置风险的风险”。由于现代债务体系具有永续的特点，即只要满足收益可抵补利息支出，债务就是可以永远接续的，基本不存在本息全部兑付的可能。一旦收益难以抵补利息支出，债务将不得不开启“借新还旧”的不可持续模式。因此寻找债务容忍度较高的体系进行债务的纵向疏解、在较长期的层面对债务风险进行适当延后，应该是处置隐性债务过程中较为稳妥的办法。

处置风险过程中面临纵向传导和横向蔓延的权衡。空间方面，在处置隐性债务、防范金融风险工作中，要么将风险引导至忍耐度更高的体系，可以通过债务展期、债务重整和“惩罚式救助”等方式将短期的债务风险长期化，将风险引导至风险忍耐度更高的主体，如中央政府、地方政府、国开行、大型国有商业银行等，但会造成风险在政府和系统性重要金融机构的纵向聚集；同样，也可以通过建立风险防火墙，把金融风险隔离在当前体系，但另一方面又可能引发风险在体系内的横向蔓延，从而引发体系内其他风险的爆发。最典型的就是要求隐性债务的承担主体——城投公司等进行市场出清，将债务风险强行留在借款人体系，这种模式可能引发城投公司整体的信用评级下行，造成信用危机和地方政府资金链的大幅断裂。

处置隐性债务风险同样面临短期暴露和适当延后的权衡。处置隐性债务风险，要么将风险在短期暴露，要么采用债务长期置换的形式，将债务风险适当延后。时间方面，可以采取较为激进的方式，将风险在短期暴露，采取财政偿还、企业偿还、资产出让等手段弥补债务漏洞。短期处置虽然可以打破刚性兑付和隐性担保，但需承担较高的经济社会成本，忍受财政资源下降、经济下行、社会矛盾激化等一系列问题。也可以采取展期、置换等方式，将债务风险适当延后，而债务的长期延后固然可以延缓债务风险的爆发，但却将导致地方政府进一步积累债务风险，同时原有的债务风险也将进一步集聚，在未来引发更大的债务风险。

表 4–3　处置风险时各类权衡的优势和劣势

处置方式	优势	劣势
纵向传导	风险容忍度增强、债务规模可更大	容易引发道德风险、债务风险的传导不可控
横向蔓延	风险的就地处置，控制在体系内部	容易引发体系内其他风险的蔓延、造成财政、社会、经济下行等多重负面影响
短期处置	迅速暴露风险和处置，出清风险，可打破刚性兑付和隐性担保	不存在足够适合处置的资产；需要容忍一定程度的损失和区域性的信用危机
长期延后	在短期内不存在风险	风险的进一步集聚，在未来引发更大风险；且容易造成道德风险

资料来源：作者整理。

（二）处置隐性债务的具体手段及可能引发的金融风险

由空间和时间构成的风险传递矩阵，是隐性债务防范化解过程中需要着重考量的因素。不同的防范化解措施，在不同的时间和空间阻隔风险传递，造成风险在一个体系或者多个体系的传递，从而带来迥异的衍生风险结果。处置地方隐性债务的过程，也是风险集中爆发、蔓延和处理的过程。事实上，最好的风险处置方法，是将风险引导至风险忍耐度较高的体系中，通过债务重整将债务适当延期，并通过公开的监督机制制约地方政府的过度举债行为。下面就介绍处置隐性债务的具体手段及可能引发的金融风险。

1. 安排财政资金偿还

以本级财政资金偿还债务是财政部主推的方式，由本级政府安排年度预算资金、超收收入、盘活财政存量资金等偿还。这种方式相当于将部分隐性债务显性化，由本级财政安排支出进行偿还，属于典型的债务类型转化。但地方政府正是由于财政资源不足才举借隐性债务，以现有的少量财力偿还高额债务，势必造成其他财政支出的占用，减少政府应有的人员经费、办公经费、甚至科教文卫和基础设施支出，引发财政风险甚至是严重的社会矛盾。

2. 出让政府股权、处置部分隐性债务对应的资产

地方政府目前仍持有大量经营性权益类资产，可以作为支持隐性债务偿还的资金源。由本级政府通过出让政府股权及经营性国有资产权益取得收益偿还隐性债务（如政府办公楼、国有企业股权等），可以在短期内降低债务风险。但是一方面政府股权和国有资产的定价也十分困难，缺乏有效定价的市场机制，地方官员也很可能面临“国有资产流失”的指责，从而在资产处置方面较为谨慎。另一方面，政府资产一旦进行处置，很可能导致政府在资产溢价和估值中处于劣势地位，导致原有的资产估值大幅缩水，金融机构给予的信用额度萎缩，引发进一步的资不抵债问题。任何信用主体通过出让资产偿还债务本身就是一种信用危机行为，将引发信用风险在同级政府间蔓延，造成地方政府整体的信用额度收缩。

3. 将隐性债务置换成专项债

可以通过省政府发行一般债或者专项债置换隐性债务。将隐性债务通过专项债的形式进行显性化，是将隐性债务风险通过纵向传导至更能承认风险的金融市场。这样固然可以增长债务的存续期，降低融资成本，但却使得风险向上级政府部门集聚，财政风险增加。一旦置换债券作为未来地方政府解决债务偿还问题的常设机制，将进一步加剧地方政府过度举债的道德风险。此外，推升中长期利率水平，造成中长期社会融资成本上升，对私人部门的中长期投资带来一定潜在抑制效应。

4. 企业利用经营性现金流进行偿还

由企业或事业单位利用结转资金、经营收入偿还（不含财政补助资金）隐性债务，是将债务风险强行在本机构和本体系内消化的过程，属于典型的债务风险横向蔓延和短期处置方法。政府也可以通过将一些经营性的公益项目通过 BOT 的形式按年份交由私人企业经营，获得的租金收益用于偿还项目建设时举借的债务。但目前而言，有充足经营性现金流的隐性债务项目占比不高，强行强化债务约束，很大概率是直接造成企业的破产和金融机构坏账的攀升，从而引发地区经济发展风险。

5. 借新还旧、展期或贷款置换

隐性债务进行债务展期和置换，由企事业单位协商金融机构（包括政策性金融机构、银行以及非银类金融机构）通过借新还旧、展期、低息贷款置换等方式偿还。通过延长债务的偿还期限，将债务风险暂时延后。但需要在风险延后的期间内积极进行财政纪律整顿，防止债务风险累积在未来形成更加的风险。

典型的“镇江经验”就是将隐性债务转化为政策性银行贷款，实际上是将风险纵向转移到上级救助部门，最终实现债务的货币化偿付，将风险处置的成本转移到货币投放造成的通胀上。而这种债务处置的方式，只是将隐性债务显性化，同时能适当降低融资成本，增长债务的存续期，但在没有进行债务货币化之前，政策性银行仍然可能出现坏账上升的风险，同时地方政府会进一步增加违规举债的道德风险，从而将债务风险向未来延续。

6. 债转股

由企事业单位协商金融机构，以合理的价格将债权变更为股权。通过债转股的形式将债务转化为股权，是一种比较理想的债务化解模式，属于债务的横向蔓延，但却可以将风险长期延后，避免风险的集中爆发。但是隐性债务对应的往往是无法产生现金流的资产，真实债转股的难度很大，现实中操作的更可能是明股实债模式。以明股实债模式进行的债转股与债务展期的性质相同，只是将债务风险暂时延后，未来可能激发更大的风险。同时，地方融资平台等隐性债务承担机构，也可能通过将优质资产转移等形式，不配合金融机构的债转股要求。另外，债转股以后的经营管理模式的转变也是一个极大的难题，不同于一般性的经营性企业，地方融资平台等公共实体并不是以盈利最大化为唯一目标的，还需要众多的社会责任和基建任务，这与股权的逐利性存在较大的冲突。

7. 破产出清

通过债务单位进行破产重整，并按照公司法等法律法规进行清算，可以相应化解部分隐性债务。将特定隐性债务与地方政府进行切割，并将特定债务实体进行破产出清，是解决隐性债务风险最直接和快捷的方法。但特定债务实体的破产出清，可能引发地区性信用评级下降，从而引发地区性债务风险的集聚爆发，同时可能引发地区中小金融机构的坏账率飙升，进而恶化当地金融生态。这样不但造成风险在体系内的横向蔓延，更可能造成地区内金融体系的整体恶化，造成风险纵向传导。因此不到万不得已，不适宜采取破产出清的模式。事实上，正是顾及破产出清模式造成的金融震荡过大，因此市场普遍预期中央政府缺乏采取风险切割和破产出清的决心，也就造成了隐性债务过度膨胀问题。

8. 上级部门救助

由上级政府部门安排年度预算资金、超收收入、盘活财政存量资金等偿还，是将隐性债务风险显性化以后传导至上级救助部门，虽然可以实现债务风险的长期延后和适度控制，但却可能引发上级部门的财政风险。一方面上级部门的财政资源也是有限的，偿还下级政府的债务意味着减少了当期在一般公共服务、基础设施建设等的支出，另一方面也会引发地方政府进一步过度举债的道德风险。由于债务风险的权责不清，一旦采取上级部门救助的模式，后续各类违规地方政府债务将层出不穷，造成违规举借债务的屡禁不止。另一方面，省级部门也将向中央政府要求债务救助，最终的债务承担者将是中央政府。但财政资源和债务风险却仍然存在严重的错配。

表 4-4 处置风险时可能引发的衍生风险

处置方法	具体内容	衍生风险模式	时间节奏	可能衍生的风险
安排财政资金偿还	由本级政府安排年度预算资金、超收收入、盘活财政存量资金等偿还	类型转化	短期处置	造成债务在债务人体系内部的蔓延，从债务风险转化为财政风险，进而引发社会风险

续表

处置方法	具体内容	衍生风险模式	时间节奏	可能衍生的风险
出让政府股权	由本级政府通过出让政府股权及经营性国有资产权益取得收益偿还（如政府办公楼、国有企业股权等）	横向蔓延	短期处置	资产处置过程中很可能发生估值大幅缩水，而资产处置后债务主体缺乏足够的抵押物，导致其从金融机构获得的信用额度萎缩，引发进一步的资不抵债问题
债务置换	由省政府发行一般债或者专项债置换隐性债务	纵向传导	长期延后	固然可增长债务存续期，降低融资成本，但却使得风险向上级政府部门集聚，财政风险增加。一旦置换债券作为未来地方政府解决债务偿还问题的常设机制，将进一步加剧地方政府过度举债的道德风险。此外，推升中长期利率水平，造成中长期社会融资成本上升，对私人部门的中长期投资带来一定潜在抑制效应
企业利用自有资金偿还	由企业或事业单位利用结转资金、经营收入偿还（不含财政补助资金）	横向蔓延	短期处置	目前有充足经营性现金流的隐性债务项目占比不高，强行强化负债约束，可能引发地区经济发展风险和企业破产风险
借新还旧、展期或贷款置换	由企事业单位协商金融机构（包括政策性金融机构、银行以及非银类金融机构）通过借新还旧、展期、低息贷款置换等方式偿还	纵向传导	长期延后	能适当降低融资成本，增长债务存续期，但在没有进行债务货币化之前，银行可能出现坏账上升的风险，同时地方政府会进一步增加违规举债的道德风险，债务风险向未来延续。需要在风险延后的期间内积极进行财政纪律整顿，防止债务风险累积在未来形成更加的风险
债转股	由企事业单位协商金融机构，以合理的价格将债权变更为股权	横向蔓延	长期延后	由于隐性债务对应的是无法产生现金流的资产，真实债转股难度较大，更有可能得是明股实债模式，与债务展期的性质相同，只是将债务风险暂时延后

续表

处置方法	具体内容	衍生风险模式	时间节奏	可能衍生的风险
破产出清	对债务单位进行破产重整，并按照公司法等法律法规进行清算，相应化解	横向蔓延、纵向传导	短期处置	可能引发地区性信用评级下降、信用收缩，从而引发地区性债务风险的集聚爆发，同时可能引发地区中小金融机构的坏账率飙升，进而恶化当地金融生态
上级部门救助	由上级政府安排年度预算资金、超收收入、盘活财政存量资金等偿还	纵向传导	长期延后	将隐性债务风险显性化以后传导至上级救助部门，虽然可以实现债务风险的长期延后和适度控制，但却可能引发上级部门的财政风险，挤出政府在一般公共服务、基础设施建设等方面的公共支出，也会引发地方政府进一步过度举债的道德风险

三、两类金融风险的异同和关系

隐性债务风险与处置债务造成的衍生风险，看起来十分相似，都会表现为金融机构的坏账和金融市场的流动性紧张、信贷或债券市场的信用危机，但两者之间也存在一些明显的差别，而且两类风险之间也存在着交互影响关系。

（一）两种金融风险的共同点

从风险策源来看，这两种风险都是地方政府过度透支信用导致。隐性债务风险和处置债务风险引发的衍生风险，归根结底都是由于地方政府的综合财力无法支持债务长期可持续，甚至无法支付每年高昂的利息，需要依靠土地出让来维持债务可持续。这是由债务标的本身的资产支持不足导致的，又是由当前财权事权不匹配导致的。

从风险的传导来看，都可能从地方政府债务体系传递至其他体系。隐性债务风险和处置债务造成的衍生风险，都是可传播的风险，随着地方政府无法将风险在本体系内消化，其风险向金融体系和上级政府部门传导是必然的。无论是隐性债务风险爆发时自发的风险传导，抑或是处置风险时人为控制的风险引导，都是风险在各体系的风险传递。

从风险的具体表现形式来看，都可能出现金融机构坏账、金融市场震荡、区域信用危机。无论是隐性债务风险还是处置造成的衍生风险，一旦风险爆发，都可能引发中小银行、非银金融机构的坏账，从而造成金融市场对这些暴雷资产的风险忍耐度下降，引发金融市场的流动性风险。也可能导致金融市场对暴雷区域的其他企业也降低信用评级。

（二）两种金融风险的不同点

从风险的空间分布来看，隐性债务风险较为分散，但衍生风险较为集中。隐性债务引发的金融风险，主要是分散式的，处于各个市县，各风险彼此之间不存在直接的联系。而衍生风险由于牵扯到上级部门或者金融机构，风险一旦爆发，集中于个别金融机构，但却会很快蔓延开来。规范隐性债务的相关政策通常是在全国范围内出台，导致在同一时间点上各地风险的同向变化。

从风险的时间维度来看，隐性债务风险存在明显时滞，但衍生风险更为迅速。隐性债务的金融风险一旦爆发，将进入缓慢的清偿和重整程序，债务风险从爆发到最终产生较大影响，存在明显的时滞。规范隐性债务过程中的金融衍生风险，是政策操作不当、市场预期引导不当等引致的风险，会短时间内在金融机构和金融市场上引发连锁反应。由于城商行、农商行、非银等金融机构的同质性，导致在处置单个风险时，如果预期引导不到位，极易引发市场对同类产品或同类机构的担忧。

从风险的市场预期来看，隐性债务风险较为确定，但衍生风险极度不确定。对于隐性债务的金融风险预期，市场普遍较为确定，因为举债主体、风险形式、防范举措都较为明确，不确定的只是中央政府和地方政府最终博弈采取的处置方式方法。而处置风险不当引发的衍生风险，由于爆发的对象、时间、地点、市场领域都具有极大的不确定性，这类风险又可能与目前已有的金融市场其他风险相叠加，造成严重的金融震荡。

从风险的防范处置来看，隐性债务风险更为可控，而衍生风险更易引发系统性风险。从隐性债务的金融风险来看，危害的影响较为有限。因为目前我国仍有较大的债务空间，中央政府、政府外债规模均较低，隐性债务向主权债务风险演进的风险较低；另外隐性债务的最终持有者仍主要是国有银行，而国有银行有国家信用背书，只要银行体系的流动性能够保持合理运转，隐性债务违约引发银行体系大规模倒闭的风险就几乎不存在。但规范隐性债务过程中的金融衍生风险，由于目前的金融流动性分层和结构性问题，并且政策和市场预期均十分不确定，一旦爆发，将于其他金融风险相叠加，造成影响较大的系统性金融风险。

（三）处置隐性债务的衍生风险与其他金融风险的交叉传导机制

这两类金融风险之间可相互影响、相互放大，可能出现三种情景：第一种是隐性债务风险引发的金融风险局部爆发，在风险事件处置过程中如果能及时隔离风险，则不会影响金融市场稳定，否则将带来“处置风险的风险”与债务风险叠加；第二种是规范隐性债务、金融去杠杆等方面政策叠加，给一些金融机构带来较大压力，金融市场出现局部风险事件，如果能及时防控此类风险，则不会蔓延成全局风险、不会上行影响到地方政府融资类平台等主体的资金链，否则将可能引发隐性债务相关风险；第三种是金融体系通过借新还旧、债务展期等方式接续融资，如果能够与此同时逐步推进金融供给侧改革，将最终实现隐性债务金融风险在5—10年的较长一段时期内缓释，否则可能只是推迟了风险的爆发时间。

隐性债务与其他金融风险的叠加以流动性分层的形式具体体现。从2014—2015年至今积累了巨额地方政府隐性债务，由于金融体系的出借资金主体是以地方城商行为主的中小银行和部分非银金融机构，造成这些中小银行和非银机构的风险忍耐度不断下降，加上金融业去杠杆的整体政策基调，造成了严重的结构性流动性分层。从资产端，中小银行和非银金融机构的资产是地方政府的隐性债务，但在负债端看，这些机构却大量依靠同业拆借，这就造成了一方面这些金融机构的资产端隐含了极大的金融风险，另一方面负债端又面临着极度敏感的流动性风险。

央行—大型国有银行—中小银行—非银金融机构之间的流动性分层，体现了目前金融市场内各类金融机构的资金宽裕紧张程度，而中小银行和非银金融机构又是隐性债务的主要资金供给方，处于隐性债务风险、银行经营风险、金融市场风险叠加的重要环节。一旦出现债务违约、银行经营困难、金融市场动荡等金融风险，首先将引发金融市场流动性分化，大型国有银行出于风险考量，减少对中小银行和非银金融机构的资金供给，造成金融市场流动性紧张，如果处置不当，将引发其他风险较大的金融机构纷纷暴雷，从而引发系统性金融风险。而这种状况下，央行往往只能采取货币投放以稳定市场流动性和预期，但却无法根除结构性的金融风险。

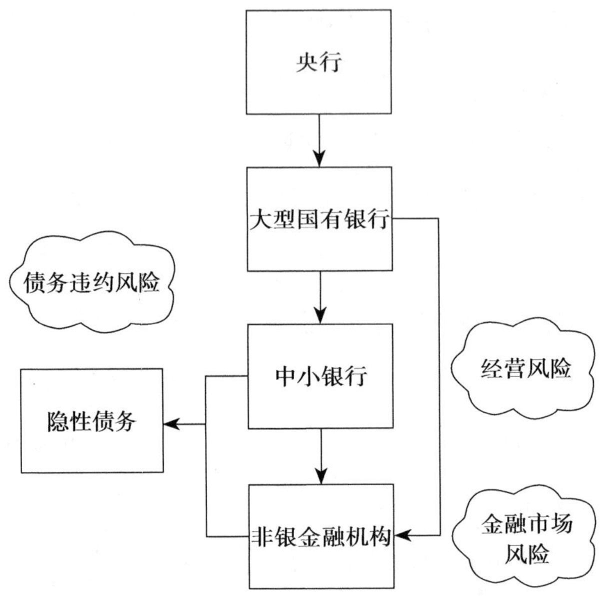

图 4–5　金融市场流动性分层和风险叠加

注：箭头为流动性供应方向，云朵为特定金融风险。

资料来源：作者整理。

今年5月份的包商银行事件和7月份的锦州银行事件，是这方面结构性风险叠加的集中体现。5月24日，央行、银保监会发布公告：鉴于包商银行出现严重信用风险，银保监会决定对包商银行实行接管，为期一年，并委托中国建设银行托管包商银行业务。这是我国第一次对商业银行实行严格意义上的接管。6月2日，中国人民银行有关负责人进一步表示，包商银行的大股东是明天集团，该集团合计持有包商银行89%的股权，由于包商银行大量资金被大股东违法违规占用，形成逾期，长期难以归还，导致包商银行出现严重信用危机，触发了法定接管条件被依法接管。

包商银行的问题是负债严重依赖同业、不良资产逐年攀升、资本充足率处于较低水平，属于典型的经营风险。但包商银行事件最直接的影响就是引发了整个市场对部分规模较小内控较差的城商行、农商行和非银金融机构流动性的担忧。有两个利率可以大概衡量金融体系内部的资金松紧程度，一个是7天期存款类机构质押式加权回购利率，也就是常说的DR007利率，DR007的主要参与者是银行，抵押物只能是利率债，可以大致反映银行间市场上银行机构的资金松紧程度，另一个是7天期银行间质押式回购加权利率，也就是R007利率，R007利率的主要参与者既包括银行也包括非银金融机构，可以押利率债也可以押信用债，R007利率在一定程度上反映了整个金融体系的资金松紧程度。可以看到，包商银行事件以后质押回购利率出现迅速攀升，而银行间质押回购利率上涨幅度明显，这体现了市场对于中小型金融机构流动性的严重担忧。随着叠加式金融风险的爆发，一方面银保监会直接接管包商银行，用国家信用做担保减缓包商银行的金融风险，另一方面人民银行宽松货币投放，缓解市场流动性紧张。

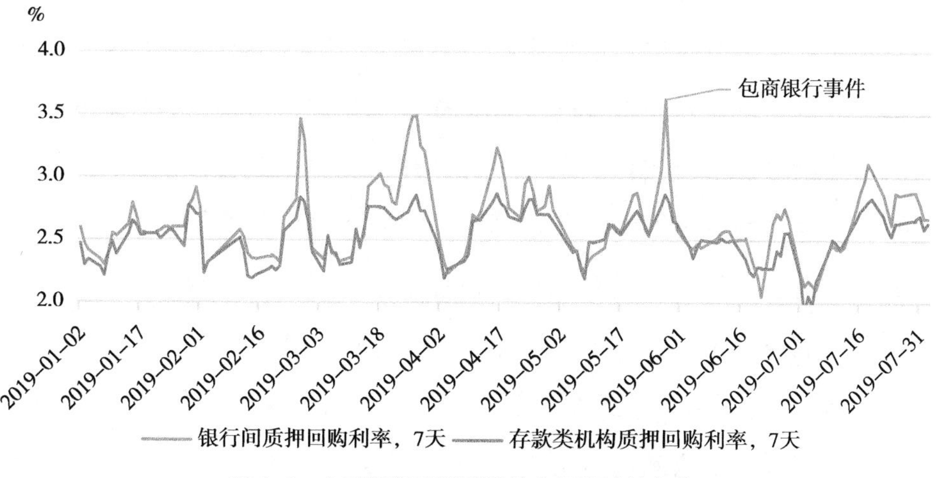

图4-6 包商银行事件引发的市场流动性分化

数据来源：wind。

2019年7月28日，中国工商银行发布公告称，全资子公司工银金融资产投资有限公司近日与相关股份出让方签署了股份转让协议，拟财务投资入股锦州银行股份有限公司。锦州银行自身的流动性风险出现较大困难，依靠大型国有银行入股的形式，事实上是以国有银行的信用弥补自身信用不足，但这也造成了市场一度流动性紧张。中小银行的流动性风险，归根结底是资产端持有大量风险较高的资产和地方政府隐性债务的结果。金融市场对于隐性债务的焦虑，体现出金融机构之间的流动性分层以及风险的叠加效应。

四、对隐性债务引发金融风险的总体判断

总体判断，隐性债务引发系统性金融风险的可能性极低，但隐性债务风险可能会加速部分金融机构的信用风险、流动性风险暴露，未来一段时期可能会陆续出现点状金融风险事件，要及时适当予以处置，避免引发区域性金融风险。

隐性债务引发系统性金融风险的可能性极低。一是国家信用的支持能够在危机时发挥重要作用。银行仍然是隐性债务最大的最终持有者，尽管不良贷款率的提高会一定程度上制约银行信贷投放，但只要国家信用背书下的"存款刚性兑付"存在，只要银行体系的流动性能够保持合理运转，隐性债务违约引发银行体系大规模倒闭的风险就几乎不存在。二是我国仍有较大的债务空间。我国中央政府负债率仍然较低，同时政府债务中外债占比较低，截至2018年末外债负债率仅为14.4%，隐性债务风险爆发进而向主权债务风险升级的可能性很低。同时，较低的中央政府负债率、相比于其他主要经济体较高的利率水平，也代表了我国财政政策和货币政策的操作空间仍较大，可合理运

用政策组合来化解隐性债务风险。三是银行业风险总体可控。我国商业银行资产质量仍较为稳健，对银行信用风险进行压力测试也表明信用风险尚可承受，假设银行对隐性债务全部按照5%计提不良资产，商业银行需要承担约1.4万亿元损失，而2018年末超额拨备也约为1.4万亿元。同时，商业银行体系流动性也较为充裕，2019年一季度末，我国商业银行资本充足率为14.18%，对照11%的要求，当前商业银行资产扩张空间还有38.85万亿元，对化解隐性债务具备一定操作空间。因此，商业银行部门基本有能力承受地方政府债务违约所造成的冲击，但拨备覆盖率和贷款拨备率指标可能会低于监管水平。

平台公司和国有企业偿债能力恶化，可能造成部分金融机构信用风险爆发。尽管银行业作为一个整体，有能力覆盖地方政府隐性债务风险暴露带来的信用损失，但这并不意味着每家银行都有承接地方政府隐性债务风险的能力。目前已有一些城商行和农商行的信用风险高企，一旦地方政府隐性债务出现违约，这些银行将“雪上加霜”。根据银保监会公布的2019年上半年银行保险业经营情况，城商行的资产质量显著恶化，2019年二季度城商行不良贷款率已经达到2.3%，是2009年以来第一次回升至2%以上，也是各类型银行中资产质量恶化最为明显的银行。自2019年5月24日包商银行事件以来，锦州银行、恒丰银行也陆续爆发风险事件，未来可能还会有其他城商行出现信用风险暴露。农商行的情况亦不乐观，2018年，共有14家农商行因不良暴露、资产质量恶化、触及监管红线而遭主体信用等级或评级展望下调，拨备覆盖率持续低于监管要求。在国内经济下行压力持续的背景下，地方性商业银行资产质量恶化程度可能会超乎想象，部分金融机构对于隐性债务风险的承载力可能显著下降。

部分金融机构的流动性风险存在极大不确定性。由于地方政府隐性债务所筹资金多用于基础设施建设项目，投资周期较长，而银行的非标等资产期限多在2–3年，从而造成银行期限错配风险。而非标融资作为城投平台企业融资的重要手段之一，由于复杂的交易结构和流程、资产标的分散，导致难以有效追踪和监管，因此金融机构流动性风险的爆发难以进行精确估算。值得警惕的是，即便大部分地方国企的资产负债表显示出较高的资产质量，但由于国有资产处置在实际操作中存在一定难度，资产的特殊性较强、实际的市场价值较低，因此在现实中往往难以变现及时偿还债务，短期内仍然面临较大流动性压力，而这种压力大小很难评估，极易给市场带来较强不确定性。流动性风险带来的信贷环境恶化、坏账集中爆发、资本恐慌性出逃等方面的巨大破坏力不可小觑。

如果风险处置不当，一些地区可能出现区域性金融风险。隐性债务风险点状分布，各省市县的债务风险差异较大，且不存在直接联系。随着中美经贸摩擦加剧、经济下行等负面因素叠加，部分市县经济承压，财力收缩，隐性债务风险有可能爆发。在这个过程中，相应的地方性中小银行的经营风险也可能在同一时间爆发。这时如果出现点状风险，但处置不及时不恰当，不迅速地切割、隔离风险，就有可能造成区域性风险，造成区域内企业整体的信用评级下降、信贷收缩、流动性紧张，从而进一步造成经济下行，进而引发社会矛盾。

第五章　规范化解隐性债务的总体思路和工作建议

化解地方政府隐性债务，须在稳定金融体系和控制道德风险之间取得平衡，坚持中央不兜底、严明财政金融纪律的同时，兼顾利益相关方现实关切和约束，鼓励地方政府、债务主体与金融机构三方协商协力，以市场化法治化方式探索化解隐性债务风险的方式方法，多方参与、多策并举推动隐性债务“主动偿还一批、分类置换一批、转移转化一批、违约出清一批”。中央政府要做好化债顶层设计，省级政府明确作为化债工作第一责任主体，鼓励金融机构在加强风险管控的基础上积极参与化债工作。要加强体制改革从源头上防控隐性债务再次膨胀，协同推进财税、金融、政府投融资、国资国企等方面的体制机制创新，彻底改变城市发展观念和债务价值观，实现债务与承债能力之间的良性循环。

一、化解地方政府隐性债务的总体思路

化解地方政府隐性债务，要以《关于防范化解地方政府隐性债务风险的意见》《地方政府隐性债务问责办法》等政策文件为指导，坚持中央不兜底、严明财政金融纪律的同时，兼顾利益相关方现实关切

和约束，鼓励地方政府、债务主体与金融机构三方协商协力，以市场化法治化方式探索化解隐性债务风险的方式方法，多方参与、多策并举推动隐性债务“主动偿还一批、分类置换一批、转移转化一批、违约出清一批”。

宏观管理上，要明确财政纪律，加强对地方政府和金融机构的约束，严格控制新增地方政府隐性债务。规范债务须在稳定金融体系和控制道德风险之间取得平衡，坚持不能引发区域性系统性金融风险、不能拖累经济增长滑出正常区间的工作底线。

风险个案处置上，要根据实际情况，及时有效进行应对和处置，做好风险隔离，防止单个风险事件扩散成为区域性和全局性风险。

债务处置方式上，综合利用多种方式，既要充分发挥政府在资金筹措、资产变现、资产重组、协助沟通等方面的作用，又要激发企事业单位、金融机构积极性。既要合法保护债权人权益，又要引导其适度承担部分成本。既要满足债务主体合理的融资需求，又要推动其进行结构性改革、债务重组。综合运用财政资金偿还、出让政府股权、债务置换、资产重组、借新还旧、展期或贷款置换、债转股、破产重整或清算等方式，推进“四个一批”。

1. 主动偿还一批：对于具有一定偿还能力的地方政府和债务主体，综合使用安排财政资金偿还、出让政府股权、企业利用自有资金偿还等方式进行偿还。

2. 分类置换一批：对于认定为政府性债务的部分，由省政府发行置换债券置换隐性债务。对于暂时有偿还困难但未来仍有前景的企事业单位，可协商金融机构（包括开发性金融机构、银行以及非银类金融机构）通过借新还旧、展期、低息贷款置换等方式置换一批。

3. 转移转化一批：一是将政府隐性债务合法合规转化为企业债务。已形成较多经营性资产但经营效率较为低下的地区，可通过资产重组提升产出效率，进而提升偿债能力。在省域或市域范围内进行资产重组，将优质资产注入企业，将具有稳定现金流的债务合法合规转化为企业债务，未来通过资产运营产生的现金流偿还。二是将债权合法合规转为股权。前景较好的产业类国有企业或已转型的平台公司，由企事业单位协商金融机构，以合理价格将债权变更为股权。

4. 违约出清一批：对于债务负担过重、未来也难以偿还的债务主体，进行破产重整，并按照公司法等法律法规进行清算。

表 5-1　存量隐性债务化解方式（政府性债务）

化债方式	具体内容	适用范围	难点问题	解决办法	潜在规模（万亿）
安排财政资金偿还	由本级政府安排年度预算资金、超收收入、盘活财政存量资金等偿还	仅适用于财政资金较为充裕、债务负担较小的地市、区县，用于偿还公益类项目对应的债务	层级越低的地方政府财力越有限，难以腾挪出足量资金来偿还隐性债务	转移支付向财政困难地区倾斜	3
出让政府股权	由本级政府通过出让政府股权及经营性国有资产权益取得收益偿还（如政府办公楼、国有企业股权等）	适用于政府拥有一部分可出售资产的情况，用于偿还公益类项目对应的债务	涉及市场承受力、企业改制以及国有资产保值增值等多方面问题，程序较为复杂，难以应急时使用	适度调整国有资产转让的相关规定	2

续表

化债方式	具体内容	适用范围	难点问题	解决办法	潜在规模（万亿）
债务置换	由省政府发行专项债置换隐性债务	省级政府分担地市、区县的部分债务，使用一般债置换无现金流项目对应的债务，使用专项债置换现金流可覆盖项目对应的债务	增加省政府债务率负担，提升道德风险	财政部要合理分配各省的债务限额，根据政府财政能力、经济增长、人口、基础设施投资等综合因素计算额度，避免过度举债的省份得到过多额外的好处。省向下分配置换额度时，运用“惩罚式救助”方法，只有当市（区县）完成债务化解任务才能得到配额	4

资料来源：作者整理。

表 5–2　存量隐性债务化解方式（企业债务）

化债方式	具体内容	适用范围	难点问题	解决办法	潜在规模（万亿）
资产重组	在省域或市域范围内进行资产重组，将优质资产注入企业，将具有稳定现金流的债务合规转化为企业债务，未来通过资产运营产生的现金流偿还	适用于已形成较多经营性资产（如高速公路）但经营效率较为低下的地区，通过资产重组提升产出效率，进而提升偿债能力	市场化的方式需要匹配优质资产，而优质资产较为缺乏	政府要强力推动资产重组，必要时要打破行政区划的边界，按照现金流匹配原则，重塑企业的资产负债表	15
利用自有资金偿还	由企业或事业单位利用结转资金、经营收入偿还（不含财政补助资金）	适用于自身经营状况较为良好的企事业单位，如已经完成市场化转型的融资平台、医院等	大多数债务较重的企事业单位经营状况较差，城投公司中资产收益率高于 5% 的比例不足 7%	企业自身要提升竞争力，加快转型	3

续表

化债方式	具体内容	适用范围	难点问题	解决办法	潜在规模（万亿）
借新还旧、展期或贷款置换	由企事业单位协商金融机构（包括开发性金融机构、银行以及非银类金融机构）通过借新还旧、展期、低息贷款置换等方式偿还	适用于暂时有偿还困难但未来仍有前景的企事业单位，金融机构应帮助其暂时渡过难关，同时债务人要尽快进行债务重组或改善公司治理	可以暂时缓解地方政府隐性债务风险暴露，但如果运用不当会造成财政风险金融化，引发金融体系的风险积聚。此外，债权人众多难以协商一致	金融机构要加强风险防控，补充抵押物或加强担保，在实施债务展期后督促债务人尽快实施债务重组或改善公司治理	15
债转股	由企事业单位协商金融机构，以合理的价格将债权变更为股权	适用于前景较好的产业类国有企业或已转型的平台公司	难以找到满足债转股条件的项目，转股之后如何提升公司治理是关键	拓宽债转股政策支持范围，鼓励企业探索这类方式	2
破产重整或清算	对债务主体进行破产重整，并按照公司法等法律法规进行清算，相应化解	适用于债务负担过重、未来也难以偿还的企业	破产重整程序复杂，破产的社会影响较大	完善破产法律，加快庭外重组制度建设	0.5

资料来源：作者整理。

二、联动协同实现地方政府隐性债务的有序化解

隐性债务化解需要地方政府、债务主体与金融机构协商协力，充分发挥内外约束、成本分担、风险隔离、考核激励等机制力量。中央政府要坚持不兜底的同时做好化债顶层设计，省级政府明确作为化债工作第一责任主体，同时，鼓励金融机构在加强风险管控的基础上积极参与化债工作。

（一）坚持中央不兜底的同时做好化债顶层设计

中央政府层面负责化债的顶层设计和政策协调。财政、审计、发

改、国资、人行、两会等部门加强沟通，对隐性债务的责任认定、规范隐性债务的整体思路和配套政策做出明确规定，指导省级政府完成任务并组织监督工作进展。中央政府指导省级政府完成化债任务并组织监督工作进展，确保化债工作顺利开展的同时不发生系统性区域性金融风险、经济失速风险、社会稳定风险等。

（二）明确省级政府作为化债工作的第一责任主体

由于隐性债务问题较为严重的通常是地市、区县政府及相关企事业单位，但其政府层级太低、可腾挪动用资源有限、偿债能力差异过大，若化债责任过于下沉恐怕难以完成任务。而省级政府有能力进行资源配置、债务重组，由省级政府负责更为公平。因此，应由省级政府牵头抓总负责省内隐性债务化解处置工作，同时做好以下事项：

一是省级政府负责制定隐性债务化解工作方案，明确地市、区县、园区等不同层级政府化债目标、时间表、考核机制等。抓紧盘点资产负债，分类分层编制可变现资产负债表。

二是省级政府搭建成本分担机制，统筹考虑各方道德风险、偿还能力和社会影响，协调各级政府、金融机构、债务主体风险共担。省级政府可考虑设立两类基金，一是“财政稳定基金”，由省政府和各地市政府共同出资，用于给偿债困难的地市、区县政府提供低息过桥资金，借款政府要在年度预算中规划财政收入进行还款。二是“市场化债务重组基金”，财政与银行、资产管理公司、私募基金等各类社会资本共同出资，以市场化方式帮助暂时遇到困难、但具有良好发展前景的企业进行债务重组。

（三）鼓励金融机构在加强风险管控的基础上积极参与化债工作

一是银行业金融机构要管理好涉险头寸。提前预研平台贷款、城投债券、非标表外合作、非合规 PPP 和政府购买服务等各类风险敞口。加强与政府、企业、债券市场、各类投资人等利益相关方的沟通协调，"审慎参与增量、试探化解存量"，探索采取偿还、承接、转化等模式来化解风险。

二是加强金融机构对高债务风险主体的协同约束。利用好债权人委员会、联合授信委员会等机制，加强贷款信息共享，摸清债务主体表外融资、对外担保和其他隐性负债情况，全面审慎评估其信用风险，并根据风险状况合理确定利率、抵质押物、担保等贷款条件。对列入重点关注企业名单或资产负债率超出重点监管线的主体，新增债务融资原则上应通过金融机构联合授信方式开展，由金融机构共同确定授信额度，避免金融机构无序竞争和过度授信，严控新增债务融资。对列入重点监管企业名单的主体，金融机构不再对其新增债务融资。

三、加强体制改革从源头上防控隐性债务再次膨胀

协同推进财税、金融、政府投融资、国资国企等方面的体制机制创新，彻底改变城市发展观念和债务价值观，从根本上遏制隐性债务膨胀的冲动，实现债务与承债能力之间的良性循环。

（一）加快财税制度改革，重塑央地关系

要有效管控地方政府债务规模，抑制地方政府投资饥渴、预算软约束，必须加快财税体制改革，重塑政府间财政关系，从而根治地方政府债务风险问题。要建立权责清晰、区域均衡和财力协调的政府间财政关系，形成激励相容、风险责任清晰的现代财政体制，在事权与支出责任划分、收入划分、转移支付等方面进行科学的设计。

一是构建权责清晰的央地事权划分模式。加强中央财政事权与支出责任，对出入境管理、国防公路、国界河湖治理、全国性重大传染病防治、全国性和跨区域性大通道、全国性战略性自然资源使用和保护等基本公共服务逐步上划为中央财政事权，并给予相应的资金支持。以推进统一的财政分配权为抓手，财政部门要加强与各部门的合作，充分发挥各专业部门在各自领域的专业特长，合理确定各领域公共服务财政分配权的归属问题，有效调动相关部门参与改革的积极性。在处理好政府和市场关系的基础上，按照体现基本公共服务受益范围、兼顾政府职能和行政效率、实现权责利相统一、激励地方政府主动作为等原则，加强与相关领域改革的协同，合理划分各领域中央与地方财政事权和支出责任，最终形成中央领导、合理授权、依法规范、运转高效的财政事权和支出责任划分模式。

二是建立地方收入的稳定增长机制。要合理划分央地之间的税权和税收收入，建立地方税收体系，构建地方收入稳定增长机制。在进一步明确中央、地方事权与支出责任划分的基础上，结合税收制度改革和非税收入制度改革，科学、合理、规范地划分中央和地方税收立法权、税收收入权和税收征管权，构建现代地方税收体系，实现合理分权，促进地方治理现代化。

专栏 5-1　地方税收体系建设中遵循的原则
地方税收体系建设中遵循税种适度、结构合理、税权适宜、收入稳定、征管高效等原则。 税种适度是指，地方税收体系是由货物劳务税、财产行为税、资源环境税三大类税种所形成的科学、完善的体系。

结构合理是指，形成与地方各级政府履行公共服务职能相匹配的主体税种，省级政府主要以流转税和所得税为主体，市县政府主要以财产税为主体，以行为税、目的税为辅。

税权适度是指，在确保全国税制高度统一和中央税权相对集中的基础上，应结合各地方的税源特点，适度赋予地方税收管理权，如对部分地方税税种的税目、税率调整权等，从而增强基层政府安排使用收入的自主性和灵活性。

收入稳定是指，构建规范、稳定的地方税收收入体系，能够增强地方收入能力，为地方提供稳定的收入来源。

征管高效是指，在改革地方税制时首先要考虑到地方政府征管能力的限制，同时要注重通过征管制度改革，加强税收征管体系建设，构建以信息化为基础的合理高效的地方税收征管体制，增强地方政府税收征管能力，为地方税改革打好基础。

三是完善转移支付制度。在政府间事权和收入清晰划分基础上，以转移制度为工具调节财力，保障各级政府财力与支出责任相匹配，实现事权与支出责任相适应，最终保证各级政府基于财力与支出责任的财政绩效目标得以实现。

四是硬化地方政府债务约束。实行严格规范的债务投资决策责任制度。建立债务资金的分配机制和绩效评价机制，优化省级政府对各市县级政府的资金分配，以及地方政府对各行业部门的资金分配。

（二）推进金融供给侧改革，从源头管好金融闸门

持续深化金融供给侧结构性改革，加强金融市场约束机制。一是继续强化不良资产真实认定和有效处置，依法处置高风险机构，完善存款保险制度和机构，稳妥推动问题金融机构有序退出。二是加快金

融行业重组和整合，培育头部证券公司，鼓励证券公司兼并重组，探索允许商业银行持股证券公司，同时加快城商行、农商行等中小银行改革，探索允许社会资本参与。三是建立财政金融发改等部门的联合监管机制，共同治理地方各类违法违规融资行为，从源头供给侧管好金融闸门。同时，加大负面激励，让金融机构承担必要的损失，并问责相关责任人。四是鼓励好的金融创新，盘活存量资产，推出基础设施 REITs、社会效益债券等金融工具并逐步扩大规模，打通 PPP 和资产证券化之间的壁垒，减轻政府债务还本付息负担。五是管控好新增项目的金融“闸门”。督促金融机构尽职调查、严格把关，对没有稳定经营性现金流作为还款来源或没有合法合规抵质押物的项目，金融机构不得提供融资，严格按商业化原则提供融资。

（三）做好投融资项目规划，编制政府资本预算

地方政府债务的风险很大程度上来自投资和融资的不匹配、不协调，因此管控地方债务风险需要管控投资。管控政府投资不仅要明确投资范围，而且要通过加强投资管理来提高投资的有效性，建立投融资规划和预算的协调机制。一是构建以中长期资本投融资规划为龙头的政府投融资规划（计划）制度体系，建立中长期投资项目储备库，同时以政府投融资规划（计划）制度体系为统领，建立健全与之相匹配的政府资本预算制度。二是全面发挥财政投资与政府举债融资的综合效能，畅通资本预算多元化资金来源渠道，统筹协调财政预算内投资支出与政府融资支出，将两类支出的资金来源（部分一般预算收入和举债融资收入）统筹融入年度资本预算，作为资本项目支出的共同资金来源，按照供给项目的基本属性匹配到相应项目的预算收入。项目投资需求、融资规模与资金来源相协调后方可下达年度投资计划。

对未纳入政府投资项目储备库且资金来源不落实的项目，一律不予下达年度投资计划，未下达投资计划的，一律不得开工建设，从而有效降低财政风险。三是加强政府投资项目的全流程监管，充分利用大数据、云计算等先进手段，对政府投资项目所有环节加强监管，提高政府投资效率。同时对未纳入投资计划但是政府仍违规开工建设的行为，给予严厉惩戒。

（四）重塑基础设施融资机制，提升基础设施运营效率

改变政府与市场“划界而治”的理想化模式，改良基础设施投融资机制。一是合理规范运用政府信用进行项目融资。未来推进项目建设时，不能完全否定政府信用的作用，不能将运用政府信用直接视为产生隐性债务的根源，因为利用政府信用进行融资确实在一定程度上解决了地方政府合理的基建需求。当前应该考虑如何合理规范运用政府的信用进行市场化的项目融资。推动地方政府、公益类国有企业与金融机构之间形成长期稳定的战略合作关系，规范政府信用的合理运用，明确公益类国有企业使用政府信用进行市场融资的权利和合法途径，加强此类企业的信息披露。政府出资的投资基金、资管计划、资产证券化等应按市场化、专业化、平等化方式运作，切实发挥杠杆、引导作用或盘活效应，不得变相增加政府债务或形成财政兜底。

二是创新政府融资工具，积极发展地方政府市政债，为地方政府良好规范的借债活动松绑。建立地方政府公开透明的发债机制，允许资信能力强、还债有保障的地方政府自行发债，用公开、透明的方式筹集资金，用于满足具有稳定收入来源的公共服务和基础设施的长期资金需要，以便市场更好地发挥风险定价和监督功能，从根本上解决

地方政府通过平台公司筹集资金的风险问题。认真研究市政债的运行机制，包括市政债的发行（主体明晰、试点先行，适时在法律上界定发债主体资格）、审批（自主发债、总量控制）、监管（行政控制、规则管理和市场约束）、偿债机制和责任（收支匹配、增信偿债）、信用评级和信息披露（滚动评级、信息透明）等。同时硬化地方政府债务约束，避免地方政府过度举债转嫁下届政府和将风险转移给上级政府，实行严格规范的债务投资决策责任制度。

三是进一步提升基础设施运营效率，有效降低政府债务规模。每一个项目都有独立的运营服务商提供服务，这种做法不具有经济性，同一类型的项目运营成本之和远远高于寻求一个单独的运营公司进行运营维护。所以，未来应培育优质的大型基础设施运营商，推动高速公路、污水处理等基础设施在更大范围内整合运营，充分发挥规模效应，提升运营效率，提高资产回报，从而有利于减少政府债务融资规模。

（五）加快国资国企改革，增强市场活力

要通过深化国资国企改革，加快推进地方政府融资平台公司转型升级，有效缓解公共领域投融资的“政企不分”现象，为构建规范有序的地方政府举债机制扫除障碍。

一是实施限量管理。大规模重组地方融资平台，严控平台数量。

二是实行分类处置。对只承担公益性项目融资任务，且主要依靠财政性资金偿还债务的“空壳类”融资平台公司，按照法定程序予以撤销；对兼有政府融资和公益性项目建设、运营职能的“实体类”融资平台公司，要剥离其政府融资职能，通过兼并重组、整合归并同类业务等方式，转型发展。

三是提高融资平台类公司的资产质量。地方政府要继续重视平台公司的建设，充分考虑其未来健康发展的需要，帮助平台公司提高资产质量，降低非经营性资产的比重，从而提高市场化经营能力。例如，在剥离非经营性资产方面，可以统筹考虑政府回购公益性资产、资产置换等多种方式。对于属于政府投资范畴的公益性资产，建议由政府通过回购的形式予以剥离，企业可将所得回购资金用于偿还到期债务。如果政府财力有限，企业应积极与政府协商回购计划及日程，与政府签订远期回购协议，实施逐步回购。同时，政府可以用优质资产和授权经营等方式置换企业持有的非经营性资产，即向企业注入更多优质的能够变现或有稳定收益的资产或者项目。

四是积极采用多种方式分阶段分层次推进平台类企业开展混合所有制改革。推动平台公司积极通过债转股、引入非国有资本等方式进行混合所有制改革，优化资本和债务结构，拓展企业的融资渠道和提升融资能力，有效降低企业杠杆率，平稳化解债务风险。可先推进优势子公司改革，易改先改，如加快推进优势子企业上市挂牌，还可以在子企业层面部分业务领域引入优质社会资本，实施引入战略投资者等方式推进混合所有制改革。集团层面则先积极剥离非经营性资产和盘活存量资产，化解债务，为混改创造条件。与此同时，积极洽谈有意向的战略投资者。积极推进集团层面采用发行可转债引入战略投资者、实施市场化债转股、以产权转让和增资扩股相结合方式引入优势资本作为战略投资者等形式推进混合所有制改革。

五是推动融资平台公司尽快完善现代企业制度。推动平台公司必须采取有效措施建立能充分体现其市场主体地位的管理体制和公司治理结构。作为独立的市场主体，平台公司应按照《公司法》、《担保法》等要求，建立规范的现代企业制度，规范股东（大）会、董事会、经理层、监事会和党组织的权责关系，形成定位清晰、权责对等、运转协调、制衡有效的法人治理结构。同时，按照市场化原则推进混合所有制企业实施职业经理人制度。另外，建立健全市场化劳动用工机制。

六是加强监管和认真落实责任追究制度。目前需要从债务监管转向机构监管，从监管融资转向监管投资。同时，建立和落实责任追究制度。在投融资决策、融资执行、项目运行管理等方面分别建立与之相应的责任追究制度，并根据地方投融资平台的特殊性，将个人的责任延伸为终身追究制，保证平台公司健康持续发展。

（六）革新城市规划理念，实现有序发展

革新城市规划理念，各城市应根据城市规模、发展阶段，因地制宜、科学确定发展目标，合理控制建设节奏和规模。地方政府应坚持量力而行、规范管理、稳步发展的方针，确保相关基础设施建设、城市规划与城市经济发展水平相适应，防止盲目发展，确保城市整体规划有序，规模可控，避免基础设施建设增加城市债务风险。一是省政府加强对所辖区域内地市的目标管理，避免过度“超越自身能力”和“超越发展阶段”，从债务限额、项目管控等多方面遏制债务风险较高的城市快速扩张。二是地方政府官员要改变“能借到钱就是本事”的债务价值观，做好“借还管用”才是真本事。三是加强土地管理。有序推进土地出让，土地出让要加强规划引领，对地块的功能布局进一步深入研究、科学论证、合理安排、优化配置，有节奏、有计划地推进成熟地块土地出让工作。同时，改革“土地财政”收益方式，对政府土地收益进行横向和纵向分流。所谓横向分流是要保障土地出让中

其他主体的利益不受损害。尊重失地农民和城市拆迁户的利益诉求，充分考虑这些群体的基本生存、发展和社会保障。纵向分流是要保障不同时期政府均等享受土地收益。改土地批租制为年租制，把一次性收取70年全部土地出让金的“批租制”改为按年度分期征收土地出让金的年租制，以平衡不同任期地方政府的财税收入，同时享受土地增值带来的一部分收益。

第六章 防范隐性债务引发金融风险的总体思路和工作建议

隐性债务风险是可能引发金融风险的主要源头之一，总体判断，隐性债务引发系统性金融风险的可能性极低，但隐性债务风险可能会加速部分金融机构的信用风险、流动性风险暴露，未来一段时期可能会陆续出现点状的金融风险事件。必须对此加强跟踪监测，未雨绸缪制定风险应对预案，分类施策化解，有效阻断债务风险向财政、金融、经济、社会等领域的外溢。为此，一方面，要加强风险监测和预警、最后救援和紧急处置机制、风险隔离制度、信息沟通机制等多方面的制度建设。另一方面，要加强防范主要风险点，尤其是中小银行的信用风险和流动性风险、城投债券违约风险等。

一、对隐性债务引发金融风险的总体判断

总体判断，隐性债务引发系统性金融风险的可能性极低，但隐性债务风险可能会加速部分金融机构的信用风险、流动性风险暴露，未来一段时期可能会陆续出现点状金融风险事件，要及时适当予以处置，避免引发区域性金融风险。

隐性债务引发系统性金融风险的可能性极低。一是国家信用的支

持能够在危机时发挥重要作用。银行仍然是隐性债务最大的最终持有者，尽管不良贷款率的提高会在一定程度上制约银行信贷投放，但只要国家信用背书下的“存款刚性兑付”存在，只要银行体系的流动性能够保持合理运转，隐性债务违约引发银行体系大规模倒闭的风险就几乎不存在。二是我国仍有较大的债务空间。我国中央政府负债仍然较低，同时政府债务中外债占比较低，截至2018年末外债负债率仅为14.4%，隐性债务风险爆发进而向主权债务风险升级的可能性很低。同时，较低的中央政府负债、相对于其他主要经济体较高的利率水平，也代表了财政政策和货币政策仍有较大操作空间，可合理运用政策组合来化解隐性债务风险。三是银行业风险总体可控。我国商业银行资产质量仍较为稳健，进行压力测试也表明信用风险尚可承受。假如隐性债务中有5%出现不良，商业银行需要承担约1.4万亿元损失，而2018年末超额拨备也约为1.4万亿元。同时，商业银行体系流动性也较为充裕，2019年一季度末，我国商业银行资本充足率为14.18%，对照11%的要求，商业银行资产扩张空间还有38.85万亿元，化解隐性债务具备一定操作空间。因此，如果受到地方政府债务违约冲击，尽管商业银行的拨备覆盖率和贷款拨备率指标可能会低于监管水平，但仍有能力承受。

融资平台和国有企业偿债能力恶化，可能造成部分金融机构信用风险爆发。尽管银行业作为一个整体，有能力覆盖地方政府隐性债务风险暴露带来的信用损失，但这并不意味着每家银行都有能力应对风险。目前已有一些城商行、农商行的信用风险高企，一旦地方政府隐性债务出现违约，这些银行将“雪上加霜”。根据银保监会公布的2019年上半年银行业经营情况，城商行的资产质量显著恶化，二季度城商行不良贷款率已经达到2.3%，是2009年以来第一次回升至2%以上，在各类型银行中资产质量恶化最为严重。自包商银行事件以来，锦州银行、恒丰银行也陆续爆发风险事件，未来可能还会有其他城商行出险。农商行的情况亦不乐观，2018年共有14家农商行因不良暴露、资产质量恶化、触及监管红线而遭主体信用等级或评级展望下调，拨备覆盖率持续低于监管要求。在国内经济下行压力持续的背景下，地方性商业银行的资产质量恶化程度可能会超乎想象，部分金融机构对隐性债务风险的承载力可能显著下降。

由于期限错配和资产处置难，部分金融机构的流动性风险存在极大不确定性。由于地方政府隐性债务多用于基础设施建设，其投资周期较长，而银行的非标等资产期限多在2—3年，从而造成银行期限错配的流动性风险。非标融资作为城投平台企业融资的重要手段之一，由于其复杂的交易结构和流程、资产标的分散，难以有效追踪和监管，因此金融机构流动性风险的爆发难以精确估算。值得警惕的是，即便大部分地方国企的资产负债表显示较高的资产质量，但由于国有资产处置在实际操作中存在一定难度，资产的特殊性较强、实际的市场价值较低，因此在现实中往往难以及时变现偿还债务，短期内仍然面临较大的流动性压力，而这种压力的大小很难评估，极易给市场带来较强的不确定性。

如果风险处置不当，一些地区可能出现区域性金融风险。隐性债务风险呈现点状分布，各省市县的债务风险差异较大，且不存在直接联系。随着中美经贸摩擦加剧、经济下行等负面因素叠加，部分市县经济承压，财力收缩，隐性债务风险有可能爆发。在这个过程中，地方性中小银行的经营风险也可能在同一时间爆发。这时如果出现点状风险，但处置不及时不恰当，不迅速地切割、隔离风险，就有可能造成区域性风险，造成区域内企业整体的信用评级下降、信贷收缩、流动性紧张，可能进一步造成经济下行，并引发社会矛盾。

二、防控隐性债务引发金融风险的总体思路

在周期性、结构性、体制性等多种因素的交互作用下，各类风险交织积聚。隐性债务风险是可能引发金融风险的主要源头之一，必须对此加强跟踪监测，未雨绸缪制定风险应对预案，分类施策化解风险。

在宏观层面，要充分依靠有效市场的力量，同时要发挥有为政府的作用，夯实风险防控基础。坚持实施稳健的货币政策和积极的财政政策，依托贷款市场报价利率（LPR）机制，疏通货币政策向信贷市场的传导机制，通过政策利率、银行间利率等引导贷款利率下行，为防风险创造良好的货币信贷环境。不断优化区域性信用环境，建立健全贷款风险补偿共担机制。

在微观层面，要提升金融机构特别是地方性银行和非银机构的风险治理能力。通过大数据、人工智能等科技手段，全面强化金融机构的风险管理，建立完善风险隔离的“防火墙”机制，加强对隐性债务涉及到的相关资产的监测和评估，提高风险计量的准确性和敏感性，构建实时、智能风控体系。进一步健全风险识别及时、质量反映准确、损失抵补充足的资产质量管控机制，综合运用清收、核销、重组、证券化、债转股等多种处置手段，大力化解不良资产风险。

在金融监管层面，既要完善宏观审慎监管，也要加强微观审慎监管。优化宏观审慎评估体系，强化全面监管、穿透监管和协同监管，

减少风险淤积和传染。对城商行、农商行实施差异化监管，对区县级银行提高监管要求，鼓励其聚焦本地，进行差异化竞争，降低贷款集中度。

三、政策建议

为有效防控隐性债务可能引发的金融风险，一方面，要加强风险监测和预警、最后救援和紧急处置机制、风险隔离制度、信息沟通机制等多方面的体制机制建设。另一方面，要加强防范主要风险点，尤其是中小银行的信用风险和流动性风险、城投债券违约风险等。

（一）健全金融风险防控体系

加强风险监测与预警。中央建立隐性债务风险监测与预警体系，根据风险大小程度分别列出重点关注、重点监管的省份名单，责令省政府抓总负责本省各级政府隐性债务处置。一行两会、地方金融监管部门要督促金融机构对资产质量进行多情景压力测试，对潜在损失进行估计并做出预案。

完善最后救援和紧急处置机制。财政部和人民银行要保有对困境地方政府、问题金融机构施以最后救援的能力，做好直接注资、债务置换、紧急接管等工具储备。省级政府成立“紧急债务风险控制委员会”，对列入重点监管名单、隐性债务问题严重且较大可能引发金融风险的各级债务主体，启动特殊程序，对其提出整改方案，并负责监督实施。债务主体不得实施推高债务风险的境内外投融资，重大投资要履行专门审批程序，严控高风险业务，大幅压减各项费用支出。

建立风险隔离制度。在化债过程中，金融监管部门要主动研究信用风险、市场风险、操作风险、声誉风险等金融风险转化的渠道和表现形式，制定风险隔离措施，完善风险应急处置预案，防止风险转化传染。各债权金融机构要协同做好风险评估工作，理顺债权债务、担保关系，防范风险传导。

加强政府与市场之间的信息沟通。在化债工作中出现贷款、非标、债券等违约事件时，省级政府要协调债务主体与金融机构、市场投资者开展及时、真实、公开、透明的沟通协商。

强化金融机构防范风险的主体责任。督促金融机构从职责、措施、保障、评价和监督等方面细化完善内控体系，严守会计规则和审慎监管要求，强化自身资本管理和偿付能力管理，保证充足的风险吸收能力。优化董事会、监事会、管理层及员工在内控中的定位和职责，强化股东、实际控制人和债权人的自我救助责任。探索建立控股股东不当所得追回制度、高管人员责任追究和薪酬追回制度以及金融机构风险责任事后追偿制度。

加强金融机构对高债务风险主体的协同约束。利用好债权人委员会、联合授信委员会等机制，加强贷款信息共享，摸清债务主体表外融资、对外担保和其他隐性负债情况，全面审慎评估其信用风险，并根据风险状况合理确定利率、抵质押物、担保等贷款条件。对列入重点关注企业名单或资产负债率超出重点监管线，新增债务融资原则上应通过金融机构联合授信方式开展，由金融机构共同确定授信额度，避免金融机构无序竞争和过度授信，严控新增债务融资。坚持“穿透管理”和“实质重于形式”原则，将债券投资纳入统一授信。对列入重点监管企业名单的主体，金融机构不再对其新增债务融资。

（二）积极稳妥防范处置主要风险点

加强高风险地方性中小银行的风险防控。加强对城商行、农商行等中小银行的风险防控，建立风险预案。遵循市场化、法治化原则推进高风险金融机构兼并重组。对面临重大信用风险的问题机构，人民银行积极给予流动性支持，或通过引入战略投资者进行股权重组、增资扩股等方式进行救助。对面临严重信用危机、濒临破产边缘且难以通过市场方式处置风险的中小银行，由主管部门依法启动接管程序。

加快隐性债务相关不良资产的处置进度。通过发行地方政府置换债券，帮助银行业金融机构化解已纳入地方政府债务管理系统的不良资产。鼓励资产管理公司发挥好不良资产处置功能，加大不良资产转让、企业兼并重组力度，开展银行不良资产、担保公司代偿资产收购业务，采取有效手段加大处置力度。鼓励银行业金融机构综合运用重组、转让、追偿、核销等多种手段加快处置不良资产，通过追加担保、债务重组、资产置换等措施缓释相关风险。

积极防范城投债券违约风险。加强城投债券违约风险监测和预警，做好主要平台的债券违约风险摸底排查，督促其及时做好偿债计划。充分发挥城投平台、地方政府、主承销机构和监管部门各自作用，主动作为，利用市场化、法治化原则处置债券违约，建立健全城投债券违约处置机制，在风险可控前提下，可控范围内可实现个别违约、有序打破刚兑，但要防止发生连锁式违约，造成区域信用环境恶化。对城投债开展投资交易分层，引入困境投资人、特殊机会投资者、秃鹫基金等高风险偏好主体，发展信用风险对冲和转移工具，完善债券违约后的处置机制。

严密防范流动性风险。健全金融机构与金融市场流动性监测指标体系，严格流动性风险审慎监管要求，加强流动性风险管理，加强金融机构资产负债期限匹配管理。金融机构之间探索联合建立流动性互助机制和资金调剂机制。对于非标融资对应的隐性债务，要避免出现大规模资金链断裂，允许在资管新规框架下的适当创新，实现平稳替代、非标转标。

第七章 管控地方政府隐性债务风险的国际经验比较
——界定、监管、化解和处置

国外或有债务的管控与我国现阶段隐性债务管理最为贴近。在基本解决了转型过渡期内的隐性和或有债务问题之后，国外将债务控制重点放在对未来可能带来风险的或有债务上，如对养老保险金、自然灾害等或有债务的控制。虽然国内外隐性债务关注重点略有不同，但国外较为完善的债务管理经验和能力，以及对或有债务的管理能为我国管控当前隐性债务风险以及未来完善地方政府债务管理体制，提升债务风险管理能力提供良好经验借鉴。本专题按照如下思路进行论述。首先，解释了国外隐性债务和我国现有地方政府隐性债务间的区分。之后，介绍了国外地方政府债务融资的实现形式和实践经验，回答了国外设计了哪些防范控制债务风险的制度机制，分析了债务疏解和化解的制度设计，并配以典型案例对具体化债方法进行了详细分析。最后，从制度设计和具体操作两个层面提出了现阶段我国完善债务管理机制、提升地方政府债务管理能力建设的启示和建议。

一、国内外对隐性债务范围的理解和把控重点有所不同

国际上通用的债务分类范式源于对财政风险的辨识。Hana Polackova Brixi（1998）从财政风险来源角度将债务划分为显性直接债务、显性或有债务、隐性直接债务、隐性或有债务四种类型。显性和隐性债务的区分在于政府承担了债务的法定责任还是推定责任，由法律明文规定的债务责任是显性债务，仅存在道义上的偿付责任便是隐性债务。直接和间接债务的区分在于债务带来的风险是否具有确定性，确定需要政府偿还的是直接债务，仅在某些不确定事件发生的前提下才可能承担偿付责任的便是间接债务。为防止负外部性的发生和扩散，履行维护辖区内经济社会发展、满足辖区内公众对政府职责赋予的认定和期待的职责，政府在一定程度上承担了由推定责任和不确定性带来的债务偿还责任，这部分多对应隐性和或有债务。四种债务类型中，隐性或有债务隐蔽性最强确定性差，对财政的伤害力最大，尤其对处于转型阶段的发展中国家言，此种债务风险的防范和化解尤需重视。

我国地方政府隐性债务的界定范围宽于债务风险来源矩阵中定义的隐性债务，与其他国家的指代重点有所区别。债务界定范围上，我国地方政府债务的范围仅限定在地方财政部门为主体发行的政府债券；隐性债务范围则包括了矩阵中的隐性和或有债务，对应地方政府债券融资之外的各类地方政府不承担法定责任的债务，宽于债务风险矩阵中的隐性债务的范围。债务的指代偏向上，不同于欧洲等国更担忧未来养老支出、灾害应急等隐性债务，我国目前正处于地方政府融资行为规范的过渡和改革期的阶段性风险，面临的风险点不同，突出了当前存量债务的转型和清理工作中的风险问题，即地方政府融资行为规范过程中隐藏的存量和增量不规范举债行为。2018 年 8 月《中共中央

国务院关于防范化解地方政府隐性债务风险的意见》统一了我国地方政府隐性债务的统计口径。当前我国地方政府隐性债务重点强调了间接隐性和间接显性债务，主要包括地方政府留存的银行贷款、城投债券、融资租赁等形式。总体而言，我国现在需要解决的隐性债务问题，更多对应的是国外的或有债务。

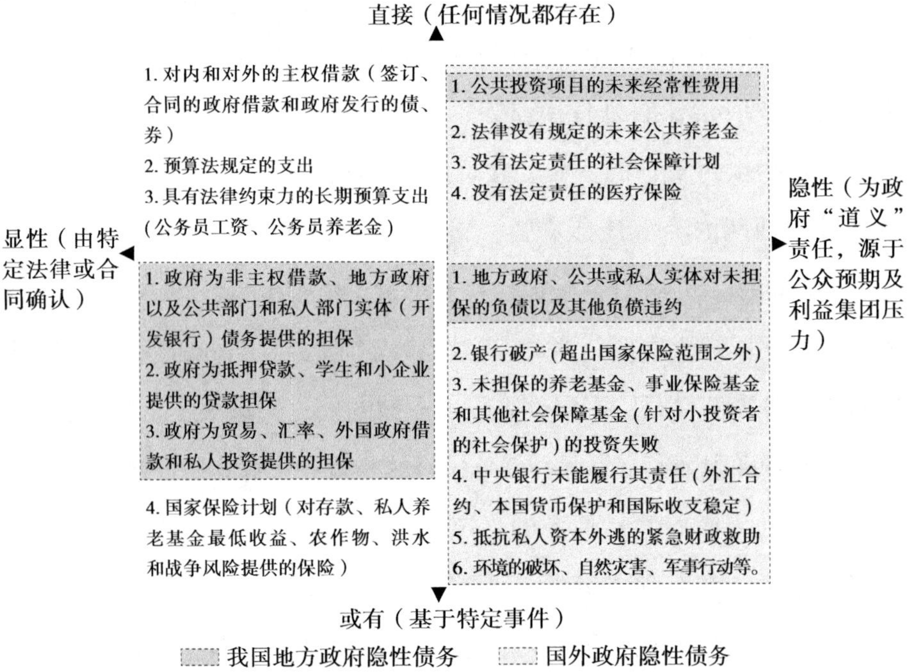

图 7-1 我国地方政府隐性债务在债务风险来源矩阵中的位置

资料来源：作者整理绘制。

二、国外债务融资方式的实现形式和实践经验

（一）各国地方政府债务融资制度安排的三个特点

一是债务管理类型混合使用。依照分权程度递减或集权程度递增，国际上债务管理存在市场约束、共同协商、制度约束和行政控制四种类型，单一债务管理类型难以满足实际债务管理需要，各国多选择四

种债务管理类型中的两种。二是地方债务管理权限依然受联邦制和单一制财政制度影响，呈现出地方政府发债权限上的差别。相较于法国、瑞典、日本等单一制财政体制国家，美国、德国等联邦制国家在自行设定发债权限上具有更大自由度。三是大多数国家遵循“黄金法则”。除短期债务外，地方政府举债仅可用于基础性和公益性资本性支出项目，不得用于弥补经常性项目预算缺口。仅有少数国家，允许地方政府借贷用于弥补财政收支季节性缺口，如加拿大、美国、德国和瑞士等。

（二）各国地方政府债务融资方式和增信形式多样

运用了灵活的债务融资方式。一是贷款融资。根据获取来源不同，可直接从银行借贷或从中央政府设置的专供地方政府借款的金融机构或平台举债，银行业历史较为悠久的西欧国家更多采用此种方式。二是债券融资。其发行形式灵活，地方政府及其公共机构可直接发债、借助银行系统发债或通过组建融资平台发债等。其中，为满足规模较小的地方政府发债需求，节约发行成本提高发行效率，各国也采用联合发债的形式。

采用了多样的增信方式。一是市场增信。市场增信方式主要有债券保险机构担保和银行信用担保两种形式，如美国专业市政债券保险机构可在市政债券发行的不同环节进行投保，德国要求其尚未清偿的地方债务必须有公共债务贷款保险。二是政府增信。政府增信方式主要有中央政府严格行政控制和财政纪律带来的增信外溢效应、通过偿债准备金制度提升债务偿还可靠性，以及地方政府对非政府行政主体发行的债券进行担保等。如，澳大利亚国库公司面向资本市场发行的所有债务性融资工具均由州政府提供担保。

（三）各国地方政府债务融资实践的三个特点

一是各国地方政府融资结构各异。不同时期不同发展阶段债务融资结构均有所不同，但总体呈现多样化发展趋势。二是融资存在地域区分。各国依托各自金融市场优势，在债务性融资工具选择上的呈现不同偏好，表现为西欧国家偏向于借贷，美国等则偏向于债券融资。三是融资方式多样化。除两种主要融资方式外，也通过金融创新等形式投入到地方市政建设中。

图 7-2　部分国家地方政府债务结构占比

数据来源：韩国数据转引林力，根据韩国 ministry of public administration and security(MOPAS)整理；日本数据来自 2018 年日本地方政府财政白皮书，其中公营企业债券包含在债券统计中；美国数据为作者根据州及州以下地方政府情况估算；德国数据转引自鹏元资信评估有限公司研究报告；法国数据转引陈工，根据世界银行公共债务季度数据库整理；英国数据来自英国社区和地方政府部（DCLG）网站。数据为相对值，可能存在一定口径上的少许误差，仅供参考。

三、实现债务有效管理及防范疏解债务风险的制度设计

无论是隐性债务还是或有债务，其债务风险的控制均依赖于对地方政府债务整体风险的全局性制度设计。地方政府债务风险制度的健

全是隐性债务风险控制的基础。国外在地方政府债务风险防范的制度设计上存在如下特点。

（一）中央层面设置监管机构统筹地方政府债务配置

地方债务管理不仅是地方政府职责，也是国家整体债务管理的有机组成，大部分国家都在中央层面上设置了地方债务的管理机构。主要负责对债务总量进行调配和监督，制定债务信息披露规则监督债务的真实合规。

在中央层级的管理地方债务管理部门的国家中，有的直接设置在财政部相关业务司局或在财政部门下专设监管机构负责，这些国家通常为债券融资规模有限，注重行政力量对地方政府债务控制的国家，如法国、德国、日本、加拿大、澳大利亚等国。法国由财政部国库署的债务管理中心统筹全国政府债务管理。加拿大由财政部财政市场处统筹债务管理，下属债务管理政策部门为发行债券提供政策分析建议，储备和风险管理部门对债务风险进行分析。另一类则主要是以美国为代表的由证券交易委员会下属专设债券管理机构负责监管，原因在于美国主要为市场化控制的债务管理模式，在宪法和州和地方政府法律规范内发行债券，地方政府依靠自身信用在金融市场发行大量市政债券，证券交易委员会系统下的监督更符合美国情况。具体而言，包括证券交易委员会（SEC）下属的市政债券办公室（OMS）和美国市政债券规则制定委员会（MSRB）。两者的监督重点各有分工，前者依照《证券法》中的反欺诈条例，对其是否隐瞒重大事项等问题进行事后监督，后者重点在于研究制定市政债券信息披露等规则，并依此监督信息披露其是否满足规则要求。

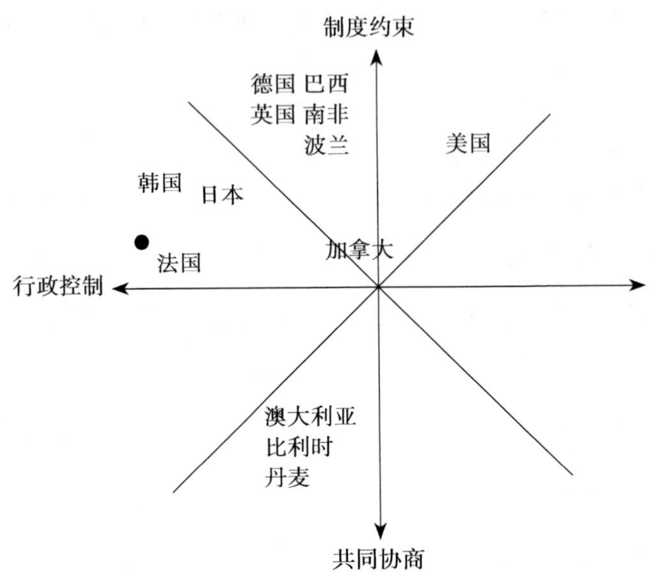

图 7-3　不同国家债务管理体制比较

注：图中圆点为作者估计我国大致位置。

资料来源：参考李萍等，《地方政府债务管理：国际比较与借鉴》一书第 28 页（中国财政经济出版社，2009）。

专栏 7-1　美国信息披露反欺诈执法行动案例
委员会对市政发行机构在发行材料中作出重大误导性陈述或遗漏的行为采取了许多反欺诈执法行动。对加利福尼亚州奥兰治县采取了执法行动，原因是该县未能披露与该县投资池及其财务状况相关风险；亚利桑那州马里科帕县，未披露已知的财务状况和经营现金流大幅下降情况；纽约州锡拉丘兹，谎称一般及偿债基金盈余，大肆夸大这些基金的账务平衡，并以已通过审计的财务信息误导投资者；佛罗里达州迈阿密市，试图将发行债券的收益用于经营成本以此掩盖现金流短缺的事实；马萨诸塞州收费公路管理局（Massachusetts Turnpike Authority）未披露“大挖掘”公路项目和波士顿隧道项目的巨额超支成本；加州圣地亚哥市，未充分披露与 2002 年至 2003 年间发行的 5 支市政政债

密切相关的养老金危机；新泽西州对公共养老基金资金不足进行了误导性信息披露，造成公共养老基金资金充足的错觉。

资料来源：SCE。

（二）体制和技术层面设置前期债务管控约束

财政分析框架中的制度设计中包含了对债务可持续性进行控制的约束机制，如中期财政计划、资产负债表、权责发生制政府会计和预算体系、财政大数据管理等基础数据管理规范和方法的引入，是提高预算信息透明度、最大限度避免财政机会主义，实现财政透明度要求，保持债务和财政健康可持续的重要基础性制度建设。

第一，中期财政计划中财政收支年度平衡要求，以及财政透明度要求，保障了财政纪律，是债务风险的前期控制的制度保障。中期财政计划从财政中期角度控制年度债务风险，避免年度预算的缺陷，有效防止中长期出现较大的债务和财政风险。美国、英国、日本、德国、韩国进行了国家层面的中期财政计划，德国进一步在联邦、州和市的行政部门编制 7000–8000 项支出和 1100 项收入的详细情况，这是参与中期财政计划所必需的。英国根据《1998 年财政法案》，由其财政部提交《预算展望报告》和《债务管理报告》，结合地方政府资本融资的谨慎性监管框架对其债务规模形成了有效制约。

第二，政府资产负债表的编制，为政府债务风险管理提供了分析的基础框架和数据。政府资产负债表的编制虽然复杂，但其提供的债务和资产的详细情况让政府的债务等状况一目了然，清楚地揭示经济总体和各个机构部门的资产配置情况，以及机构部门之间的债权债务关系。当前大部分 OECD 国家都编制了本国的政府资产负债表，如美国、加拿大、日本、澳大利亚等，其中，加拿大等地方政府被要求编制了地方政府部门资产负债表。

第三，权责发生制会计核算体系的应用，纠正了现收现付会计核算过程中账务与资金实际用途间的不跨期缺陷，将债务信息以更为准确的方法进行统计，增强了分析债务基本信息的准确度。国际会计师联合会制定了“公共部门权责发生制会计准则”以及不断修订的以权责发生制为基础的国际货币基金组织的“政府财务统计方法”。尽管这种制度并不要求将或有债务放入资产负债表，但以权责发生制为基础的预算体系会鼓励政策制定者对各项政策计算出经风险调整后的成本净现值，以此作为更为准确的决策依据。新西兰、冰岛、英国、瑞典、荷兰、加拿大、澳大利亚等国均已建立或正在建立权责发生制的会计核算方法和预算体系。

（三）衡量前期债务规模所需的指标选择和具体赋值考虑

确定债务规模的指标选择。从各国政府债务监管实践看，在债务用途、偿债来源等多方面已形成较为一致的约束和规定，在前期债务规模控制上采用不同关键指标和约束空间。

第一，关键指标选择。债务规模控制关键指标设置多集中在需求侧，包括对存量债务和增量债务的衡量。各国地方政府主要以年度债务本息余额占本级财力占比状况为最主要的约束指标，配以自身债务测量范围和标准。如，美国州政府层级和地方政府对应不同税源，选择不同的财力衡量基数。日本出于单一财政体制较强的控制力，还将与地方政府相关联的公营地方机构等债务计入其债务指标衡量范围。

第二，约束区间赋值。各国地方政府根据不同行政层级及自身债务负担能力设置差异化的债务区间，并考虑社会效益和特殊收入等具体情况。如，对赌马、博彩等特殊收入占比较大地区，则适当下调融资上限，对于水利、防洪、灌溉等社会效益投入较大地区，则适当上调债务融资上限。

表 7–1 部分国家债务规模控制指标及应用情况

控制方向	类型	指 标	公 式	国 家					
				美国	日本	新西兰	韩国	巴西	哥伦比亚
需求侧	存量	负债率	年末债务余额 / 当年GDP	√					
		债务率	年末债务余额 / 当年财政收入（综合财力）	√		√		√	
		担保债务比重	年末担保债务余额 / 当年财政收入（综合财力）					√	√
		资产负债率	年末债务额 / 年末资产额			√			
	增量	新增债务率	新增债务额 / 新增财政收入（综合财力）		√			√	
		偿债率	本年度债务还本付息额 / 当年财政收入（综合财力）				√		
		利息支出率	本年度利息支出额 / 当年财政收入（综合财力）			√			√
		债务依存度	本年度举债支出 / 当年财政支出（包括债务还本付息额）						
供给侧	存量	机构持有地方政府债务占金融机构净资产比重	机构持有地方政府债务 / 金融金钩净资产					√	

续表

控制方向	类型	指　标	公　式	国　家					
				美国	日本	新西兰	韩国	巴西	哥伦比亚
供给侧	存量	机构持有地方政府债务占地方政府经资产比重	机构持有地方政府债务 / 地方政府经资产比重						√

资料来源：作者整理。

（四）基于指标设计的债务风险预警体系

及时采取预警措施远优于债务恶化后的艰难处置。因各地债务实际承受能力和监管机构的监管能力存差异，各国地方政府债务风险预警机制在风险识别和制度设计上各具特色。有效的债务预警指标和阈值设置大多经历过真实债务困境的修正，对债务预警边界的把握更为准确。

第一，修正后的日本早期财政健全化预警机制。早期日本中央政府对地方政府债务的监测存制度漏洞。在 2009 年之前，主要以政府普通会计为主，且仅设定一个实际赤字作为监测指标，使得地方政府债务具有一定的隐秘性。在 20 世纪九十年代以及本世纪初，包括大阪府在内的多个地方政府通过对地方公社拨款等不当操作掩盖地方政府的财政赤字。为此，2009 年“地方政府财政健全化法”实施后，对地方政府的债务监测增加了综合赤字率、实际债务率和将来负担率三项指标，并将与地方政府业务相联结的地方公营企业债务风险也纳入预警体系中。财政健全化法根据实际情况，拓宽了债务风险监测范围，利于地方债务风险的准确把控。从该指标体系的执行情况看，总务部门每年依照此指标观察并公布各级地方公共团体的达标情况，及时披露并进行预警提醒。值得注意的是，日本的行政控制模式对地方政府举债具有较强的约束力，导致中央政府过多陷入地方政府的筹资项目中，在地方政府遇到紧急违约情况时，中央政府难以拒绝提供援助的责任。

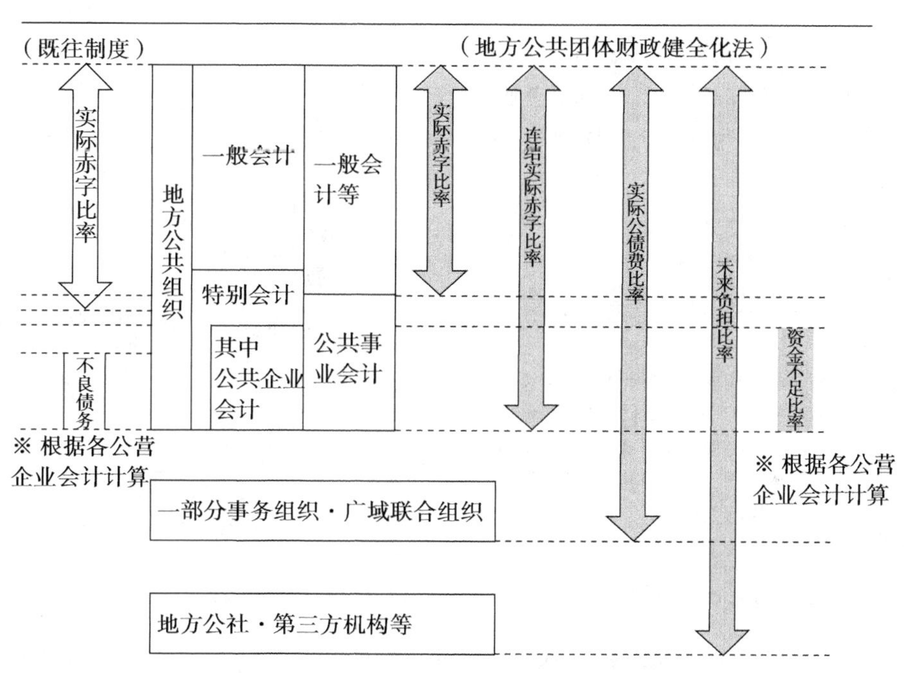

图 7–4　日本健全化判定监管对象扩展

资料来源：日本总务省材料。

第二，美国俄亥俄州财政监测计划。该计划主要通过设置债务预警和债务危机两阶段的财政指标来鉴别债务状况，一旦满足其中一项测试条件，即由审计部门宣部该地进入该类名单，执行预警或危机程序。预警程序为审计部门提供帮助市政当局改善债务状况的财务建议，危机程序则要求建立“财政计划与监督管理委员会”负责监管地方财政、提出改进建议，并要求地方政府在 120 天内提交包含具体措施的财政改革计划，由该委员会监督计划制定和如实执行。具体测试指标和债务处置措施见下表。

表 7–2　俄亥俄州债务预警名单和财政危机名单的标准和改善要求

<table>
<tr><th>阶段</th><th>条件和标准</th><th>参与机构</th><th>约束行动</th><th>市政当局具体措施</th></tr>
<tr><td rowspan="4">第一阶段</td><td>（年末普通预算中逾期超过 30 天期限的应付账款 – 去年年末结余）> 本年预算收入的 1/12</td><td rowspan="4">州审计局</td><td rowspan="4">列入“预警名单”发布书面通告并进行监视，指导进入下个阶段或是不满足此条件才结束监视。</td><td>提高现金储备</td></tr>
<tr><td>（年末普通和专项预算中逾期超过 30 天期限的应付账款 – 普通和专项预算结余）> 本年可使用财政收入的 1/12</td><td>接受州审计部门的免费顾问服务</td></tr>
<tr><td>（上一财政年度总赤字 – 可用于弥补赤字的全部普通和专项预算资金）> 本年普通基金预算收入的 1/12</td><td rowspan="2">削减预算、改进政府运行管理等</td></tr>
<tr><td>本年度普通和专项预算结余额 –（年末地方政府金库所持先进和可售证券 – 已签出支票和担保余额）> 前一年财政年度金库收入的 1/12</td></tr>
<tr><td rowspan="6">第二阶段</td><td>债务违约超 30 天</td><td rowspan="6">州审计局</td><td rowspan="6">列入“财政危机名单”，成立州“财政计划与监督委员会”监督控制地方政府财政管理。第一次会议召开后的 120 天内向监委会提交财政改革计划</td><td>消除目前的财政危机状况</td></tr>
<tr><td>未能在 30 天内支付雇员工资</td><td>消灭所有预算赤字</td></tr>
<tr><td>（逾期未付 30 天以上应付账款 – 所有现金余额）> 前一年普通预算或全部预算收入的 1/6</td><td rowspan="3">收回被挪用的投资基金和专项基金的资金，恢复这些基金的余额</td></tr>
<tr><td>要求从其他地方向该地方政府进行税收再分配</td></tr>
<tr><td>（预算总赤字 – 可用于减少赤字的预算余额）> 前一年收入的 1/6</td></tr>
<tr><td>未承诺支付的现金和可售证券余额 > 前一年预算收入的 1/12</td><td>避免今后出现财政紧急状况</td></tr>
</table>

资料来源：根据材料整理而得。

第三，美国哥伦比亚红绿灯预警系统。该系统经历了 2003 年的实践修正，为提升执行效果，取消了黄灯分类，最终形成对借款限制更为严格的预警系统。关注的重点在于地方政府债务偿还能力，主要使用地方政府利息支出来测试资金流动性状况，并用债务率评估中长期债务可持续性。

表 7-3　哥伦比亚地方政府债务预警体系

指标控制	绿灯区	红灯区
利息支出率	小于 40%	大于 40%
债务率	小于 80%	大于 80%
借贷规定	借贷自由	禁止借贷

来源：根据材料整理而得

（五）针对隐性和或有债务的具体管控方法

第一，立法机构对隐性和或有债务的制约。总结国外控制政府或有债务的政策措施，发现国家立法机关涉入或有债务相关决策事务中来，可有效限制其风险暴露。首先，这种涉入既包括了解或有债务实施主体的相关信息以及或有债务如何影响未来的财政状况，也包括对或有债务的直接审批。几乎超过一半的 OECD 国家要求政府的信用担保需获得立法机关或国会的批准，如比利时、加拿大、丹麦、芬兰、法国、德国、希腊、冰岛、意大利、波兰、西班牙、瑞典、英国和美国（OECD，2007）。一般来说，对于政府信用担保的实施需要国会批准的规定被写进了普通法，包括关于预算体制法规及特别债务和借款法规，如瑞典写进了州预算法案，芬兰和德国还将其写进了宪法（Lienert，et al，2004）。

其次，立法机关也有权对个别担保或担保计划进行批准。如，在捷克向市场经济转型过程中，从 2001 年起要求其担保是否获得立法机关的批准须基于这一担保的个案情况。这导致政府所实施的担保数量在2001—2003年间明显下降且政府逐渐加大对政府担保年度总额的限制。最后，对担保设定一个最高限额是制约担保增加进而或有债务积累的直接和有效工具。很多国家已经对政府担保数量设立了最高限额，如保加利亚、加拿大、匈牙利、印度、以色列、日本、哈萨克斯坦、拉脱维亚、荷兰、巴基斯坦、葡萄牙、俄罗斯、斯里兰卡、南非、突尼斯和坦桑尼亚等国家（Hemming，et al，2006）。

第二，审计机构对隐性和或有债务的制约。除立法机构外，国家审计机构的严格审查也有助于在实施和管理或有债务时有效地避免风险。虽然国家审计机构的审计范围变化多样，但对政府或有债务的审计却十分普遍。2005年，最高审计国际机构组织（INTOSAI）调查发现，所有15个样本国家都认为国家最高审计机构的职责也包括对政府或有债务进行识别和审计。虽然很多情形下，这一职责仅被限制在核实或有债务的精确性以确定其规模是否与相关财政报告所披露的内容和立法机关的要求相吻合。而且，大多数被调查国家的最高审计机构虽然不负有通过审计政府或有债务来预测其财政后果的义务，但这不排除现实中有可能通过审计预算执行或其他政府经济决策来评估它们对未来财政状况的影响，这意味着其也能对政府或有支持形式给出一些价值判断以约束和控制政府过度积累或有债务，如立陶宛、墨西哥、葡萄牙和瑞典等国（INTOSAI，2005）。

第三，对隐性和或有债务补助成本进行预算。对政府担保成本进行预算分析，可以准确比较其与直接拨款和政府贷款等政府支持方式的成本，避免政府对担保的过分偏爱，实现政府各类融资方式间的平等竞争，从而有效减少现实中政府担保的数量和潜在或有债务。但由于对担保补助成本进行预算的难度较大，实施的国家比较少。美国自1992年起为政府直接贷款和担保贷款设置了新的预算规则，要求政府对其直接贷款和担保贷款都提供一笔独立拨款，以此作为预期补贴成本，且不管这笔拨款是不是要在几年之后才真正拨付，都作为费用列入预算。其中，直接贷款的补贴成本是未偿总金额的现值和向借方收取的利息与政府的货币成本之间的差额；而担保贷款的补贴成本是对违约的赔偿与收到的费用及回收值之间差额的现值。

第四，信息披露的特殊要求。信息披露对或有债务存正负双重作用，提高透明度有利于更清醒的认识和监督风险的同时，也会带来道德风险的负面作用。一地可能因为对或有债务的全面披露而导致其信用程度的降低，但相较于或有债务统计和根据其风险系数进行估算对提升债务抗风险能力带来的益处，政府至少需要在自身充分了解或有和隐性债务的风险后，对其信息披露保持一定的谨慎。

许多国家也都已将披露政府或有债务的职责制度化并内生于政府财政职责和公共财政管理立法中。部分国家通过财政声明报告或有债务，特别是在那些立法机关要求这样披露的国家，如澳大利亚、加拿大、新西兰和美国；部分国家也在预算草案内容中披露或有债务；也有国家将担保的信息列入他们中期财政框架内容和债务管理报告提交议会，前者如哥伦比亚和秘鲁，后者如日本、捷克和土耳其。捷克从2003年起将有关各种财政风险的信息报告作为一章内容写入《政府财政报告》中，但从2007年11月起，为满足其2006年《财政责任法》的要求，生成了独立的《或有债务报告》(INTOSAI，2005)。此外，还有一些国家将或有债务情况包含在对运用主要宏观经济变量衡量财政风险敏感度过程的声明中，如澳大利亚，巴西，智利、哥伦比亚、印度尼西亚和新西兰。

表 7–4 立法上要求披露或有债务风险的一些国家情况

国家	立法出处	具体规定
澳大利亚	《预算诚实法宪章（1998）》	要求预算和财政展望报告包括或有债务、政府公开承诺和正在进行的诉讼等这些对财政具有重要影响的财政风险声明，它也要求进行代际报告以评估目前政府政策对未来 40 年长期可持续性的影响。
英国	《财政稳定规范（1998）》	要求政府提供一个围绕经济和财政展望的风险分析框架，包括政府决策和其他不能进行确定和量化的境况，以及其他重要的或有债务和对过去预期偏差的纠正
巴西	《财政责任法（2000）》	要求年度预算支出草案提供包括对财政风险和或有债务进行估计的附件
加拿大	《财政管理法案 1985）》	要求财政声明揭示政府的或有债务。要求各部门在其账户中清晰地展示它们的资产以及直接和或有的政府债务
捷克	《财政责任法（2006）》	要求政府每年的报告中包括来自财政担保的政府债务的数量和特征，既包括期限结构、担保和受益者，也包括在法律和契约责任下所估计的财政义务，如最低养老金担保或者对基础设施的担保
哥伦比亚	《管理或有债务法（1998）》《财政责任法（2003）》	两部法律都要求政府在制定年度预算草案时也制定一个中期财政框架，其中包括一些准财政行为如税收支出、或有债务和财政成本的估计
法国	《预算体制法（2001）》	新的预算框架要求资产负债表内外的政府债务与责任都要公开
新西兰	《公共财政法案（1989）》	要求对所有对预期财政支出产生压力的政府决策和其他环境以及对财政和经济展望有重要影响的因素都要进行披露。特别是在政府承诺声明、或有债务声明以及财政总量对经济形势敏感度的声明中要包括经济和财政方面的最新内容
尼日利亚	《财政责任法（2007）》	法律要求政府预算必须伴有财政风险的相关附录，以评估预算年度的财政和其他风险，并详细说明所采取的以弥补这些风险债务的措施
巴基斯坦	《财政责任和债务限度法（2005）》	政府被要求向国民大会提供年度债务政策声明，其中包括关于担保及其对预算影响的信息

续表

国家	立法出处	具体规定
秘鲁	《透明度与公共信息公开法（2002）》	要求公开政府与宏观经济形势相关的中期财政风险。早期的《谨慎和透明财政政策（1999）》要求披露的中期债务项目包括政府担保并披露长期债务项目

资料来源：Cebotani（2008）。

表 7-5　国际组织有关会计或统计指标建议的披露内容

规范	要求和建议
会计标准（IFCA）	IPSAS19“或有债务和或有资产”中建议，除非支付时间非常遥远，否则至少需要在每一层级政府资产负债表中披露其或有债务性质。要求以公允价值计算并披露如下信息：简单描述或有债务性质及预期支付时间；支付金额及其支付时间不确定的迹象，包括未来事件的主要假设；任何偿还的可能；年初余额、年末余额以及年内变化情况
统计标准（GFSM2001）	或有债务应作为资产负债表的备忘项目进行披露，包括其债务事项性质的描述及可能引起的支付金额
OECD最优实践	所有重要的或有债务事项应在预算、中期报告和年度财政声明中披露。在切实可行的地方，披露或有债务总额、根据性质进行分类后的各类债务金额，各类债务违约的历史信息。若不能量化，也应被列示或描述
IMF规范和手册	或有债务性质纳入预算草案，对每一担保项目披露如下核心内容：简短描述性质、目的、收益者及持续时段；总体政府财政风险暴露水平；政府对担保接受者进行财务要求、撤销担保的可能性；在可行的地方，估计财政成本或影响幅度，以及前一报告期以来，或有债务每一项目或品类的改变，包括收到担保费用等情况

资料来源：基于IFAC《国际公共部门事务会计标准（IPSAS）》，IMF《政府财政统计手册（2001）》和《财政透明度良好实践准则（2007）》，OECD《预算透明度最有实践规范（2001）》。

四、疏解和化解政府债务的制度设计及具体案例分析

（一）有序的债务重组和可持续的财政调整计划

地方政府债务和财政状况恶化时，各国通常采用行政和司法两类处置途径。无论采用何种处置途径，解决债务困境的两条主要规则为——有序的债务重组，以及在维持基本的公共服务的基础上做出恢

复地方财政可持续性的财政调整。除美国建立了市政破产制度并利用司法手段进行最终的债务救助外，其他国家以及未进入市政破产程序的美国地方政府，多采用行政手段处置债务。行政救助多为上级政府临时接管，或由其他州或地方政府直接实施救助，具体措施包括从担保方或使用预留偿债准备金偿还债务、与债权方协商以减计债务规模、通过金融资产私有化偿还债务、财政转移支付拨付或补贴等。需要注意的是，债务重组和财政调整计划并非没有代价，而是伴随着地方政府部分行政权力的临时剥夺，以及该地信贷成本的增加。

表 7–6　部分地区市政债务危机的原因、措施及结果

事件名称	原因	措施	结果
1994 年美国橙县破产	市政当局经营管理不善，导致投资亏损	成立危机处理小组：1. 降低政府公务人员比例以节省工资支出；2. 压缩固定资产投资并削减公共服务项目；3. 与债务人谈判协商，以未来税收收入作为担保申请债务延期	8 个月后成功退出破产程序
2000 年美国卡姆登市债务危机	腐败问题及旧有因垃圾焚化炉项目而拖欠的债务不断积累	因地区过于贫困州政府施以援手，10 年间援助 1.5 亿美元。市政教育系统被州政府接管、警察局撤销，政府工作岗位削减	失败，不能解决实质性问题
2007 年日本夕张市债务破产	市政府盲目追随国家政策，举债进行不符合自身条件的公共事业投资，经营不善的同时作假账隐藏赤字	接受中央政府与北海道厅的监督，制订了 18 年返还 353 亿日元的财政重建计划。终止了除必要最小限度的公共事业以外的一切其他事业，保持全国最低水准的公共服务	财务状况一直较差
2011 年美国杰弗逊县债务危机	拖欠下水道债务积累及债务再融资中不当行为	债务重组包括出售 18 亿美元的新债务替代县政府所欠 31.4 亿美元原有下水道债务，裁员减支	24 个月后成功退出，但未来 40 年当地居民和企业将继续支付债务

续表

事件名称	原因	措施	结果
2011 年美国哈里斯堡市债务危机	焚化炉改造项目出现超支、项目延期、设计、再融资等问题	出售焚化炉，出租市属停车场，建立新的州借债机构发新债替换旧债	成功
2014 年美国底特律债务危机	产业衰退造成人口大量流失、腐败及管理不力等	州政府宣布其进入紧急状态，派紧急财政管理人接管，进入破产保护程序	11 个月后成功退出，但未来 13 年均需接受州政府财务监管，并在日常执行预算中预留 5% 的盈余资金。
2014 年美国哥伦比亚特区债务危机	为首都所在地，承担全国型支出责任较重	因其提供公共服务的溢出效应惠及全国，中央政府实行紧急财政救援	成功

注：事件时间统一为地方政府申请破产的时点。

资料来源：作者整理。

（二）地方政府债务危机处置和风险化解的典型国际实践

1. 阿联酋政府关联企业债务危机化解经验

政府过度举债以及政府融资平台风险长期累积引发债务危机。迪拜这座城市的兴起主要依靠金融房地产等产业投资，整座城市从一片沙漠中凭空而出。大量投资依靠政府关联企业（GREs），迪拜世界就是政府关联企业之一。2009 年 11 月，迪拜政府重组迪拜世界，延迟偿还其即将到期的约 600 亿美元债务，迪拜债务危机由此爆发。

有力的财政援助与各种金融支持方式，帮助其快速走出债务困境。一是首府城市提供财政援助。阿布扎比 2009 年提供 100 亿美元的援助，是此次迪拜债务危机解决的关键。二是中央银行提供流动性支持。阿联酋央行向陷入困境的银行注资 150 亿美元，并延长部分商业银行约 100 亿美元的到期债务。三是债务重组。将债权转换成股权，迪拜政府将持有的迪拜世界的 89 亿美元债务转换成股权。进行债务置换，发行新债偿还债务，并许以更高回报展期偿还到期债务。四是建立债务危机裁决法庭。迪拜酋长国政府颁发酋长令，成立由英国和新加坡人任法官的临时债务争议裁决法庭，解决与迪拜世界债务相关的争议事项。

债务危机解决后，为防止出现新的债务危机，阿联酋设定了更为有力的金融约束，包括将银行向公营企业（GREs）和酋长国政府提供的贷款总额限制在银行资本金的100%以内，并为公营企业和阿联酋的单个贷款设定了25%的上限等。

2. 美国市政破产机制下的债务化解经验

中央政府参与救助纽约市债务危机经验。美国联邦政府一般不直接参与地方债务救助，但对于影响大、容易引发较大风险的地方也会参与其中进行救助，纽约州纽约市就是代表。

多年财政赤字加上经济危机引发纽约市债务危机。受美国1974年大规模经济金融危机影响，纽约州纽约市财政收入大幅下降，财政收支的巨大缺口加上多年的赤字积累导致纽约市于1975年爆发债务危机。

上级政府接管纽约市。一是上级政府临时接管。纽约州成立紧急财政控制委员会，掌控纽约市的财政、行政和人事等权力，并提出财政三年资金调配计划，设立一般公债基金确保债券偿还，规定未经同意纽约市政府不得举债。二是积极进行债务重组。纽约市与债权人协商将短期债转为长期债券，退休基金出资购买25亿美元的市长期债券，州政府向市政府注资8亿美元。三是联邦政府参与了救助。1975年12月，联邦政府向纽约市提供总量不超过23亿美元的短期贷款，并给予16.5亿美元的偿债保证。

历经多年，债务危机得以化解。经过多方努力，历经9年，纽约市最终于1983年6月按约定期限偿还了全部债务。

进入破产程序的底特律债务处置经验。破产法的设置以及进入破产前州政府的行政干预，能够在第一时间隔离风险，并在法律上对居民债权人给予优先偿还保障。

长期积累的产业危机引发底特律破产。2013年底特律宣布破产实质上是20世纪60年代以来产业危机逐步积累后的集中爆发，2008年国际金融危机加速了这一进程。

通过申请破产保护和与债权人积极协商成功应对。一是通过向法院申请破产获得保护。申请破产保护后，市政府免于支付各类诉讼和逾期费用。二是财政重整计划顾全多方利益。最终削减的70亿美元债务因计划的合理和公平，赢得包括已担保债券持有人、普通债券持有人、工会以及养老金机构在内的债权人对债务重组计划的支持。

债务危机快速得到解决，财政状况恢复正常。底特律仅16个月便走完破产司法程序，为防止债务危机进一步恶化蔓延赢得了时间。

3. 日本夕张市财政健全化体系下的债务化解经验

经济形势欠佳和不当政策引发债务危机。当时日本泡沫经济破灭、宏观经济形势低迷，资源枯竭型城市夕张市面临自身转型困境，政策性去产能导致企业和政府收入均减少，前期过度举借债务也难以偿还，夕张市陷入财政困境难以脱身。日本启动债务重建计划应对债务危机。

依靠上级政府帮助和资源收缩应对危机。一是上级政府积极协助。中央政府督促夕张市实施财政重整计划，北海道提供低利率资金置换夕张市债务，派员维持当地公共服务，并向当地提供项目援助。二是增收减支。通过拍卖公有财产、出租政府机构、对部分服务收费等方式增收，大幅度裁减政府公职人员，压缩公共服务范围。三是强化资源集约。城市规划中强化公共设施向市中心集中，大力发展集约化城镇。四是加强信息公开。提高财政运行透明度，引导民间力量积极参与应对债务危机。

如今，属于资源枯竭型城市的夕张市虽度过了债务危机，但仍面临转型困境。缺乏必要的产业支撑，财政状况难以得到实质改善。

4. 巴西三轮债务危机中的区别化处置经验

巴西州政府曾于20世纪80–90年代先后经历了三轮债务危机。

三次危机引爆源不同，中央政府均施以援手。第一次危机源于外债压力，国际债券利率大幅提高，导致各州无力偿还，由巴西中央政府作为债务担保人接管各州政府外债。第二次债务危机源于各州拖欠本国联邦金融机构债务，中央政府提供贷款偿还部分州政府债务。第三次债务危机属于全面的地方政府债务危机，联邦政府发行中央债券置换地方政府债务纾解债务困境，并限制地方政府举债权利。

逐步填补地方政府债务约束的制度空白。为避免地方政府债务再次发生债务危机，联邦政府逐步制定和完善债务约束制度。一是严格借贷条件。实行全面的债务控制指标，设立举债审批前置条件，如向参议院提出的借款申请时必须提交给中央银行审查。二是建立惩罚性的救助制度。地方政府不得随意增加持续性支出，财政支出自由受限；联邦政府可从转移支付中扣除州政府享受到的债务补贴，州政府应以财政收入为债务提供担保，州政府受援助期间严格控制新增债务。三是严格限制联邦政府为州政府提供担保，任何超出联邦参议院规定的担保都将是无效的。四是加强信息披露。地方政府必须向联邦报告州市政府账户的记录和调整、预算执行报告体系及财政管理报告等方面的内容，并在规定期限内向社会公开。五是加强纪律约束。对未能严格执行财政纪律的政府采取人事处罚、革职、禁止在公共部门工作等惩戒措施，严重情况下甚至会采用刑事制裁。

债务约束提升了巴西地方政府抵抗外部风险的能力。实施《财政责任法》之后，债务水平所占 GDP 比例有所下降。在 2009 年金融危机中，巴西地方政府受到的冲击较小，说明了财政责任法律体系的有效性。

五、启示和建议

债务风险的防范和化解，需要从体制机制和具体的操作经验两方面来学习借鉴国外经验，为我国地方政府债务管理提供有效的启发。世界银行研究报告（2003）曾建议，政府应该在体制和政策上进行四点改革，以达到防范财政风险的目的：一是告知各种负债，并且把政策目标定位为提高政策实施的效果，而不是过度强调财政调整的速度；二是公开确认政府的责任范围，防止市场上的道德风险；三是明确公共财政的体制安排，包括或有负债和直接负债的预算、会计、财务计划、报告和审计标准等，提高或有和直接融资的公共项目的审慎性和公平性；四是在公共部门和私有部门中，引入一整套风险评估方法和控制风险的金融工具。基于世行对或有和隐性债务的建议，结合上述各国债务管理实践经验，提出如下完善我国地方政府债务融资管理体制、提升我国地方政府债务风险管理能力的具体建议。

表 7-7　控制具体项目和承诺的风险的措施

时间	财政政策	公共财政体制
在政府确认一项支出责任或承诺之前	评估该责任和承诺是否符合政府公布的战略优先次序的程度。 按政府风险管理能力选择政府支持形式。 公布政府介入的标准，以限制道德风险。	单独评估每个项目的风险，并将当前风险汇总，统一测算责任和承诺的潜在财政成本，设立风险准备金。 制定政府风险防范的计划。
在承担责任和承诺的过程中	坚持规定的政府责任界限。	按法定程序对责任进行预算、核算和披露。 对项目的风险因素和准备金的充足程度进行监督。
责任和承诺到期之后	在预定的政策界限内承担支付责任调整公众对政府干预的预期。	比较和公布实际财政成本，与估计财政成本对比，对失败的项目追究责任。

资料来源：世界银行财政风险管理报告（2003）。

（一）体制机制层面的启示和建议

1. 进一步明确划分中央和地方、政府与市场间事权财权

首先，继续深化中央和地方政府间事权财权改革，明确不同层级政府债务责任的明确划分。其次，继续深化国有企业改革，并明确区分企业和政府间债务责任。最后，注意引导并强化社会各方对政府隐性和或有债务的不承担偿还责任的社会预期。此外，应加快推进地方税体系的建立，建立起地方自有税源对地方政府举债还债的支撑保障作用。

2. 建立完善的权责发生制会计体系、预算体系和风险度量体系

首先，继续深化权责发生制的预算体系和会计核算标准，为了解债务和财务的真实状况、衡量债务风险提供更为准确可靠的数据支持。加速隐性债务的隐性财政成本透明化。其次，通过将预算外责任纳入常规的预算监控体系，迫使政府更全面地披露其承担责任的长期成本和收益，为各方监管政府债务资金的使用状况提供全面的数据支

撑。最后，进一步完善债务风险度量指标和体系，加强隐性债务数据在财政总体稳定状况、分配效率和技术效率等方面的科学分析，并以综合性财政风险评估替代孤立指标分析，防止仅对孤立的赤字和债务上限进行分析而造成的风险误识偏差，影响债务风险分析的价值。

3. 建立与债务预算制度相适应的地方政府债务统计与报告制度

首先，结合审计机构对地方政府债务的审计情况，要求地方政府在同一债务统计信息口径下，公布包括隐性债务在内的完整的债务信息，发布包括政府隐性债务等预算和直接债务外的财政信息。其次，进一步发挥地方人大和财政部门的监管作用，地方政府定期向其提供并汇报其全面的债务和财政状况。最后，注意地方政府债务监管部门和机构间的协调畅通，建立债务信息沟通的平台和制度保障，增强债务监管部门间的信息共享和信息交互核查的纠错功能。此外，应建立有效的债务违约追责惩戒机制，增强内部自我监管意愿。

（二）具体操作措施层面的启示和建议

1. 扩大债务监管对象和空间，全面监控债务风险

首先，适度扩大监管范围。借鉴日本将与地方政府业务相联结的地方公营企业债务纳入预警监测范围的经验，将融资平台公司、公营企业债务等隐性和或有债务逐步纳入监管。其次，扩展监管视角，以金融供给侧约束补充财政需求侧约束。阿联酋央行规定将银行向公营企业（GREs）和酋长国政府提供的贷款总额限制在银行资本金的100%以内，同时为公营企业和阿联酋的单个贷款设定了25%的上限。当前我国地方政府债务监管未将融资平台公司、公营事业单位等与政府关联的各类主体并未纳入债务风险控制范围，而且我国债务统计口径不一、数据不详，除政府债券类债务数据较为完整外，地方政府的

隐性债务等缺乏统计数据支持，相关债务状况不明，难以对债务进行有效监督和测量。应在地方债务底数摸清后，建立客观可信的债务信息数据库，实现更大范围的债务监管，并适时公开。

2. 根据行政层级设置差异化的债务限额

首先，美国州政府和州以下地方政府在债务合理区间上有所区分，层级越高管辖区域越大，其对应债务指标安全区间上限就越低。如，美国阿拉巴马州的县政府债务规模限制房地产估算价值的5%以内，而其下属市政府的债务规模则为20%。日本也是如此，都、道、府、县层面债务赤字率早期预警区间为3.75%，而市、町层面可达到11.25%—15%。我国地方政府举债权集中在省级层面，也未设置债务风险指标和预警区间，上述经验启发我们在省级层面债务水平把控保证整体安全的情况下，可适当放松地市级政府债务限额。其次，债务指标差异化设计考虑了人口规模、特殊收入来源等因素。如，美国新泽西州规定人口超过35万的学区债务规模可以达到房地产价值的8%，人口不足的学区债务规模仅为4%。日本则限制以赌马等特殊收入为主要收入来源的地方政府举债。我国地方政府债务规模可从人口、主要税源等情况进行更细致的设计。

3. 善用商业化市政保险和偿债准备金制度提升抗风险能力

首先，应建立较为发达的债券融资商业保险机制。美国有专门的市政债券商业保险公司，与债务余额相符的偿债储备金制度进一步保障了债务偿付能力，具体数额各州有所不同。当前我国地方政府债券融资商业保险机制尚未建立，可适时引入债券商业保险业务。其次，提取了一定的偿债准备金。日本地方政府每年须按照债务余额的1/3提取偿债准备金。我国偿债准备金的计提纳入一般预算管理，而非直接对应政府负债，建立与政府负债之间关联的准备金制度，更利于关键时刻风险缓冲和债务抵减。

4. 多元救助方式化解债务危机

首先，省级地方政府为债务纾解的主要救助方，极少出现中央政府施援的情况。援助过程中，上级政府进行的往往是带有约束条件的惩罚性救助，地方政府行政、人事、财政等权力将受到限制，地方公共服务等也会被适当压缩。债务救助期间，地方政府运用变卖资产、债务置换、债务减免、债转股等多种方式进行债务重组，积极与债权人协商重组方案，形成有针对性的短期债务重组和中长期财政调整计划。其次，相邻地区的互助也可作为摆脱债务困境的方法。迪拜公营企业债务危机引发的区域性危机中阿联酋首府阿布扎比提供的100亿美元的债务援助发挥了巨大作用。我国单一制分权财政体制下，兄弟省份及地区间的往来合作，以及各地官员挂职借调等干部流转体制，使得我国地方政府间拥有更为密切和便利的互助联系，关键时刻除银行金融体系的救助外，政府间互助共建也可纳入考虑。

5. 珍视平台债等债务违约经验，有效修正债务警戒边界

国外债务预警系统都是在遭遇债务困境后建立的，经过实际债务困境测试的机制和措施更有效用和鉴别力。如日本经历大阪府债务困境后，财政健全化指标多次修正。美国哥伦比亚州根据债务危机经验，对其债务红绿灯预警制度进行多次修订，均取得良好效果。我国地方债务虽无明显危机，但平台公司债务点状爆破，地方政府债务快速攀升，为探索地方政府债务风险控制提供宝贵机会，以此完善债务预警机制，有效设定债务警戒边界。

第八章 债务风险背景下的融资类平台转型

长期以来，我国地方融资类平台公司债务依赖于政府信用得以快速增长，但由于从事项目的公益性以及自身管理水平的有限性，融资类平台盈利能力显著落后于其他产业主体，自身盈利能力无法覆盖偿债本息。这种融资能力和盈利能力的非对称性便酝酿出了地方政府的债务风险，这也是政策层面自上而下推动融资类平台市场化转型的根本原因。伴随着地方政府债务整改，融资类平台转型已成大势所趋。推进投融资平台公司市场化转型，剥离地方政府非经营性项目的融资职能，是公共领域正确处理政府和市场关系、从源头上防范地方政府隐性债务风险的重要举措，也是促进企业可持续发展的必由之路。推进投融资平台公司市场化转型，要坚持系统思维，坚持目标导向与问题导向相结合，加强前瞻性思考、全局性谋划、整体性推进。

一、融资类平台类型与特征

融资类平台公司是为了满足地方政府投融资及建设的一种制度安排，是承担政府建设和融资职能的特殊市场经营体。融资类平台公司由最初的地方国企属性及承担政府投资项目融资的职能，转向承担为

“政府公益性项目”投融资的功能，随后又进一步完善成为“公益性或准公益性项目”投融资。

（一）融资类平台定义及发展历程

1. 融资类平台定义

虽然融资类平台经过了近三十年的发展，但是理论和实践层面对于融资类平台的定义仍不太明晰。融资类平台在2008年全球金融危机后首次出现在官方文件中，2009年3月，中国人民银行、银监会发布《关于进一步加强信贷结构调整促进国民经济平稳较快发展的指导意见》（银发［2009］92号）、《关于加快落实中央扩大内需投资项目地方配套资金等有关问题的通知》（财建［2009］631号），提出“支持有条件的地方政府组建投融资平台，发行企业债、中期票据等融资工具，拓宽中央政府投资项目的配套资金融资渠道”。此后，一系列文件对融资平台的定义进行了界定和规范。结合相关研究及政策实践需要，本研究认为融资平台是由地方政府及其部门和机构等通过财政拨款或注入土地、股权等资产设立，承担政府投资项目融资功能，并拥有独立法人资格的经济实体。融资类平台借助地方政府财政拨款、土地注入、股权划拨等在市场上组建合格融资主体，在为地方政府项目建设快速筹集所需资金方面发挥了重要作用。

表8-1　各文件对融资类平台的定义

时间	单位	文件名称	融资类平台定义
2010年6月	国务院	《关于加强地方政府融资平台公司管理有关问题的通知》（国发［2010］19号）	由地方政府及其部门和机构、所属事业单位等通过财政拨款或注入土地、股权等资产设立，具有政府公益性项目投融资功能，并拥有独立企业法人资格的经济实体

续表

时间	单位	文件名称	融资类平台定义
2010年7月	财政部、国家发改委、人民银行、银监会	《关于贯彻 < 国务院关于加强地方政府融资平台公司管理有关问题的通知 > 相关事项的通知》(财预[2010]412号)	由地方政府及其部门和机构、所属事业单位等通过财政拨款或注入土地、股权等资产设立，具有政府公益性项目投融资功能，并拥有独立企业法人资格的经济实体，包括各类综合性投资公司以及行业性投资公司
2010年11月	国家发展改革委办公厅	《关于进一步规范地方政府投融资平台公司发行债券行为有关问题的通知》(发改办财金［2010］2881号)	由地方政府及其部门和机构等通过财政拨款或注入土地、股权等资产设立，从事政府指定或委托的公益性或准公益性项目的融资、投资、建设和运营，拥有独立法人资格的经济实体
2011年6月	银监会	《关于地方政府融资平台贷款监管有关问题说明的通知》(银监办发［2011］191号)	由地方政府出资设立并承担连带还款责任的机关、事业、企业三类法人
2015年5月	国务院办公厅	《关于妥善解决地方政府融资平台公司在建项目后续融资问题意见的通知》(国办发［2015］40号)	由地方政府及其部门和机构等通过财政拨款或注入土地、股权等资产设立，承担政府投资项目融资功能，并拥有独立法人资格的经济实体

资料来源：根据相关文件整理。

2. 融资类平台发展历程

融资类平台成立主要是为了政府筹资需要，随着筹资主要方式的变化，融资类平台发展也经历了几个不同发展阶段。银行信贷筹资速度快且更为便捷，成为地方政府投融资平台首选。此后随着财政拨款和银行信贷供应能力和惠及范围受限，地方政府投融资平台开始积极创新发展方式，债券等融资途径逐渐发展起来。

第一阶段，“财政拨款 + 银行担保贷款”阶段。融资类平台最早起源于上海，1992年，上海市政府成立上海城投(集团)有限公司(成立之初名为上海市城市建设投资开发总公司)，从事城市基础设施投资、建设、运营管理，是第一家融资类平台公司。之后，重庆、广东、安徽等省市也相继成立融资类平台公司。这时的融资类平台公司只是一个载体，一般由财政、建委等部门共同组建，公司资本金和项目资本金由财政资金直接提供，不足部分则主要以财政担保的形式向银行贷款。此时，也有少量的融资类平台尝试发行债券融资。

第二阶段，“国开行城建贷款”推动阶段。1995年，国家《担保法》出台后，此前的财政担保模式无法持续下去。而且，旧《预算法》规定地方政府不得发行债券融资，《贷款通则》又限制了地方政府直接向银行申请贷款。1994年分税制改革后，地方财力减弱但投资建设需求不断增加，通过融资加快城市基础设施及发展建设目标成为地方政府的强烈需求。地方政府多重融资渠道受阻，加上地方财力不足，借助融资类平台筹资的意愿更加强烈。此时，政策性贷款开始发挥重要作用。1998年，国家开发银行向芜湖市城投公司融资10.8亿元，主要用于改善芜湖市城区的路网，创造出“打捆申贷”模式。此后，该操作模式逐步向全国推广，国家开发银行借此模式批量动员各地方政府成立融资类平台开展城建贷款合作，各地政府纷纷成立融资类平台公司，承接国家开发银行城建贷款。这段时期，由于国家开发银行对融资类平台的贷款会综合考虑地方经济实力、财政状况、基建支出等指标，在信贷额度上有较为严格的总体把控，融资类平台的总体债务处于可控水平。

第三阶段，银行信贷助推发展阶段。2008年，国际金融危机爆发，为稳定经济增长，中央政府推出大规模投资计划，各地方纷纷设立融资类平台，积极开展基础设施等相关建设。此时，各银行纷纷将目光投向了城建贷款领域，积极向融资类平台发放贷款。而且，地方政府为了获得更多的银行贷款支持地方各类建设，往往会设立多家融资类平台。因此，这段时期，融资类平台的数量和地方政府负有偿还责任的债务规模快速增加。同时，融资类平台也积极尝试通过发行债券融资，但是发债规模增速缓慢，融资额相对较少。

第四阶段，多渠道融资促进建设阶段。随着融资类平台数量及银行信贷快速增加，国家开始对银行信贷支持融资类平台发展有所调控。2010年6月，国务院发布《关于加强地方政府融资平台公司管理有关问题的通知》（国发［2010］19号），对融资类平台的监管以控制信贷总量为主要抓手。在银行信贷渠道受阻阶段，各平台急需寻找其他融资方式。由于融资类平台与政府信用挂钩，因此获得了隐性的高信用等级，通过发行信用债券、中期票据、信托、理财等方式获得大量融资。《国务院关于加强地方政府性债务管理的意见》（国发〔2014〕43号，以下简称“43号文”）明确要求剥离融资平台的政府

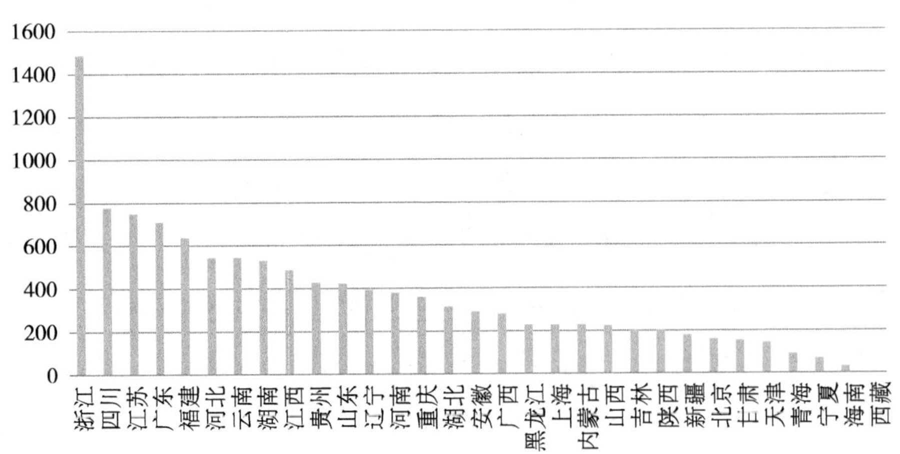

图 8–1　融资类平台区域分布

数据来源：wind，截至2021年12月20日，银保监会口径名单。需要注意的是，现有名单仅针对存量的平台公司，但是实践中为规避监管，平台公司往往会“另起炉灶”，因此这一统计数据可能会遗漏不少新平台。

融资职能，同时允许地方政府适度举债以及 PPP 模式。之后，在继续推行地方政府债券的同时，陆续推出土储专项债、收费公路专项债、棚改专项债等。这些融资方式与银行信贷一起共同支撑推动了融资类平台快速发展。

（二）融资平台的主要特征

融资类平台是我国经济社会发展的时代产物，作为市场主体履行政府职能，具有鲜明特色。可分析融资平台与一般公司和国有企业的区别。

1. 融资类平台与一般公司的区别

融资类平台在经营目标、股东与管理人员、信用保证及财务状况等方面与一般公司存在较大的差别。

融资类平台是为了满足地方政府需要。融资类平台是地方政府为了满足开发建设筹资需求而组建的公司，既可以为地方政府筹集到开发建设所需要的资金，也可以行使建设、运营等职能，弥补地方政府在这些方面的不足，可以认为是政府职能的延伸。而一般公司的经营目标是通过出售商品或者服务实现利润最大化。目标不同导致融资类平台与一般公司的激励机制存在差异。

融资类平台与政府机构关系紧密。融资类平台公司几乎都是由地方政府及其相关部门和机构等通过财政拨款、土地注入、投入股权等资产设立，控股方多是地方国资委、财政局或者人民政府，地方政府在融资类平台中具有非常高的话语权，多数情况下拥有直接决定权。融资类平台的高级管理人员大部分由地方政府直接任命，有的甚至与地方政府部门实行“一套人马、两块牌子”。而一般公司的控股方形式多样，包括母公司法人、国家资本、个人等多种形式，政府或者政府资本在一般公司中的话语权与股权占比和公司治理结构相关。

融资类平台的信用与政府信用紧密相关。是否与政府信用挂钩是区别一般公司和平台公司的关键点，因为融资类平台成立的目的就是为了帮助地方政府融资，可以看成是政府部门的延伸。在此情况下，融资类平台一般会被市场认为是地方政府的一个举债通道，其债务实际上是由地方政府来偿还，这也是市场上对融资类平台有“政府信仰”的重要原因。而且，融资类平台自身财务状况往往不好，也使得其必须依靠政府信用。不少平台公司盈利状况高度依赖政府补助，在未包括政府补助前的净利润甚至为负，无法实现自负盈亏。而一般企业需要实现自主经营、自负盈亏，仅依靠自身信用作支撑，地方政府不会为一般企业的信用背书。

2. 融资平台与地方国有企业的区别

从公司治理结构来看，融资平台属于国有企业范畴，应当纳入地方国有企业治理体系中去。但是，与一般地方国有企业相比，融资类平台与地方政府联系更为紧密。

融资类平台的政府参与程度更高。对于一般地方国有企业而言，地方政府一般只履行股东职责，对其要求是以利润最大化或股东利益最大化为目标，较少干预企业的生产经营以及投融资活动。但是，对融资平台来说，地方政府与融资类平台存在较多的职责重叠部分，以完成政府投融资任务为目标，地方政府直接参与融资类平台管理，深度参与到企业的生产经营、投融资活动等。同时，地方政府也会根据某一项目的需要或融资方面的需求给予相应的资产支持或增信支持，相对国有企业来说，地方政府对融资类平台也会给予更多支持。

融资类平台与政府信用挂钩更紧密。一般地方国有企业虽然也有地方政府支持经营发展的因素在，但其面临的风险更多还是来自企业风险自身，而融资平台发生风险时往往与当地政府紧密相关。而且，金融市场对两类企业的看法也有所不同。对一般企业来说，金融机构更为看重的是企业自身的信用，而融资类平台主要看重的是其背后的政府信用。

（三）融资类平台的类型

基于对融资类平台的科学界定及业务开展情况，融资类平台的分类主要从业务类型及所属层级两个维度进行。

1. 业务类型

业务类型奠定了融资类平台与地方政府的基本关系，地方政府设立融资平台的初衷主要是开展城市建设运营、产业投资以及金融投资等。从业务开展情况来看，融资类平台业务类型主要有城市基础设施建设、城市运营更新、土地整理与开发、棚户区改造、产业园区开发运营、国有资产运营、综合类及其他等。在实际情况中，有专门从事单项业务类型的融资类平台，但更多的是从事两种或以上业务类型的平台。

一是城市基础设施建设。融资类平台代表地方政府履行城市基础设施项目的投资、建设和管理责任，主要包括交通运输、机场、港口、水利等基础设施，保证城市各类基础设施正常运行。在基础设施建设的基础上，一些融资类平台也会衍生出融通社会资金、投资基础设施和经营城市资产等职能。

二是城市运营与更新。主要指城市公用事业的经营管理，包括城市供水、排水、污水处理、供气、供热、垃圾处理和轨道交通等。此外，随着人们生活水平提高，对生活环境要求逐步提升，在城市更新方面需求增多，主要包括改善街道、公园、绿地和老旧小区等。

三是土地整理与开发。土地整理开发是指按照土地规划，通过经济、法律、技术等手段对土地利用状况进行调查、改造、综合整治来提高土地集约利用率和产出率的工作。

四是棚户区改造。包括各种公益性住房建设及运营，包括棚户区、保障房、安置房、经济适用房、廉租房等；在棚户区改造中，也会配套建设一定比例商业服务设施和商品住房，支持让渡部分政府收益，吸引开发企业参与棚户区改造。

五是产业园区开发运营。融资平台结合地方促进产业发展的目标及区域禀赋特征而创立的特殊区域建设，并进行后续招商、服务等运营工作。

六是商业性平台。部分平台公司也承担一些非公益性项目，如房屋租赁、贸易、住宿餐饮、金融、煤炭开采等。此类型平台属于商业化运营，有较强的盈利能力。目前，纯商业化的融资类平台大多清理完成，相对较少。

七是国有资产运营。融资类平台作为国有资产的所有人或代理人，需要保证国有资产的优化配置和合理利用。此类平台属于纯粹融资平台，主要为地方政府融通资金，不承担建设、运营和更新等具体工作，这类融资平台往往不具备市场化经营的能力，缺乏稳定的现金流，债务偿还基本依赖地方政府的注资、补助补贴、土地出让金返还、财政资金周转以及借新还旧等。

2. 层级维度

融资类平台所属层级会影响融资类平台的资源禀赋的丰富程度以及地方政府发挥作用的范围。根据融资平台出资人或实际控制人的行政级别，可以将融资类平台划分为省级（副省级）、地市级、县区级及以下三个层级。

不同层级政府设立融资类平台目的和期望有差异，这也使得平台的业务模式和融资方式存在差异。省级（副省级）融资平台的资产规模大、业务种类多，能调动的资源及现金流充裕，资信评级以 3A 为主。地市级融资平台数量相对较多，功能多样且不同区域间的差异明显。县区级融资平台成立时间短，资产规模小，平台治理规范程度不高，综合运营能力不强，加上区县级政府税收收入有限，支撑平台能力弱，导致该类平台在运营中出现的困难多。

整体来说，省级（含副省级）融资类平台“数量少、实力强”，自我发展能力较强，市县级融资类平台“数量多、实力弱”，对地方政府依赖程度及举债融资需求更高。根据徐军伟等（2020）构建的已发行过城投债的融资平台新名单，截至 2018 年底，全国有 2571 家已发债的融资平台。其中，省级（副省级）融资类平台 200 家，占比 7.78%；地市级融资类平台 1071 家，占比 41.66%；县级及以下（含

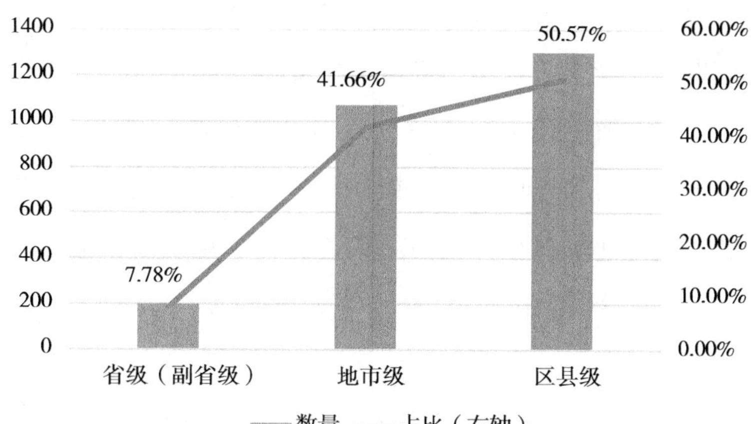

图 8–2 融资类平台所属行政级别数量及占比

数据来源：徐军伟，毛捷，管星华 . 地方政府隐性债务再认识——基于融资平台公司的精准界定和金融势能的视角，《管理世界》，2020。

地级市所属区平台及开发区）融资平台有1300家，占比50.57%。可以看见，在公开市场发行过城投债的融资平台当中，省级（副省级）融资平台数量少，地市级融资平台数量居中，县级及以下数量最多。

二、融资类平台转型尝试

自43号文提出剥离融资类平台政府融资职能后，平台转型发展更多进入讨论和实践操作中。地方融资平台的转型主要涉及四个方向：功能定位转型、经营方式转型、融资模式转型和重整退出转型。

（一）功能定位：理顺融资类平台的政企关系

自43号文发布以来，国家从政策层面对地方政府和融资类平台进行了关系梳理和分割，要求全面剥离融资类平台中的政府融资背书功能，在堵住依靠政府信用的融资渠道外，积极拓展平台融资渠道，希望建立起以政府债券为主的地方政府融资体系。虽然针对平台的融资政策时有放松，但对地方政府债务的规范和约束大方向没有改变。地方政府融资平台作为特定历史阶段下的创新产物，如果继续在经济社会发展中发挥作用，就需要在明确政企关系的基础上，因地制宜、因势制宜地选择好自己的转型定位，构建合理的政企关系并规范运营方式，解决隐性担保等依靠政府公信力进行违规借债、融资平台与其他国有企业之间的相互作保、债务嵌套等问题，防止发生连带债务风险。

发达地区的大中型融资类平台大多数在早期就开始了转型的积极探索，尽量降低与地方政府的密切程度，理顺平台与政府关系，增强平台自身的生存能力。例如，土地建设开发类的平台公司尝试探索向国有资产管理型业务进行转型；棚改及保障房等建设类平台公司则向房地产开发模式进行探索；基础设施类平台公司则依托早年积累的工程资源和经验向基础建设与服务综合提供商的方向转型；投资类平台则探索组建产业基金等经营运作方式，并尝试向金融控股类公司转型。这些转型方式都为其他平台提供了参考和借鉴。而发展中地区的中小型平台，以及转型较晚、自营能力不强的平台，则需要在适当清理的前提下，遵循与政府脱钩、市场化经营原则，根据自身业务特征及区域情况，有针对性地采取合并、转型方案。

（二）经营模式：重构融资类平台的业务发展体系

在合理确定自身发展定位之后，需要重新制定平台发展战略，调整业务构成和体系，兼并重组、引入社会资本，突出优势特色，打造优势平台业务，形成自身竞争优势。

从股权投资入手导向政府产业培育战略。城市的发展离不开产业支持，围绕城市特色产业进行相关配套和服务是政府投融资平台转型方向。融资类平台通过设立产业基金、引入战略投资人等多种方式成为未来城市产业发展的参与者。目前，已有部分平台转型为“综合性国有金融投资平台”。该模式下，平台公司与当地地方政府、银行以及企业共同组建“地方产业投资基金”，重点培育地方高新企业、高校产学研合作项目；或投资当地的高新企业、上市公司，引导资金和资源流向健康养老、新能源、环境保护等国家重点支持的行业和领域，通过对重点行业企业进行股权投资来优化和引导产业发展。充分发挥国有资金和政府力量对社会资本的引导、助力和放大作用，同时充分发挥市场要素在资源配置所应有的决定性作用，吸引和支持各类投资机构和国内外社会资本进入地区产业投资领域，推动地方产业的升级和创新探索。以合肥市建设投资控股（集团）有限公司为例，合肥建投是经合肥市市国资委下属国有独资公司，近年来，核心业务板块是重大战略性新兴产业投资，围绕“大项目—产业链—产业集群—产业基地”发展模式，募集近600亿元资金，推进战略性新兴产业在合肥市的集聚发展，“无中生有”地打造出一条千亿元产值的新型产业链，并力争再打造一条千亿级集成电路产业链，京东方、蔚来等都是典型代表。

平台向综合化和专业化方向发展。对于辖区内拥有较多融资类平台公司、业务比较分散的地区，平台企业按照服务区域和业务类型等进行兼并重组，组建综合性控股平台，向综合化和专业化两个方向转型发展。融资类平台的综合化转型。多数融资类平台的主要任务是配合地方政府完成投融资指标，考核时盈利性让步于公益性。在剥离政府性融资职能后，公益性融资类平台还要继续履行基础设施和公共服务项目的建设、运营责任，通过强强联合、优势互补的方式，将业务分散的多家平台合并成新企业，通过资源整合后的融资类平台具有明显的优势：一是经营实力显著增强，企业自身的抗风险能力大大提升；二是平台整合后的业务垄断性增强，在银行体系、资本市场上更容易获得资金；三是能够有效减少企业数量，避免融资类平台之间的无序竞争，更便于管理，更加有利于发挥集中优势。目前在实行综合化发展的平台中，安徽省和浙江省有较好的代表性。以安徽省建安投资控股集团有限公司为例，建安投资是2002年由亳州市财政局和安徽古井集团共同出资成立的融资类平台公司，经过多年整合发展，公司是亳州市资产规模最大、整体实力最强的投资控股公司，是政府授权从事基础设施、公用事业、保障房建设的重要载体，在区域内处于行业垄断地位。截至2018年底，公司资产总额1230.5亿元，在全国融资类平台公司中位列前20，发展成为综合性融资类平台企业。融资类平台的专业化转型。根据平台业务在专业和区域方面的特点不断调整和整合，按照从事业务的不同划分，每部分业务的垄断性和专营性都较为突出，市场认可度高。这种组织调整的优点在于：一是整合了不同平台的资源，能有效发挥专业优势；二是不同业务板块的专业性凸显，使得平台在市场开展业务时更顺利；三是按照不同的业务板块对平台进行划分，更有利于政府进行分类监管和分类指导。这方面比较有代表性的地区是江苏和四川。以江苏省淮安市为例，根据融资类平台业务类型整合成几家专业性平台企业，包括淮安市水利资产经营有限公司是淮安市水利基础设施建设投融资平台，淮安市交通控股有限公司是淮安市交通基础设施建设投融资平台，淮安新城投资开发有限公司是淮安生态新城主要投融资平台，淮安开发控股有限公司是淮安市国家级开发区的主要投融资平台，淮安城市资产运营有限公司是经淮安市政府授权的具有土地一级开发业务资质的企业，负责城市建设资金的筹集、管理和资本运作、保障性住房建设项目、文化景观工程等基础设施建设及相关项目经营等。

积极拓宽业务范围。近年来，融资类平台公司在业务方面不再局限于传统的城投业务，不同类型的平台公司在拓宽业务范围时采取了不同的策略，主要是基于传统的业务进行转型或者新开拓经营性的业务。其中，基于传统优势拓展经营业务的融资类平台公司在转型中遇到的困难相对较小、压力较轻。以浙江杭州市萧山区国有资产经营总公司为例，公司成立于1993年，主要从事齿轮箱制造等业务，在此基础上后来又相继成立和合并了多家公司，由于具有齿轮箱制造、医药销售等板块，未来市场化转型的路径比较清晰。重新开拓经营性业务领域，这种类型的融资类平台公司承担了地方政府融资平台和城市基础设施建设职能，没有经营性业务，开拓以贸易销售、小额担保等为主的进入门槛较低的业务。以江西省铁路投资集团公司（以下简称“江西铁投”）为例，是江西省铁路建设投资唯一主体，负责江西省内铁路的建设投资。在依靠财政和自身融资进行铁路建设存在较大困难及相关政策支持下，江西铁投积极拓展物流贸易等经营性项目，同时开拓了房地产开发、港口、航空等建设和投资业务。截至2018年末，物流贸易业务在主营业务中的占比已经达到了97%左右，并且贡献了大部分利润。

（三）融资模式：探索新型融资方式

在地方政府防范化解债务风险大背景下，逐渐剥离政府融资功能，积极探索有效新型融资方式是融资类平台转型发展的重要方面。目前，主要有加强与社会资本合作、进行债务重组和置换、推行资产证券化等做法。

以PPP模式参与基建投资与运营。按照文件政策的规范，在对存量债务进行清理后，地方政府投融资平台要逐渐剥离政府的融资职能，积极进行资产重组、业务板块打造、强化自身的造血、输血功能，建立盈利模式。PPP模式未来将逐步成为基建投资的主要资金来源之一，平台公司在选择PPP项目时要区分项目属性。对于公益性质强的项目，如公园、学校、河流治理等收益较低的项目，对社会资本的吸引较小，政府投资的份额会相对较大；对于污水处理、高速公路、垃圾处理等能够带来一定收益的项目，社会资本参与热情高，政府负责周边土地平整及配套设施建设，具备专业化管理经验的平台公司可作为社会资本方参与项目。

进行债务重组和置换。积极重整消化平台公司存量债务，有助于降低平台债务成本、提高融资可得性，各地主要采取整合平台进行债务重组或进行债务置换。如，2017 年山西整合多条高速公路、多家交通企业，组建了集投资融资、勘察设计、工程建设、高速公路运营等业务为一体的山西交通控股集团有限公司，将高速公路债务主体变更为山西交控集团，推动政府性债务向企业债务的转移，并于 2018 年 12 月与国开行牵头，工行、农行、中行、建行、交行、邮储银行等银团正式签订了《银团贷款协议》，债务重组规模最终达到 2600 亿元以上，交控集团每年将减少利息支出 30 亿元。

开展基础设施 REITs 等资产证券化操作。融资类平台的业务中很大一部分产生的收益期限长，短期内难以收回投资建设的成本，资产证券化符合这种要求。2020 年以来，基础设施建设 REITs 推出加快步伐，2021 年 1 月 30 日，沪深两市交易所正式发布 REITs 业务配套规则，为基础设施公募 REITs 业务明确了相关业务流程、审查标准和发售流程。2021 年 5 月 31 日，首批 9 只基础设施公募 REITs 正式开售，底层资产包括产业园区、高速公路、仓储物流、污水及垃圾处理等方面，为平台类公司融资提供一个新的融资手段。

（四）重整退出：探索融资类平台的退出方式

当前，融资类平台与地方政府信用紧密挂钩，但在转型发展过程中须与地方政府信用脱钩，应退出平台名单，不再承担地方政府举债融资职能。从当前实践来看，退出有两种途径，依靠地方政府发布声明及退出银保监会名单，而后者比前者更为严格。

一是地方政府发布公开声明的方式。通过地方政府公告声明，将融资类平台转型为市场化运行主体，退出政府融资平台，不再承担政府举债融资职能，企业的融资为企业自主行为，并依照市场法则自主经营，自负盈亏，若因经营管理不善导致公司破产，政府在出资范围内承担有限责任。浙江省近年来正在大力推动融资类平台改革，大量融资类平台密集退出。例如，绍兴市积极运用平台公司市场化转型这一化解债务风险的途径，以公告转型的方式，将全市 181 家平台公司全部完成转型。

二是退出银保监会名单。银行信贷作为融资类平台的重要融资渠道，监管部门推出平台名单供银行信贷审批参考，如果融资类平台从该名单中退出，其新增贷款应严格遵循产业政策、信贷政策和一般公司贷款条件，实行“谁贷款，谁承担风险”的责任追究机制。因此，退出程序也更加严格复杂。同时，相对于地方政府声明退出来说，退出银保监会名单则说明融资类平台转型更彻底。原银监会出台《关于加强地方政府融资平台贷款风除监管的指导意见》（银监发［2013］10 号）文件，对融资类平台如何退出做了具体说明，文件指出平台退出有一定的前提条件，包括：符合现代公司治理要求，属于按照商业化原则运作的企业法人；资产负债率在 70% 以下，财务报告经过会计师事务所审计；各债权银行对融资平台的风险定性均为全覆盖；存量贷款中需要财政偿还的部分已纳入地方财政预算管理并已落实预算资金来源，且存量贷款的抵押担保、贷款期限、还款方式等已整改合格；诚信经营，无违约记录，可持续独立发展。除了规定退出条件外，对退出程序也做了规定，包括牵头行发起、各总行审核批准、三方签字、退出承诺及监管备案等步骤。

三、融资类平台转型面临的新形势新问题

在防范地方政府债务风险和“房住不炒”的房地产政策下，融资类平台面临债务融资约束加强、土地收入骤减、城市发展进入存量调整“三重压力”，融资和收入减少将直接导致平台现金流出现严重匮乏，传统平台模式难以为继，同时在转型过程中面临职能转型与地方政府要求失配、经营转型与现代管理不足、融资转型与资产运作能力不足、重整转型与有限偿还能力之间的“四大矛盾”。

（一）新形势下融资类平台面临三大“紧箍咒”

一是政策严监管下债务融资约束加强。2009 年以来，融资类平台的监管政策经历了鼓励、限制再到严格限制的过程。尤其是 2014 年新修订的《预算法》规定：除在国务院确定的限额内发行地方政府债券举借债务外，地方政府及其所属部门不得以任何方式举借债务，在法律上明确限制了地方政府及其所属部门不得过度举债。2014 年的《关于加强地方政府债务管理的意见》（43 号文）要求剥离融资平台的政府融资职能。但之后地方政府又新增了大量隐性债务。在此背景下，2018 年《中共中央国务院关于防范化解地方政府隐性债务风险的意见》和《中共中央办公厅国务院办公厅关于印发地方政府隐性债务问责办法的通知》出台，着力整治 43 号文后新增的地方政府隐性债务，明确了隐性债务范围，并在全国范围内开展隐性债务摸底统计，提出了债务化解期限、方向性建议及严格的问责处置办法。2019 年的《关于防范化解融资平台公司到期存量地方政府隐性债务风险的意见》明确，在不新增隐性债务的情况下，允许金融机构对隐性债务进行借新还旧及展期，缓解了隐性债务集中到期可能爆发的兑付风险。2021 年的《国务院关于进一步深化预算管理制度改革的意见》把防范化解

地方政府隐性债务风险提到历史前所未有的新高度，提出将其“作为重要的政治纪律和政治规矩，坚决遏制隐性债务增量，妥善处置和化解隐性债务存量”。政策对于地方隐性债务的处置逐渐明晰，对融资类平台的监管日趋严格，但目前尚缺乏全国层面推动平台转型的政策文件。受隐性债务管控的影响，城投债发行出现了明显的地域分化现象，根据 Wind 数据，2021 年（截至 12 月 28 日，下同）31 省市城投债存量增长 500 亿以上的只有 9 个省市，大部分省市存量增长只有 200 亿以下甚至负增长，而江苏省和浙江省存量分别增加 5180 亿和 4780 亿。

表 8–2　融资类平台主要监管文件概要

年份	文件名	主要内容
2009	《关于进一步加强信贷结构调整促进国民经济平稳较快发展的指导意见》银发［2009］92 号	支持有条件的地方政府组建投融资平台，进行银企合作，拓展中央政府投资项目配套投融资渠道
2009	《关于加快落实中央扩大内需投资项目地方配套资金等有关问题的通知》财建［2009］631 号	地方政府配套资金可利用政府融资平台通过市场机制筹措
2009	《关于坚决制止财政违规担保向社会公众集资行为的通知》财预［2009］388 号	禁止政府融资平台公司等主体由财政担保
2010	《关于加强地方政府融资平台公司管理有关问题的通知》国发［2010］19 号	加强对融资平台的信贷管理，坚决制止地方政府违规担保承诺行为
2010	《关于 < 贯彻国务院关于加强地方政府融资平台公司管理有关问题的通知 > 相关事项的通知》国发〔2010〕19 号	实行“新老划片”，划分平台类型，区分管理

续表

年份	文件名	主要内容
2011	《关于切实做好 2011 年地方政府融资平台贷款风险监管工作的通知》银监发［2011］34 号	强化平台整改，建立名单制管理，集中审批
2011	《关于地方政府融资平台贷款监管有关问题的说明》银监办发［2011］191 号	严格按照政府要求管控新增平台贷款，各银行进行融资平台“名单制”管理
2012	《关于加强 2012 年地方政府融资平台贷款风险监管的指导意见》银监发［2012］12 号	以缓释风险为目标，以降旧控新为重点，推动平台新增类贷款投向五个方面
2012	《关于制止地方政府违法违规融资行为的通知》财预［2012］463 号	对地方政府违规集资、以回购（BT）方式举借政府性债务，将公益性资产注入城投企业、违规担保承诺等行为进行了严厉禁止
2014	《中华人民共和国预算法（2014 年修正）》	规定各级地方政府预算中必需的建设投资的部分资金，除在国务院确定的限额内发行地方政府债券举借债务外，地方政府及其所属部门不得以任何方式举借债务，且除法律另有规定外，地方政府及其所属部门不得为任何单位和个人的债务以任何方式提供担保
2014	《关于加强地方政府债务管理的意见》国发［2014］43 号	要求剥离融资平台的政府融资职能，政府债务只能通过政府及其部门以地方债的形式举借，不得通过企事业单位等举借，但鼓励有一定收益的公益性事业项目使用 PPP 模式
2015	《关于妥善解决地方政府融资平台在建项目后续融资问题的意见》国办发［2015］40 号	要求支持在建项目的存量融资需求，银行业金融机构不得盲目抽贷、压贷、停贷，规范实施在建项目的增量融资，切实做好在建项目后续融资管理工作
2016	《地方政府性债务风险应急处置预案》国办函［2016］88 号	重申地方政府债务口径和各类政府性债务分类处置原则，进一步规范融资过程中出现的新的违规操作手段。该文件的发布结束了 2015 年以来的平台宽松监管周期

续表

年份	文件名	主要内容
2017	《关于进一步规范地方政府举债融资行为的通知》财预〔2017〕50号	全面组织开展地方政府融资担保清理整改工作，允许地方政府设立投资基金，明确平台和政府边界
2017	《关于规范政府和社会资本合作(PPP)综合信息平台项目库管理的通知》财办金〔2017〕92号	规范PPP领域政府投资基金明股实债等后门，进一步堵暗道、去杠杆、防风险
2018	《关于规范金融企业对地方政府和国有企业投融资行为有关问题的通知》财金〔2018〕23号	明确国有金融企业应加强“穿透式”资本金审查，不得为地方政府违法违规或变相举债提供支持
2018	《中共中央国务院关于防范化解地方政府隐性债务风险的意见》中发2018］27号，《中共中央办公厅国务院办公厅关于印发地方政府隐性债务问责办法的通知》中办发［2018］46号	着力整治43号文后新增的地方政府隐性债务，明确了隐性债务范围，并在全国范围内开展隐性债务摸底统计，提出了债务化解期限和方向性建议和严格的问责处置办法
2018	《关于加强国有企业资产负债约束的指导意见》	在此明确政府债务与企业债务边界。坚决遏制地方政府以企业债务的形式增加隐性债务
2019	《关于防范化解融资平台公司到期存量地方政府隐性债务风险的意见》国办函40号文	在不新增隐性债务的情况下，允许金融机构对隐性债务进行借新还旧及展期
2021	《关于加强地方国有企业债务风险管控工作的指导意见》国资发财评规［2021］18号	要求各地方国资委完善债务风险监测预警机制，精准识别高风险企业、分类管控资产负债率，保持合理债务水平、依法处置债券违约风险，严禁恶意逃废债行为
2021	《国务院关于进一步深化预算管理制度改革的意见》国发［2021］5号	把防范化解地方政府隐性债务风险提高到历史前所未有的新高度，提出将其“作为重要的政治纪律和政治规矩，坚决遏制隐性债务增量，妥善处置和化解隐性债务存量”

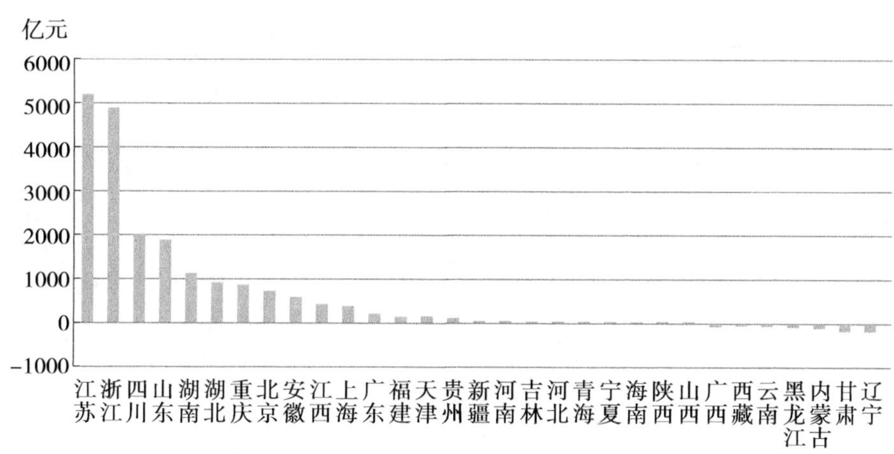

图 8-3　各地 2021 年平台债存量增长

数据来源：wind。

二是土地市场骤冷冲击融资类平台公司的持续运营。2021 年下半年以来，受房地产市场遇冷影响，地方政府的土地出让收入迅速下降，7 月至 11 月地方本级政府性基金收入中的国有土地使用权出让收入当月同比分别为 0.0%、-17.5%、-11.2%、-13.1%、-9.9%，已连续数月处于负增长，这导致 1-11 月土地出让收入累计增幅仅为 3.8%，而 2016-2020 年五年土地出让金的平均增幅为 22.7%。土地出让收入是地方融资平台融资滚动的关键因素，一方面土地出让收入可以用于偿还到期债务，缓解兑付风险，另一方面未来预期土地出让收入能够以发行土地储备专项债的方式为地方政府提供了融资，无论是从融资端还是收入端土地出让收入都是关键的一环。但从今 2021 年 7 月以来，地方政府土地出让明显“失速”，丧失土地出让收入的融资平台只能进行转型或者退出。尽管近年来中国房地产整体处于分化态势，在 2021 年土地市场总体遇冷时期，也有部分城市出现卖地收入大增的情况，但整体都出现了衰退。根据 wind 统计的公开招拍挂土地数据，我们对有数据记录的 250 个全国地级以上城市进行统计发现，2021 年土地出让金正增长的城市只有 84 个，占比仅为 34%，而大部分城市土地出让金收入降幅在 20–70% 之间。土地出让金大幅下降不但发生在中小城市，连大城市也难以幸免，2021 年广州市土地出让金下降 13.9%，杭州下降 18.7%，成都下降 14.7%，宁波下降 33.4%，西安下

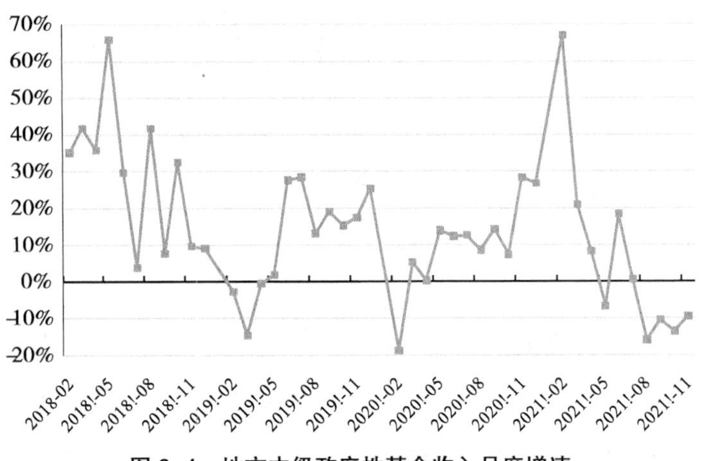

图 8–4 地方本级政府性基金收入月度增速

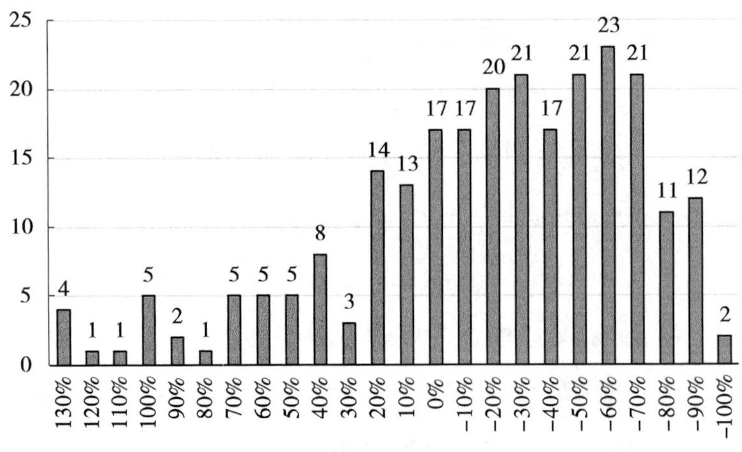

图 8–5 250 个地级以上城市 2021 年土地出让金变化分布

数据来源：wind。

降40.2%，贵阳下降42.4%，石家庄下降32.5%，南宁市下降44.8%，南昌下降68.9%。一些中小城市土地出让金出现了“腰斩”，导致地方政府不得不采取极端措施弥补财政不足，如霸州2021年土地出让金降幅高达44.8%，霸州于是进行了非税收入的摊派，并被国办督查通报。

三是城镇化将进入存量调整期，城投平台的职能也将从增量扩张转向存量维护。根据第七次人口普查数据，2020年常住人口城镇化率已经达到63.89%，从2016年到2020年，人口出生率从13.57‰下降到了8.52‰，人口自然增长率从6.53‰陡降至1.45‰。按照联合国的中性预测，中国人口将在2030–2035年间达到峰值，另外参照国际发达国家城镇化率基本稳定在73–78%区间内的历史轨迹，如将我国稳态城镇化率设定在75%左右，按照年0.8%的增加水平（日本速度）可维持14年左右，按照年1%以上的增加水平（韩国速度）可以维持10年左右。因此，我国城镇化进程也可能在2030–2035年间进入稳定发展期。人口达峰和快速城镇化进程的结束，将导致中国城市发展的逻辑发生根本变化，从以往的增量扩张转向存量调整。融资类平台作为中国城镇化快速扩张的产物，其职能也必然发生转变。首先，在人口达峰和城镇化进入稳定期的过程中，已有不少“收缩型城市”，未来这一类人口收缩的城市还将进一步增加，这些城市的融资类平台难以维持规模扩张、滚动开发的运营模式。其次，房屋折旧期一般为20年，无论是在大城市还是中小城市，在快速城镇化时期建设的大量房产将在未来10–20年内出现折旧潮，融资平台需要肩负起庞大的房地产折旧、更新、维护任务。最后，随着城市发展从增量扩张转向存量调整，平台债务也将从滚动新增转向存量偿付，这就意味着平台公司需要将之前投资形成的固定资产进行证券化以形成现金流来偿付债务，这也将是一个极其艰难的转型过程。

表 8-3 主要发达经济体城镇化率达到 64% 后的变化

经济体	城镇化率达到 64% 的大致年份	城镇化达到稳定发展的大致年份	城镇化率 64% 到稳定发展的年份	64% 到稳定发展期的平均变化率	稳定发展期的城镇化变化率
英国	1870（65.2%）	1901（78%）	31 年	0.41%	几乎为零
美国	1950（64.2%）	1970（73.6%）	20 年	0.47%	0.08%
日本	1961（64.2%）	1975（75.7%）	14 年	0.82%	0.12%
法国	1963（64.7%）	1975（72.9%）	12 年	0.68%	0.10%
韩国	1985（65.4%）	1995（78.2%）	10 年	1.28%	0.17%

数据来源：F. Bedarida, A Social History of England 1851—1975（London: Maine Press Association, 1979）. 美国商务部普查局。日本统计局。联合国人口统计司。

（二）融资类平台艰难转型面临“四大矛盾”

融资类平台转型的四个维度，功能定位转型、经营方式转型、融资模式转型、重整退出转型，都面临双重或多重目标协调的矛盾，需要以系统思维，统筹协调各类目标，兼顾地方经济平稳发展和融资类平台市场化转型。

1. 从功能定位转变来看，政府担保转向市场化经营与地方政府经济发展要求之间的矛盾

融资类平台是地方政府以基础建设投资保增长的重要支撑，随着国家对地方政府投融资平台的进一步调控，政府性融资职能基本剥离，融资类平台要从投资基础设施转向固定资产的维护和运营，从地方政府的融资主体转向市场化的经营主体。

一是地方政府需要保证当地经济增长的要求导致融资类平台难以彻底转型，平台无论如何转型，都难以放弃基础设施投资的基本职能，即便目前的平台转型成了新的市场化主体，地方政府仍然会重新组建新的“公司”为基础设施投资融资。

二是融资类平台市场化转型后可能丧失市场竞争力，再也难以担负拉动当地经济增长的责任，许多平台公司长期服务于地方政府投融资，企业自身经营管理能力较弱，无论是地方政府还是投融资平台自身，都缺乏对转型方向的明确定位。在清理整顿的压力之下，失去政府担保的融资平台公司，在金融机构眼中与一般市场主体无异，可能丧失竞争力。

三是融资类平台与地方金融机构千丝万缕的金融联系，使得转型难度加大。除了部分规模较大、运营成熟的融资类平台，大部分地区的融资类平台的融资主要依靠当地金融机构，而这些金融机构的支持背后其实是地方政府的支持和要求。即便平台公司脱离了地方融资担保，也很难切断与当地金融机构的联系，地方政府仍然会对平台公司产生各类投融资的要求。

2. 从经营方式转变来看，融资类平台产业化转型与现代化经营水平不足之间存在矛盾

从城市基础设施建设和运营转向产业化投资运营，从“输血”向“供血”的转变，是未来融资类平台转型的重要方向。如唐山金控打造以“大旅游 + 金融 + 互联网”为主业的国有产融结合控股集团，唐山金控通过收购康达新材这一上市公司后，迅速进入化工、军工和新材料领域。但这些产业化的尝试与有限的管理水平存在较大的矛盾。

一是治理结构不完善，地方投融资平台由于业务性质和导向，一

直延续政企不分的组织结构，行政化色彩浓厚，法人治理结构缺失。地方政府投融资平台由政府发起设立，形式上虽然是独立法人，但实际上很多都是从属于政府的事业单位，并不具备股东大会、董事会、监事会等一般企业的管理结构，管理结构严重不健全。有些综合性平台虽然采用了现代公司制度，设立了股东大会、董事会、监事会和总经理，但往往徒有其名。班子成员由政府直接任命并纳入当地政府组织体系进行管理，部分地区投融资平台的管理人员甚至由当地财政、建设部门负责人兼任，虽然名义上是董事长、总经理，但在实际管理过程中，还是普遍执行当地政府干部的管理方式。

二是投融资决策市场化程度较低。融资平台公司虽然是名义上的法人实体，自负盈亏，但实际上基本参照政府指令办事。投资资金和投资方向并没有根据融资平台公司本身的情况来决定，而是由政府决定。政府投资决策的后果就是政治效益和社会效益要优先于经济效益。对于新项目，缺乏投入和产出的综合考虑，后期随意变更某些项目的设计内容，增加了工程量，超概算、超预算、超造价的情况时有发生。所属子公司过度依赖母公司，缺乏市场竞争意识，存在吃“大锅饭”的情况。

三是人才储备严重不足，平台公司由政府管理型向市场经营型转变，人才储备不足的问题日益凸显。地方政府投融资平台的工作涉及规划、拆迁、工程建设、经营管理等多个方面，对于各类产业的管理人才储备不足，难以满足产业集团化转型的要求。平台公司的管理人员大多是从当地财税、城建等政府部门抽调而来，多年的政府工作经历使得他们形成了政府工作习惯，难以实现从政府管理主体向市场管理主体的转型。除管理人员外，平台公司其他工作人员也存在缺乏专业能力、整体素质不高的情况，难以合理预测项目前中后期的运行情况、对项目进行全面评估和识别不成熟的项目。市场化招聘也面临着岗位调配、薪资待遇等问题，这些影响管理的因素在一定程度上会影响平台公司的决策执行、盈利能力和经营效率。在人才市场化选聘方面，一些融资类平台已经进行了尝试，如四川发展（控股）有限责任公司实行市场化选聘机制，通过常态化网络招聘、个性化猎头推荐、市场化公开选聘、专业化定向挖掘等方式，实现了选人用人的市场化。除上级组织任命的企业领导人员外，企业用工已 100% 实现了市场化选聘。此外，该公司还全面推行领导干部公开竞聘上岗制。

3. 从融资模式转变来看，资产证券化导向与资产整合能力不足之间存在矛盾

从城市建设增量扩张向存量调整的过程，对融资类平台而言，就是从新增负债不断形成固定资产转向资产创造现金流偿还存量负债的过程，这一过程需要已投资形成的固定资产至少能够形成足够多的现金流以覆盖每年的负债利息。

一是地方融资平台的资产以政府应收款为主，难以变现。地方政府投融资平台资产主要有三类，第一类是政府应收款，该类资产是融资平台最常见也是规模最大的资产，第二类是投融资平台持有的公共事业或交通运输的特许经营收益权，该类资产能够产生持续的、稳定的现金流，也是融资平台较为常见的资产，第三类为融资平台持有的上市公司股权，可分为控股形式和参股形式。但第一类资产与地方政府财力有直接关系，目前更多的情形是地方政府向平台公司注入第二类资产，或者引入社会资本充实第三类资产。

二是资产整合难度较大。但政府性存量资产资源存在分离散乱、管理无序、使用低效等问题。由于缺乏对资产的有效管理，很多存量

资产资源处于低效利用甚至闲置状态，有形损耗、无形损耗严重，在城市开发建设中未发挥应有的作用。首先，这些资产普遍存在手续不完善的问题。在政府指令的要求下，很多项目抢工建设，没有形成规范的决策程序，导致项目建成后无法确权，也无法形成有效资产。其次现金流不稳定，无法评估资产收益。一些文化设施、体育设施等公益性项目，主要是为了举办某种活动或赛事而建设，对于后续开发和利用没有明确的规划和安排。此外，平台资产多由当地政府划转，涉及众多的利益部门，相关的人员、债务包袱伴随着资产划转而来，导致资产整合存在一定的风险。地方政府融资平台建设的一些政策性项目，为了能实现经济收益补偿，大多涉及土地性质变更、土地出让金缴纳、产权证办理、房产预售、消防验收等手续。因国家监管从严，导致手续办理时间较长，项目迟迟不能变现。

三是混合所有制改革难以推进。通过引入社会资本盘活现有资产是平台公司转型的方向之一，要将有利于国有资本保值增值、有利于提高国有经济竞争力、有利于放大国有资本功能的混改原则贯穿于改革始终。但区县所属国有企业产业层次处于产业链的低端，部分国有企业的业务范围和投资领域相近，运作效率偏低，难以形成产业规模。在业绩一般或经营陷入困境的企业眼中，非公资本如同“洪水猛兽”，出于自身利益的考虑，对混改持抵触情绪。从管理层的角度来说，有些管理人员缺乏一定的企业家精神，没有勇气进行改革体制机制改革，也没有勇气带领企业直面市场竞争。

4. 从破产重整来看，存量债务化解与平台有限偿还能力之间存在明显矛盾

2021 年的《国务院关于进一步深化预算管理制度改革的意见》明

确提出，“清理规范地方融资平台公司，剥离其政府融资职能，对失去清偿能力的要依法实施破产重整或清算”，也提出“切实防范恶意逃废债，保护债权人合法权益，坚决防止风险累积形成系统性风险”。在实际操作中，要完成存量债务的偿还、防止恶意逃废债，得看地方政府的信心和决心，单靠平台公司自身往往并不具备债务偿还的能力。

一是存量债务的安全兑付问题。在融资类平台重整退出的过程中，如果缺乏地方政府的支持，很可能发生兑付危机，依靠地方政府融资平台完全独立解决存续的有息债务不现实。部分融资类平台建设项目的建设周期较长，形成的债务期限及配套资金授信也都是长期的，因此融资类平台转型不可避免地会对长期项目的建设产生影响，长期债务的不确定性及风险都显著增加。

二是债务属性的厘清审计问题。部分融资平台并不只做基础设施建设等纯公益性项目，其他涉及土地整理、保障房、民生项目等产生的债务有可能被认定为经营性债务，尤其是以土地整理、保障房为主要业务的融资平台的有息债务，最有可能被认定为经营性债务，而并非由政府完全承担债务的偿还责任。另外，还有部分融资平台主要以水、电、气、热等民生领域的经营为主，地方政府对相关领域采取价格规制，导致融资平台的运营长期处于亏损状态，需要政府通过补贴的方式实现盈亏平衡。

三是存量项目的继续建设问题。是融资平台转型过程中必须面对的难点。多数融资平台都参与本地土地整理业务，再通过土地出让返还款作为后续建设自有资金来源，相对于转型后采用的委托代建模式，土地出让返还款的结转周期以及结转金额都有明显的优势。而重整转型后的融资平台，可能难以像转型前一样获得稳定、及时的土地出让返还款，而是采取委托代建加成的施工模式。这样融资平台应收类账款的结转时间会持续拉长，如果没有得到其他方面的支持很可能会影响待开发整理的项目。

四、多措并举推动融资类平台加快转型升级

融资类平台公司是各地方开展投资建设活动的重要主体，也是地方基础设施和公共服务等公共领域盘活存量资产、资源和资本的重要载体。推进投融资平台公司市场化转型，剥离地方政府非经营性项目的融资职能，是公共领域正确处理政府和市场关系、从源头上防范地方政府隐性债务风险的重要举措，也是促进企业可持续发展的必由之路。推进投融资平台公司市场化转型，要坚持系统思维，坚持目标导向与问题导向相结合，加强前瞻性思考、全局性谋划、整体性推进。

（一）明确发展战略定位，因企制宜探索多种转型模式

扎实做好融资类平台公司市场化转型工作，形成转型发展的共识和合力，促进公司长期可持续发展，平台公司应坚持目标导向和问题导向相结合的原则，坚持存量盘活和增量投资建设并举的原则，研究制定“十四五”时期公司发展战略规划。建议战略规划的主要内容包括但不限于：分析研判企业发展基础和发展环境尤其是面临的主要问题和制约因素，科学确定发展战略定位，明确发展总体思路和转型路径，提出转型发展目标和主要任务，明确工作重点，提出存量债务化解方案，谋划提出重大项目，并制定推动规划实施的保障措施。坚持规划引领，发挥规划的重要导向作用，按照项目跟着规划走、要素跟着项目走的原则，统筹企业相关资源要素和政府相关政策，统筹存量盘活和增量投资建设，推动规划顺利实施，实现企业转型发展目标

任务。

贯彻中央关于深化国有企业改革的决策部署，坚持政府特殊目的载体（SPV）和特定行业领域功能性国有企业的发展定位，坚持公益类国有企业的根本宗旨，坚持“投资边界不越位、投资目的不营利、投资机会不挤出社会资本”的基本原则，积极稳妥推进地方投融资平台公司市场化转型发展，比如转型为城市综合服务商、产业园区综合运营商或特定行业领域投资运营商等。

除发展定位为公益类国有企业和特定领域的功能性国有企业外，部分具备条件的地方投融资平台公司，根据公司发展基础和地方发展建设需要，可向商业类国有企业乃至混合所有制企业转型发展。比如，有的可以考虑向产业投资控股公司转型，助力本地特色产业或主导产业发展；有的可试行投资主体多元化，引入央企、省企或其他战略投资者或民间资本，从而转变为混合所有制企业。对按有关规定剥离了政府融资职能并转型为商业类国有企业乃至混合所有制企业的投融资平台公司，按照 PPP 有关政策规定，可以作为同级 PPP 项目的社会资本方。

通过转型，融资类平台由原本的大而不强、大而不优、大而不精向价值提升实现转变，由原本单纯依靠融资输血的融资功能向真正实现经营性现金流的经营导向转变。转型需要经历自主经营、自负盈亏的市场化转型，通过经营实体企业、参与重大产业项目投资提高公司经营效益的实体化转型，通过建立现代企业制度、组织架构、人员及薪酬考核等体系进行规范化转型。

（二）明确投资边界范围，理顺政企权责关系

进一步明确投融资平台公司的投资边界范围，原则上投融资平台

公司的投资边界不得超出公共领域，且不得超出公共领域的政府投资事权范围，更不得挤出社会资本尤其是民间资本的投资机会。投融资平台公司应侧重于弥补市场机制的“缺陷”，重点投资于地方有一定经营收入且对社会资本吸引力不足的准经营性项目，原则上不得投资于纯公益性项目或非经营性项目，从而从源头上防范政府隐性债务。对于确有必要投融资平台公司投资参与的非经营性项目，要事先制定合法合规的参与机制，包括明确政府给予资本金注入、投资补助或运营补贴资金的方式及其前提条件。

进一步深化体制机制改革，厘清融资类平台公司与地方政府的责权利关系，剥离政府非经营性项目的投融资职能，隔离融资类平台公司的政府信用，促进融资类平台公司帮助地方政府“做事”从“做完再说”向“算完再做”的根本性转变，促进地方政府对平台公司实行“按绩效补助/付费/补贴”的根本性转变。加快改变地方政府为平台公司“挖坑（指定投融资任务）”、平台公司无条件“种树（投资建设项目）”的状况，加快建立政府授权投资经营制度，厘清融资类平台公司的投资职能和投资边界范围，建立健全政府“挖坑”、融资类平台公司有选择且有条件“种树”的新机制。建议针对具体融资类平台公司制定专门的立法，并依法建立政府授权投资经营制度。

提高融资类平台公司项目可融资性。大力加强投资项目谋划和前期研究论证工作，积极创新项目商业模式，充分挖掘项目潜在的商业价值，完善相关价格/收费机制，健全投资回报机制，提高项目自身信用，为“项目融资”奠定基础条件。引入综合开发投资理念，积极实施产城融合、特色小镇、田园综合体、交通导向型开发（TOD）和生态环境治理导向型开发（EOD）等综合开发投资模式，从空间上统筹利用相关资源和要素，协同推进经营性项目和非经营性项目实施。积极征求银行、产业基金、信托等相关金融资本对投资项目的意见和建议，完善项目相关交易结构，确保项目投融资方案的合法合规性，健全投资风险管控机制，合理体现金融资本对投资回报、风险防控、增信等利益诉求，提高项目的可融资性，从源头上保障项目投融资落地。

积极盘活存量资产。统筹基础设施存量和增量，鼓励融资平台公司推进存量资产证券化（ABS）、引入权益型不动产投资信托（REITs）基金，审慎运用政府和社会资本合作（PPP）模式，盘活存量资产，降低资产负债率，扩大投融资来源，提高存量资产的运营效率。支持融资平台公司加强与银行、基金、信托等金融资本合作，通过市场化方式推进债务重组，降低债务资金成本，优化债务期限。

（三）健全企业管理制度，全面加强能力建设

贯彻建立中国特色现代企业管理制度的要求，全面加强和改进党的领导，加快完善公司法人治理结构，实行外部独立董事制度，引入职业经理人。着力提高融资类平台公司的科学管理水平，建立投资决策委员会和战略咨询委员会，健全投融资决策机制，完善投融资风险防控机制，完善绩效考核和薪酬体系，健全激励和约束机制。强化对融资类平台公司的外部监督，建立健全公司重大投资经营活动向发改、国资、财政和审计等有关部门的事前报告制度；积极引入社会监督机制，健全平台公司的信息公开制度，提高财务和债务的透明度，走可持续融资和高质量发展之路。

着力培育融资类平台公司核心竞争力，包括专业技术能力、投融资能力、项目投资建设管理能力以及运营管理能力等。加强人才引

进培养，加大既有员工的教育培训力度，充实完善行业技术、企业管理、投资、金融、项目管理和运营管理等专业人才队伍。坚持合作共赢、专业人做专业事的节能原则和理念，加大对外合作力度，加强与同行业领域排头兵的合资、合作，有效弥补自身专业能力和投融资能力的不足。有效整合地方政府的存量资产、资源、资本和政策以及必要的资金，提高公司资产质量，优化资产负债结构，做实经营性现金流，提高公司信用，夯实投融资能力。建立企业资产负债率预警机制，原则上，地方投融资平台公司资产负债率不得超过 70% 的红线，特定时点最高不得超过 75%。建立监测指标，定量把控平台转型进度。

（四）建设透明规范的城市融资机制，推进配套综合改革

结合规范清理地方政府隐性债务，在健全相关风险控制制度的基础上，建设透明、规范、可持续的城市建设融资机制，有序推进地方政府自主发行市政债。国际经验表明，市政债券能够为城市建设筹措长期稳定的资金来源，是目前多数国家市政建设资金的重要来源之一。与目前我国以地方融资类平台模式相比，市政债是公开透明的金融市场直接融资方式，能准确反应债券发行主体的风险水平并合理定价，市场约束较强，也是推动资本市场发展和拓宽居民投资渠道的重要途径。同时市政债通常由地方政府或地方政府授权的公用事业机构发行，在发行准入、规模控制、偿债责任和收入来源上，都具有较强的财政纪律约束，对健全预算制度、深化财税体制改革也具有重要推动作用。

鼓励各级地方政府制定地方资产负债表。目前政府公布的财政收入和支出数据为流量数据，而政府资产和负债的存量数据也尤为重要。由于地方政府三类债务及后续隐性债务确认需逐步推进，目前地

方资产负债表仍处于试编阶段。但随着地方政府各项数据质量逐步提高，政府和城投债券、地产和土地市场、国有资产及金融机构信息披露的不断完善，各级政府的资产负债表“雏形”已定。在定量评估政策体系的基础上，加强全国各地方政府的财政、资产、债务、税收、土地出让、人口、产业布局等方面的数据体系建设。

加强地方政府融资规模、风控手段、资金流向和投后管理的信息披露，采取数据化、公开化、市场化的手段解决过去几年地方政府投融资“一放就乱、一收就死”的粗放式调控模式。在现有资本金比例、财政赤字规模、资金奖励等工具的基础上，适当参照人民银行调控货币市场工具总体思路，创新增加部分微调工具和参数，例如，同一政策在执行过程中可设置一定结合区域经济、债务、产业或政府层级参数，差异化执行。每项政策出台前应定量评估其对基础设施投资量和长期风险方面可能带来的影响，同时加强政策的审计力度和透明性，争取逐步做到政策精准调控，找到政策与市场的最佳平衡点。

建立政府资产管理思维和管理能力。城镇化初期的高速发展阶段，随着人口流动以及人均收入的提高，各地投资需求巨大。此阶段投资以快速见效为主，较少关注投资所形成的基础设施、产能、园区资产相关的使用效率和需负担的债务。从定量分析的角度，单位面积内一定人口相对应的产业结构和消费能力，所需的基础设施、公共服务、产业、商业、住宅等对应的投资都在一定比例系数范围内。各地政府除预算约束外，应逐步建立基于人口需求的定量城市规划和投资决策体系，重点在于补齐公共服务和制造业升级的短板，将有限的资金用到“刀刃”上。对于已投资的各类存量资产，在满足公共服务供应能力和国有资产管理、交易要求的基础上，对资产使用效率进行评估，对于部分明显低效使用的基础设施资产、长期亏损的国有资产、不良率较高的金融资产以及过度开发的资源类资产，鼓励通过委托运营、混改、PPP、出让剥离等多种方式加速盘活和处置，同时关注与相关资产对应的债务化解情况，全面“修复”地方政府资产负债表，提高有效管理各类资产的能力，最终目的是提高地方政府执政和服务当地民生效率，优化资产负债结构，适当提高各级政府应对风险的“净资产”。

加强地方政府偿债能力建设，完善地方主体税种，推进水、电、煤、气等公用品价格改革。加快金融改革，健全长期投融资机制，通过税收优惠引导长期投资者入市。放宽市场准入，广泛采取特许经营等公私合营方式，有效保护私人投资者权益，调动民间资本参与城市基础设施建设的积极性。

第九章　化解隐性债务对宏观经济影响的评估分析

——基于异质性金融动态 CGE 模型

系统评估债务化解工作对宏观经济的冲击和影响，对于防范和化解金融风险、保障经济平稳健康运行具有重要作用和意义。本文通过构建包含异质性企业的金融动态 CGE 模型，结合数值敏感性试验定量评估了不同债务化解速度下我国社会福利、经济增速及产业结构的变化情况，同时通过分析不同利率环境下债务化解工作对于经济的总体冲击状况，探究了推进化债工作的最佳利率组合方式，以期为后续债务化解工作的顺利开展提供一定参考和借鉴。

一、异质性金融动态 CGE 模型的构建

可计算一般均衡（Computable General Equilibrium，CGE）模型自 Johanson（1960）提出以后，发展至今已有 50 余年历史，目前已成为应用经济学领域的重要分支，世界上多数发达国家和部分发展中国家均已陆续建立起本国的 CGE 模型，以开展经济形势分析和政策评估工作。相较于传统计量经济学研究方法，CGE 模型具备清晰的微观经济学基础、宏微观兼具的模型结构、良好的扩展性和适用性等诸多优

势，因此被广泛应用于财政税收、国际贸易、收入分配、经济发展、资源环境等各类研究领域。

（一）社会核算矩阵（SAM）的编制

社会核算矩阵（Social Account Matrix，SAM）作为 CGE 模型的数据基础，是 CGE 模型的重要组成部分。传统的投出产出表（Input-Output Table，IO）仅描述了经济系统中生产性部门之间的投入—产出关系，并未覆盖非生产性部门及居民、企业、政府等各类账户之间的实物和货币流通情况，对于整体经济运行状况的描述并不全面。SAM 表在传统投入产出表的基础之上，通过引入财政、税收、转移支付、投资储蓄等非生产性部门的相关经济数据，对于经济系统中各账户之间的资金流动及分配关系进行了更为全面的描述。

本模型以最新的 2015 年中国 42×42 部门投入产出表（引自《中国投入产出表（2015）》）、2015 年全国一般公共预算、决算收支总表（引自《中国财政年鉴（2016）》）、2015 年非金融交易资金流量表（引自《中国统计年鉴（2017）》）等作为主要数据来源，编制了我国 2015 年宏观社会核算矩阵。具体账户设置及描述情况如下表所示：

表 9–1　中国宏观社会核算矩阵的账户设置及描述

编号	账户名称	账户描述
1	商品	市场中进行交易的商品，按市场价格计算
2	活动	产业部门的生产活动，按出厂价格计算
3	要素－劳动	生产过程中劳动要素的投入及其报酬
4	要素－资本	生产过程中资本要素的投入及其回报
5	居民	经济系统中居民部门的收入及支出 —收入：劳动收入、居民资本收入、企业转移支付、政府转移支付 —支出：居民消费、个人所得税、居民储蓄

续表

编号	账户名称	账户描述
6	企业	经济系统中企业部门的收入及支出 —收入：企业资本收入 —支出：企业转移支付、企业直接税、企业储蓄
7	政府	经济系统中政府部门的收入及支出 —收入：关税、生产税、个人所得税、企业直接税、政府债务收入 —支出：政府消费、政府转移支付、政府储蓄
8	国外	经济系统中国外部门的收入及支出 —收入：进口 —支出：出口、国外净储蓄
9	投资储蓄	经济运行过程中的投资与储蓄状况 —收入：居民储蓄、企业储蓄、政府储蓄、国外净储蓄 —支出：固定资本及存货、政府债务收入

资料来源：作者整理。

上述各账户之间及子账户各产业部门之间存在着复杂的勾稽关系，基于已有账户设置情况及各账户之间的关联项目，表 9–2 给出了 2015 年中国宏观社会核算矩阵的结构说明。表格中各账户交叉部分为“列账户”向“行账户”所进行的支付，代表资金的流动方向，与此同时，其同样描述了“行账户”向“列账户”所进行的投入，即代表了商品和服务的流动方向。为便于不同商品和服务之间进行横向的比较及运算，SAM 表中的全部数据均为价值型数据，即商品和服务的价格与其数量的乘积。特别需要指出的是，SAM 表满足社会核算系统的“借贷平衡原则”，即每行数值的汇总等于其相应列各项数值的汇总，该原则对于后续 SAM 表中各账户的编制和配平起到了至关重要的作用。

表 9-2 2015 年中国宏观社会核算矩阵（SAM）的结构

		1	2	3	4	5	在 6	7	8	9	汇总
		商品	活动	要素－劳动	要素－资本	居民	企业	政府	国外	投资储蓄	
1	商品		中间投入（42×42）			居民消费		政府消费		固定资本＋存货	总需求
2	活动	内产内销（42×42）							出口		总产出
3	要素—劳动		劳动者报酬								劳动要素收入
4	要素—资本		资本回报								资本要素收入
5	居民			劳动收入	居民资本收入		企业转移支付	政府转移支付			居民总收入
6	企业				企业资本收入						企业总收入
7	政府	关税	生产税			个人所得税	企业直接税			政府债务收入	政府总收入
8	国外	进口									外汇支出
9	投资储蓄					居民储蓄	企业储蓄	政府储蓄	国外净储蓄		总储蓄
汇总		总供给	总投入	劳动要素支出	资本要素支出	居民支出	企业支出	政府支出	外汇收入	总投资	

（二）异质性金融动态 CGE 模型的设计

本研究采用开放经济下包含异质性企业的金融动态 CGE 模型，共包含：①生产模块②国外模块③家庭模块④企业模块⑤政府模块⑥金融模块⑦投资储蓄模块⑧宏观闭合模块⑨递归动态模块合计 9 个子模块。

生产模块采用双层嵌套的设计方案，外层嵌套设置为 CES 函数，内层嵌套针对生产要素和中间投入商品分别设置为 CES 函数和 Leontif 函数。国外模块分别选择 Arminton 条件和 CET 函数，计算国内生产国内销售商品与进口和出口商品之间的替代关系。家庭、企业、政府模块分别针对各经济主体收入、支出及储蓄项目设置平衡方程。包含异质性企业的金融模块为本模型核心创新点，将在下文中予以详述；投资储蓄模块和宏观闭合模块针对产品、要素、外汇、资金的平衡关系及实际和名义 GDP 的计算设置相关方程。模型总体结构如图 9–1 所示。

金融模块涵盖了居民、企业、政府、国外等各类经济决策主体通过金融系统进行资金融通的行为和过程。模型中假设经济系统中仅有企业和政府进行投资决策，居民和国外部门仅进行储蓄。其中，企业部门共包含两类企业，第一类为各级政府的融资平台公司，旨在承担政府投资项目的融资功能，其一般面临更低的贷款利率和资本回报率；第二类为上述公司以外的其他企业，从事一般性的生产、运输、贸易等经济活动，贷款利率和资本回报率均相对更高。金融模块中各部分的具体数学表达式如下所示：

$$INV\_TOTAL = \sum_{ent} INV\_ENT_{ent} + INV\_G$$

上式为社会总体投资平衡方程，假定经济系统中的投资活动仅通过企业和政府进行。其中，INV_TOTAL 为社会总投资，INV_ENT、INV_G 分别为企业和政府投资，ent 为企业类型，具体包括融资平台类公司 ent 1 和其他类公司 ent 2。

$$\sum_{ent} INV\_ENT_{ent} = ENTSAV + \sum_{ent} LOAN\_ENT_{ent}$$

上式为企业部门投资平衡方程，方程左侧为各类企业投资总额，右侧为企业资金来源。其中，ENTSAV 为企业储蓄，在企业模块中通过企业收入减去税收、转移支付等各项支出后计算得到，LOAN_ENT 为企业在金融系统中所获得的各类资金来源，其余各变量及参数的含义如前所述。

$$INV\quad G = GSAV - Deficit + LOAN\_G$$

上式为政府部门投资平衡方程，方程左侧为政府投资总额，右侧为政府资金来源。其中，GSAV 为政府储蓄，在政府模块中通过政府收入减去政府消费、转移支付等支出后计算得到，Deficit 为政府财政赤字，LOAN_G 为政府在金融系统中所获得的各类显性资金来源，其余各变量及参数的含义如前所述。

$$LOAN\_ENT_{ent} = INV\_ENT_{ent} \cdot \left(\frac{ror_{ent}}{1+1r_{ent}}\right)^{betaENT}$$

上式为各类企业贷款决策方程，左侧为各类企业贷款规模，右侧为影响企业贷款决策的各项经济变量。其中，企业贷款规模与其投资需求 INV_ENT 成正比；ror 为企业投资回报率，与企业贷款规模成正比，一般而言 $ror_1 < ror_2$；lr 为企业实际贷款利率，与企业贷款规模成反比，一般而言 $1r_1 < 2r_2$；betaENT 为企业贷款规模影响系数，表征企业贷款对于投资回报率和实际贷款利率的敏感程度，其余各变量及参数的含义如前所述。

$$\sum_{ent} LOAN\_ENT_{ent} + LOAN\_G = HSAV + FSAV + VBIS$$

上式为金融系统借贷平衡方程，左侧为社会总体贷款需求，右侧为社会总体储蓄供给和方程平衡项。其中 HSAV 为居民储蓄，在家庭模块中通过居民收入减去消费、税收等计算得到，FSAV 为国外净储蓄，以平衡进出口外汇收支，VBIS 为方程平衡项，反映贷款与储蓄之间的资金缺口，其余各变量及参数的含义如前所述。

以跨期资本演进方程实现模型的递归动态。t+1 期资本存量主要由两部分组成：第一部分为 t 期资本存量减去资本折旧，表征上期的存量资本；第二部分为 t 期投资总额，表征上期的增量资本。t 期存量与增量资本共同形成 t+1 期资本存量。债务化解工作将通过压缩信贷规模减少 t 期投资总额，使得 t+1 期资本存量相对基准状态出现回落，进而影响后续经济发展。具体跨期递归动态关系如下式所示：

$$
\begin{aligned}
QKSTOCK_{t+1} = & (1 - dep) \cdot QKSTOCK_t + INV\_TOTAL_t \\
& - rDD \cdot (LOAN\_G_t + LOAN\_ENT_{t,1})
\end{aligned}
$$

其中，$QKSTOCK_t$、$QKSTOCK_{t+1}$ 分别表示 t 期和 t+1 期资本存量，INV_TOTAL_t、$LOAN\_G_t$、$LOAN\_ENT_{t,1}$、分别表示 t 期投资总额、政府贷款及融资平台公司贷款，dep 为宏观经济资本折旧率，rDD 为债务化解速度。

经校准后的动态 CGE 模型能够对宏观经济运行状况及其变化趋势做出较好模拟，显示现有模型设置方式合理刻画了我国宏观经济系统的整体状况及其结构特征，显著增加了后续数值敏感性试验及结构分析预测的合理性及可信度。2016–2018 年期间实际 GDP 增速与动态 CGE 模型模拟结果如下表中所示：

表 9–3 2016–2018 年国家统计局及动态 CGE 模型模拟的实际 GDP 增速

时间	国家统计局	动态 CGE 模型
2016	6.70%	6.70%
2017	6.80%	6.74%
2018	6.60%	6.70%

资料来源：统计局、作者计算。

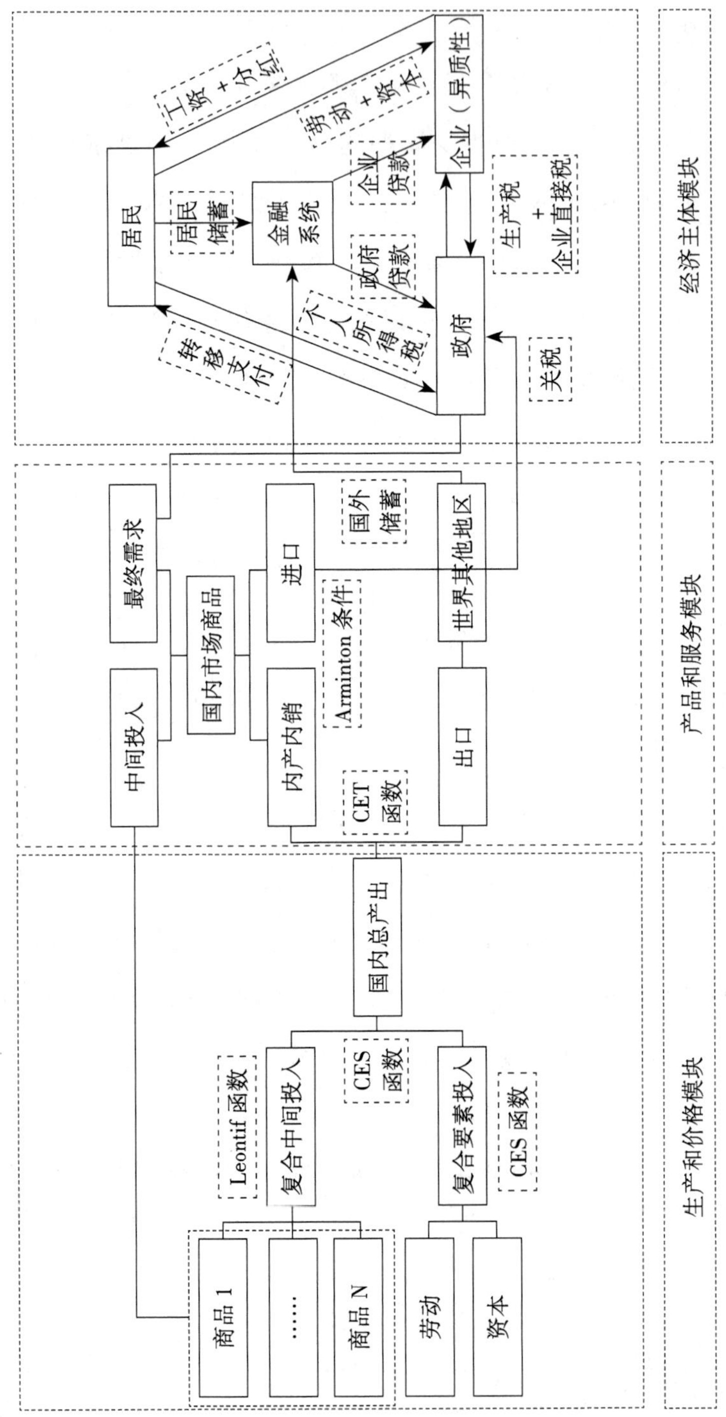

图 9-1 异质性金融动态 CGE 模型结构示意图

二、不同债务化解速度下宏观经济的冲击和影响

政府投资是稳定社会总体需求、平抑经济周期性波动的重要方式和手段，在我国宏观调控体系中始终占据重要位置。政府隐性债务化解工作压缩了政府投资项目的资金来源渠道，一定程度上削弱了政府推动和保障项目顺利实施的意愿和能力，进而诱发经济下行风险。因此，系统评估不同债务化解强度对于宏观经济的冲击和影响，对于确定科学合理的债务化解速度从而保障经济平稳健康发展具有重要的作用和意义。

（一）不同债务化解速度下社会福利和经济增速的变化

社会福利和经济增速是衡量经济社会总体发展状况，系统全面表征经济运行状态的综合性指标，其变化程度对于反映某一外部因素对经济系统的冲击和影响具有重要参考价值。本节通过开展数值敏感性试验，分析不同债务化解速度下上述指标的变化情况，考察债务化解强度对于经济运行的具体冲击效果和影响程度，以便确定债务化解的合理速度。

社会福利水平方面，未开展债务化解工作（参照组）情景下，2019—2025 年社会福利增速位于 2.8%—3.0% 区间，同时呈现先增加后降低的“倒 U 型”走势。整体而言，债务化解工作对社会总体福利水平造成负面冲击，但整体影响温和可控，且冲击强度与债务化解速度呈正比，即债务化解速度越快社会福利损失越为严重。具体而言，当债务化解速度控制在每年减少 5% 增量债务时，受此冲击 2019 年社会福利增速较参照组放缓 0.031 个百分点，同时随着时间推移上述影响存在不断扩大的趋势，即存在一定程度的“累积效应”，截至 2025 年上述冲击已增至 0.051 个百分点。当债务化解速度控制在每年减少

20% 增量债务时，上述冲击的强度显著扩大，2019 年、2025 年社会福利增速的降幅水平分别增至 0.102 个和 0.157 个百分点。

表 9–4　不同债务化解速度下社会福利增速水平值

时间	参照组	5%	10%	15%	20%
2019	2.87%	2.84%	2.81%	2.79%	2.77%
2020	2.91%	2.87%	2.84%	2.82%	2.79%
2021	2.92%	2.88%	2.85%	2.82%	2.79%
2022	2.93%	2.88%	2.84%	2.81%	2.79%
2023	2.91%	2.86%	2.82%	2.79%	2.76%
2024	2.87%	2.82%	2.78%	2.75%	2.72%
2025	2.82%	2.77%	2.72%	2.69%	2.66%

资料来源：作者计算整理。

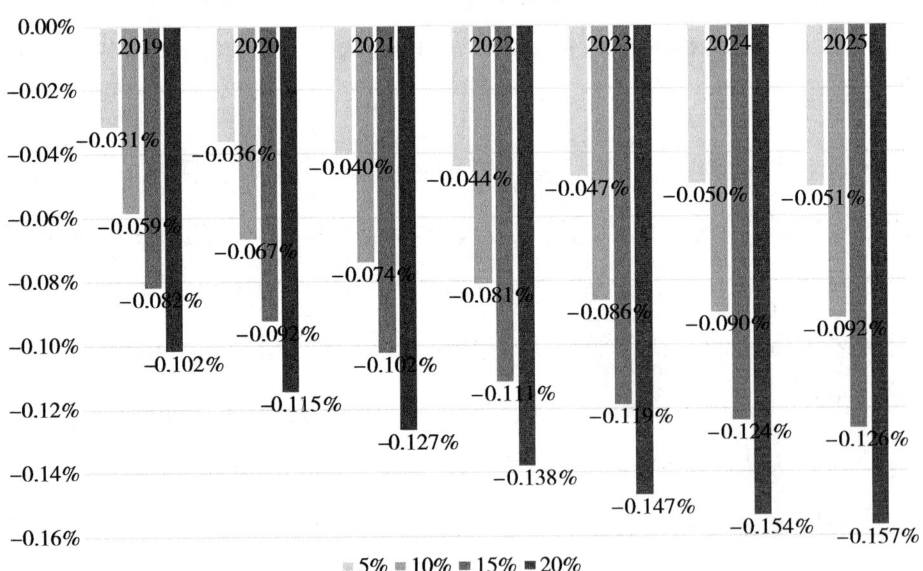

图 9–2　不同债务化解速度下社会福利增速与参照组差值

资料来源：作者计算整理。

经济增速水平方面，未开展债务化解工作（参照组）情景下，2019–2025 年 GDP 增速整体呈现回落态势，增速水平由 2019 年的 6.58% 逐步回落至 2025 年的 4.82%，降幅达到 1.76 个百分点。与对社会福利增速影响不同的是，债务化解工作虽在整体上对 GDP 增速造成明显负面冲击，但上述冲击随着时间的推移先不断增加后逐步回落，“U 型”走势代替“累积效应”成为上述冲击的最大特征。以每年减少 20% 增量债务的情景为例，2019 年、2025 年债务化解工作分别下拉 GDP 增速 0.395 个和 0.393 个百分点，最大冲击幅度发生在 2022 年，当年导致 GDP 增速回落 0.422 个百分点。与此同时，债务化解工作对于经济增速的冲击强度随着债务化解速度的提高而逐步增加，以 20% 化债速度为例，其冲击幅度约为 5% 化债速度下的 3.0–3.3 倍，略小于债务化解速度自身的倍数。

表 9–5　不同债务化解速度下实际 GDP 增速水平值

时间	参照组	5%	10%	15%	20%
2019	6.58%	6.45%	6.35%	6.26%	6.18%
2020	6.39%	6.26%	6.15%	6.06%	5.98%
2021	6.27%	6.14%	6.03%	5.94%	5.86%
2022	5.98%	5.85%	5.74%	5.64%	5.56%
2023	5.64%	5.50%	5.39%	5.30%	5.22%
2024	5.25%	5.12%	5.01%	4.92%	4.84%
2025	4.82%	4.69%	4.59%	4.50%	4.42%

资料来源：作者计算整理。

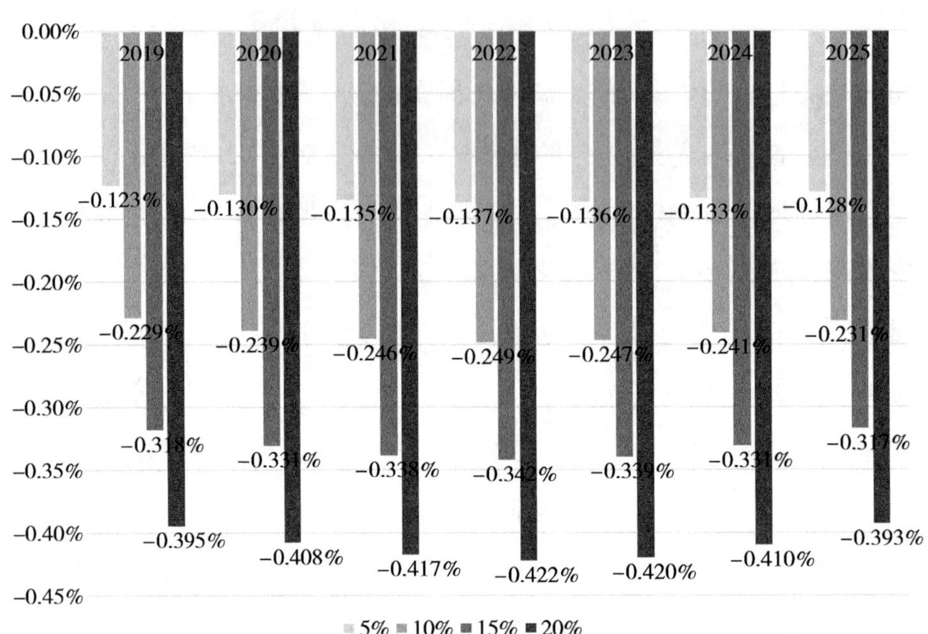

图 9–3 不同债务化解速度下实际 GDP 增速与参照组差值

资料来源：作者计算整理。

（二）不同债务化解速度下产业结构的变化

由于不同行业与政府投资之间的关联程度不尽相同，故债务化解工作对于各个行业的冲击和影响存在较大差异，从而导致整体产业结构伴随着债务化解工作的推进发生相应调整。为考察不同债务化解速度下我国产业结构的变化情况，本文选择传统动能领域的农林牧渔业（1）煤炭采选业（2）电力、热力的生产和供应业（25）建筑业（28）房地产业（34）和新动能领域代表性行业的产出增速作为表征我国产业结构调整的参考指标。

新动能领域代表性行业的选择方面，根据国家统计局最新的《新产业新业态新商业模式统计分类（2018）》标准，“三新”经济活动主要包括现代农林牧渔业、先进制造业、新型能源活动、节能环保活动、互联网与现代信息技术服务、现代技术服务与创新创业服务、现代生产性服务活动、新型生活性服务活动、现代综合管理活动 9 个子类。当前最新年份（2015 年）的投入产出数据按照原有分类方法进行统计，与“三新”经济活动存在一定偏差，故根据“三新”统计分类标准的详细分类表，选取具有较好代表性的专用设备业（17）电气机械和器材业（19）通信设备、计算机和其他电子设备业（20）信息传输、软件和信息技术服务业（32）科学研究和技术服务业（36）作为反映新动能变化的代表性行业。

债务化解工作对于不同行业的影响存在明显差异，且上述影响随着时间的推移不断趋弱，不同行业之间的差异亦有所收敛。具体而言，2019 年 4 种化债速度下传统动能与新动能代表性行业的产出增速与参照组之间的差值如图 4 所示，债务化解工作对于建筑业所造成的冲击最为显著，4 种化债速度下分别下拉建筑业产出增速 0.203 个、0.375 个、0.520 个和 0.643 个百分点，其余行业相对建筑业的影响程度明显偏弱；其中，农林牧渔业对于债务化解工作最不敏感，20% 化债速度下的冲击强度仅为 0.280 个百分点，除此之外房地产业，通信设备、计算机和其他电子设备业对于债务化解的敏感程度同样较低。截至 2025 年，债务化解工作对于各个行业的整体冲击均出现不同程度的弱化，以 20% 化债速度下的建筑业影响为例，债务化解工作对于经济增速的冲击幅度已由 2019 年的 –0.643% 降至 –0.516%，回落幅度高达 20%，表明经济系统自身存在一定内部调节机制，可在一定程度上对债务化解冲击形成部分对冲；值得注意的是，相对于 2019 年而言，2025 年各个行业所受冲击之间的差异性逐渐收敛，20% 化债速度下受影响最为显著的建筑业与最不敏感的农林牧渔业之间的差距已由0.363个百分点降至0.202个百分点。

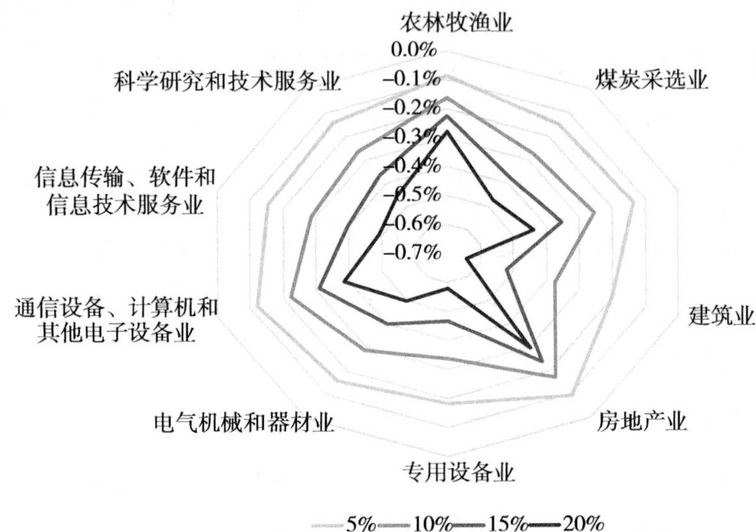

图9-4　2019年不同债务化解速度下传统动能和新动能产出增速与参照组差值

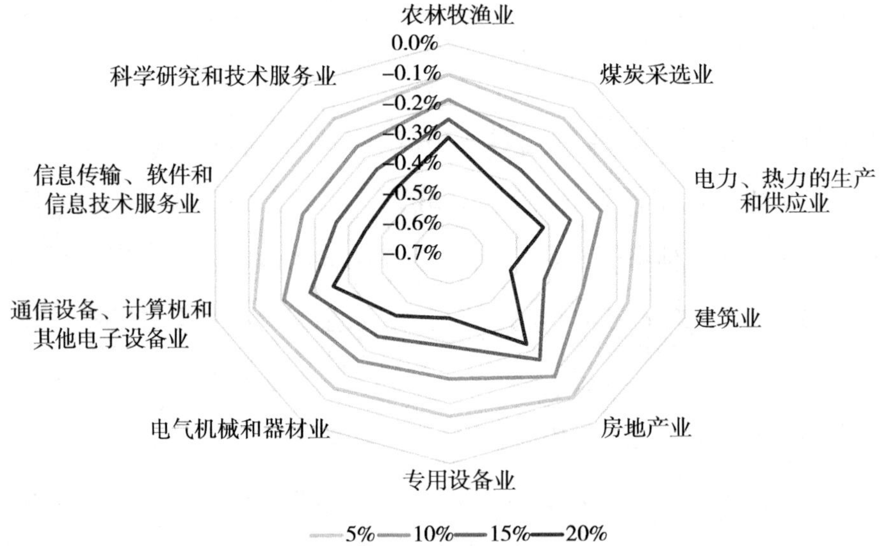

图9-5　2025年不同债务化解速度下传统动能和新动能产出增速与参照组差值

资料来源：作者计算整理。

三、不同利率环境下宏观经济的冲击和影响

金融系统的利率水平会影响企业和政府的融资成本，进而影响债务化解工作中不同类型经济决策主体对于上述冲击的反应程度，同时考虑到不同行业对于实际利率的敏感度存在较大差异，因此不同利率环境下债务化解工作的实际影响将有所区别，对宏观经济和产业结构的冲击呈现相应调整。为考察不同利率环境下债务化解工作对于宏观经济的冲击和影响，本节通过设定多种利率波动情景，以 GDP 增速为代表性指标，研究不同利率环境下经济系统对于债务化解冲击的响应状况，同时为保证结果具有较强代表性，试验中以 20% 债务化解速度为例开展相关分析。具体利率设定情况如下表所示：

表 9–6　不同情景下异质性企业实际利率水平设定情况

利率情景	融资平台公司（ENT 1）	其他企业（ENT 2）
参照组	5%	7%
情景 1（整体上升）	7%	9%
情景 2（整体下降）	3%	5%
情景 3（1 升 2 降）	6%	6%
情景 4（1 降 2 升）	4%	8%

资料来源：作者设定。

不同利率情景下债务化解工作对于宏观经济的影响存在显著差异，但整体冲击幅度较为有限，均未超过 0.005% 的绝对水平。具体而言，当不同类型企业利率水平整体上升时，在参照组的基础之上 GDP 增速回落幅度有所加大，但量值水平仅位于 0.00045%—0.0006% 之间，并呈现先增后减态势。当不同类型企业利率水平整体下降时，冲击效果与上升时恰好相反，GDP 增速回落幅度有所收窄，整体量值

水平与情景 1 基本相当。当两种类型企业利率差距逐渐缩小时，GDP 增速回落幅度出现相对明显的收缩，量值水平达到 0.004% 附近，且继续保持先升后降态势。当两种类型企业利率差距逐渐扩大时，GDP 增速回落幅度进一步加大，量值水平与情景 3 基本相当。上述结果表明，较低的利率水平以及不同类型企业之间的利差收窄有利于减少债务化解工作对于宏观经济的总体冲击，上述特征在化债工作实际推进过程中可以加以有效利用。

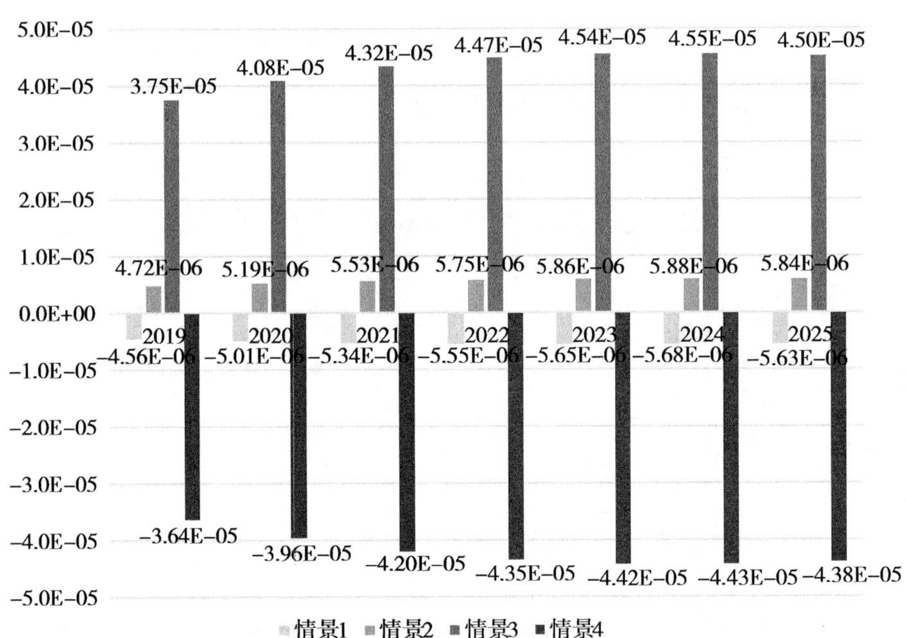

图 9−6　不同利率情景下实际 GDP 增速与参照组差值

资料来源：作者设定。

调研篇

第十章 地方政府化解隐性债务的实践
——以镇江化债方案为主的考察

随着经济增长回落，各地隐性债务的风险逐步凸显。化解隐性债务风险，既需要来自中央的顶层设计，也需要地方从实践中摸索可行方案。本专题对各地化解隐性债务及其风险的典型做法进行了梳理，大致可归纳为财政重整偿还、债务置换展期、项目运行消化、债务风险预警四大类。

一、财政重整偿还

偿还是化解隐性债务的根本举措。进入高质量发展阶段后，各地纷纷进行财政重整，开源节流，多方筹措化债资金来源，并积极调整财政支出结构，压缩政府一般性支出，“挤出”一部分资金用于隐性债务偿还。财政重整措施主要有以下四类：

一是多方筹措财政资金。例如，内蒙古新巴尔虎左旗，盘活存量财政资金、申请上级政府的补助、奖助资金用于还债。又如，江苏镇江依法加强税收征管，清缴欠税欠费，除法律、行政法规和国务院规定的财税优惠政策之外，暂停其他财税优惠政策，待隐性债务风险解除后再行恢复。浙江则对高风险地区实施化债计划管理，确保各地

2020年前将债务率降低到警戒线以内，对不能按期完成化债任务的地方政府追究责任并扣减相应的财政资金。

二是以土地出让金化债。土地出让金是各地化解隐性债务的主要资金来源。土地出让形成的收益能够确保偿还专项债券的到期本息基础上，剩余收益全部用于偿还到期债务。江苏镇江暂停土地出让收入各项政策性计提，土地出让收入扣除成本性支出后应全部用于偿还债务。

三是处置国有资产化债。部分地区将部分闲置国有资产进行变现处理，形成的收入用于偿还债务。例如，江苏镇江指定机构统一接管政府及其部门拥有的各类经营性资产、行政事业单位资产、国有股权等，结合市场情况予以变现，多渠道筹集资金偿还债务。

四是压缩支出、政府带头过紧日子。江苏镇江制定的债务化解方案中提出大力压缩基本建设支出、压缩政府公用经费与人员福利开支、减少政府补贴、调整过高支出标准等措施过紧日子，如表1所示。即使是上海、广州等一线城市，政府也开始带头过紧日子。上海2019年市本级一般公共预算支出将下降7%，并提出取消低效无效支出，除重点和刚性支出外，各部门其他一般性支出一律按不低于5%的比例压减，长期难以支出的沉淀资金一律收回。广州一般公共预算支出下降8%。

表10–1 江苏镇江压缩政府支出的具体措施

类别	具体措施
压缩基本建设支出	不再新批政府投资计划、不新上政府投资项目、不设立各类需要政府出资的投资基金等
压缩政府公用经费与人员福利开支	实行公务出国（境）、培训、公务接待等项目“零支出”，大力压缩政府咨询、差旅、劳务等各项支出。机关事业单位暂停新增人员，必要时采取核减机构编制、人员等措施；暂停地方自行出台的机关事业单位各项补贴政策，压减直至取消编制外聘用人员支出

续表

类别	具体措施
减少政府补贴	清理各类对企事业单位的补助补贴、暂停或取消地方出台的各类奖励、对企业的政策性补贴和贴息、非基本民生类补贴等
调整过高支出标准	优先保障国家出台的教育、社保、医疗、卫生等重大支出政策，地方支出政策标准不得超过国家统一标准

资料来源：作者整理。

二、债务置换与展期

考虑到地方隐性债务规模庞大，一时难以偿还。通过债务置换与展期，使隐性债务显性化，降低债务成本、延长债务期限，成为大多数地方政府的可行选择。地方隐性债务的置换，又可分为发行地方政府债券和低息贷款两种模式。

一种模式是发行地方政府债券置换。2014 年 43 号文就提出“对甄别后纳入预算管理的地方政府存量债务，各地区可申请发行地方政府债券置换”，实际上将相当比例的融资平台债务转化为政府债券形式的政府显性债务。2015 年至 2018 年之间，各地政府共发行了 12.2 万亿元的地方政府置换债，平均每年约置换 3 万亿元。换言之，2014 年甄别认定的地方政府隐性债务大部分完成了置换。

另一种模式是用低息贷款置换。对于 2014 年甄别时未纳入预算管理的隐性债务，国办发【2018】101 号文明确提出，在不增加地方政府隐性债务规模的前提下，对存量隐性债务难以偿还的，允许融资平台公司在与金融机构协商的基础上采取适当展期、债务重组等方式维持资金周转。通过将高成本的隐性债务置换为低成本的显性债务，从而实现政府债务可控并逐渐化解的目标。

三、项目运营消化

项目运营消化，主要是针对具有稳定现金流的隐性债务。例如，广州市在传统基础设施建设等平台业务基础上开展市场化经营，利用“使用者付费”覆盖投资成本。针对经营收费不足以覆盖投资成本、仅靠市场难以达到供求平衡，需要政府补贴部分资金、资源的准经营性项目，广州市以资本金注入方式支持所属国企开展市场化融资。又如，珠海大剧院的建设过程中，配套建设了相应的商场、超市等商业设施，用出租商业设施带来的稳定现金流应对大剧院建设后的隐性债务偿还压力。

需要指出的是，约定政府及其部门回购社会资本方的投资本金的 PPP 项目会形成隐性债务，此时，如果取消上述约定，重新架构项目的运营模式，将其转化为规范的 PPP 项目，则其对应的隐性债务将转化为企业经营性债务。这种模式既不需要耗费大量的财政资金，也不会占用地方政府债券额度，具有较强的可操作性。不过，能够通过项目运营消化的隐性债务，通常为隐性债务中质量较高的部分。

对于没有现金流的隐性债务，深圳金砖公用资产管理有限公司设计了“采用预算绩效能力定价的基础设施特许经营机制，化解地方政府隐性债务”的方案。首先将地方政府存量基础设施按全生命周期（30 年）的预算绩效能力进行核算定价。其次，对满足绩效能力、确需财政进行支付的基础设施进行特许经营。地方政府通过招拍挂方式，以 15–30 年期限，进行基础设施特许经营权有偿转让，收回前期投资资金，定向用于公益性项目的隐性债务偿还。其中，特许经营项目公司的资金由金融机构通过市场化的方式授信。隐性债务化解后，项目公司还需要在15–30年内偿还金融机构贷款，拉长了还款期限，平滑了债务负担。随着基础设施的良好运营，城市税收的增加，最后实质上是用运营城市的增值收益偿还了贷款。基础设施特许经营实现了基础设施服务周期与财政周期的一一对应[①]，有利于解决基础设施投资缺乏精算平衡、投资规模或债务期限超出了当期财政能力的问题。目前上述方案在贵州、云南、四川等多个地方城市进行试点，地方政府和金融机构接受程度较高。

四、债务风险预警与应急响应

为防范隐性债务风险显性化，不少隐性债务风险较高的地方政府建立了隐性债务风险预警与应急响应机制。

一是成立债务管理与应急处置机构。广东省要求县级以上地方各级政府（含县级）均设立政府性债务管理领导小组。江苏镇江也要求各县市设立政府性债务管理领导小组，负责领导本地区政府性债务日常管理。债务管理领导小组由本级政府主要负责人任组长，成员单位包括财政、发展改革、审计、国资、地方金融监管等部门、单位以及人民银行分支机构、当地银监部门，各部门在隐性债务风险防控方面的职责分工如表10–2所示。

表10–2 镇江债务管理领导小组的成员与职责

成员	职责
财政部门	负责债务风险日常监控和定期报告，组织提出债务风险应急措施方案

① 地方政府公共基础设施的投资按3–8年的期限举借债务，与公共基础设施20–30年左右的服务能力期限无法形成期限匹配，存在3–6倍的时间周期杠杆，导致地方政府当期偿付压力巨大，不得不承担未来30年左右的公共基础设施服务能力负担。

续表

成员	职责
债务单位行业主管部门	负责定期梳理本行业政府性债务风险情况，督促举借债务或使用债务资金的有关单位制定本单位债务风险应急预案；当出现债务风险事件时，落实债务还款资金安排
发展改革部门	根据应急需要调整投资计划，牵头做好企业债券风险的应急处置
审计部门	对政府性债务风险事件开展审计
地方金融监管部门	协调所监管的地方金融机构配合开展政府性债务风险处置
人民银行分支机构	开展金融风险监测与评估，牵头做好区域性系统性金融风险防范和化解工作，维护金融稳定
银监部门	指导辖内银行业金融机构做好风险防控，协调银行业金融机构配合开展风险处置工作，牵头做好银行贷款、信托、非法集资等风险处置

资料来源：作者整理。

二是进行预警监测。江苏镇江要求市财政部门定期评估市级政府性债务风险情况并做出预警，并要求相关单位建立地方政府性债务风险事件报告制度，各单位预计无法按期足额支付到期政府债务本息的，应当提前2个月以上报告；遇突发或重大风险事件则应立即报告。

三是应急响应。江苏镇江将地方隐性债务风险事件划分为Ⅰ级（特大）、Ⅱ级（重大）、Ⅲ级（较大）、Ⅳ级（一般）四个等级，并制定了相应的应急响应措施。

表10-3　江苏镇江债务风险应急响应措施

风险级别	应对措施
Ⅳ级	（1）以一般公共预算收入作为偿债来源的一般债务违约的，在保障必要的基本民生支出和政府有效运转支出前提下，可以采取调减投资计划、统筹各类结余结转资金、调入政府性基金或国有资本经营预算收入、动用预算稳定调节基金或预备

续表

风险级别	应对措施
Ⅳ级	费等方式筹措资金偿还，必要时可以处置政府资产。对政府提供担保或承担必要救助责任的或有债务，政府无力承担相应责任时，也按照上述原则处理。 （2）以政府性基金收入作为偿债来源的专项债务，因政府性基金收入不足造成债务违约的，在保障部门基本运转和履职需要的前提下，应当通过调入项目运营收入、调减债务单位行业主管部门投资计划、处置部门和债务单位可变现资产、调整部门预算支出结构、扣减部门经费等方式筹集资金偿还债务。对部门提供担保形成的或有债务，政府无力承担相应责任时，也按照上述原则处理。 （3）因债权人不同意变更债权债务关系或不同意置换，导致存量政府债务无法在规定期限内依法转换成政府债券的，原有债权债务关系不变，由债务单位通过安排单位自有资金、处置资产等方式自筹资金偿还。若债务单位无力自筹资金偿还，可按市场化原则与债权人协商进行债务重组或依法破产，政府在出资范围内承担有限责任。对政府或有债务，也按照上述原则处理。 （4）市、区人民政府出现债务风险事件后，在恢复正常偿债能力前，除国务院确定的重点项目外，原则上不得新上政府投资项目。在建政府投资项目能够缓建的，可以暂停建设，腾出资金依法用于偿债。
Ⅲ级	除采取Ⅳ级债务风险事件应对措施外，还应当采取以下升级应对措施： （1）区债务管理领导小组应当转为债务应急领导小组，将债务风险情况和应急处置方案专题向市级债务管理领导小组报告。 （2）市债务管理领导小组应当密切关注事态变化，加强政策指导，及时组织召开专题会议通报风险处置情况，必要时可以成立工作组进驻风险地区，指导支持债务风险处置工作。 （3）区人民政府偿还省级政府代发的到期地方政府债券（包括一般债券和专项债券）有困难的，可以申请由市级财政先行代垫偿还，事后扣回。 （4）区人民政府应当将债务风险应急处置进展情况和处置结果上报市政府，并抄送市财政局。
Ⅱ级	除采取Ⅳ级、Ⅲ级债务风险事件应对措施外，还应当采取以下升级应对措施： （1）市债务管理领导小组应当转为债务应急领导小组，汇总有关情况向市政府报告，动态监控风险事件进展，指导和支持区政府化解债务风险。 （2）区政府统筹本级财力仍无法解决到期债务偿债缺口并且影响政府正常运转或经济社会稳定的，可以向市级债务应急领导小组申请救助，申请内容主要包括债务风险情况说明、本级政府应急方案及已采取的应急措施、需上级政府帮助解决的事项等。

续表

风险级别	应对措施
Ⅱ级	(3) 市级债务应急领导小组对区政府救助申请提出审核意见，报市政府批准后实施，并立即启动责任追究程序。 (4) 市政府适当扣减Ⅱ级债务风险事件涉及区新增地方政府债券规模。 (5) 市债务应急领导小组督促区政府落实债务风险应急处置措施，跟踪债务风险化解情况。必要时，市级政府可以成立工作组进驻风险地区，帮助或者接管风险地区财政管理，帮助制定或者组织实施风险地区财政重整计划。
Ⅰ级	除采取Ⅳ级、Ⅲ级、Ⅱ级债务风险事件应对措施外，还应当采取以下升级应对措施： (1) 市债务应急领导小组应当及时将债务风险情况和应急处置方案向省财政厅报告。 (2) 市政府偿还到期地方政府债券本息有困难的，应及时向省政府申请提前调度部分国库资金周转。 (3) 市、区人民政府建立债务风险处置信息定期向上级债务应急领导小组报告的机制，重大事项必须立即报告。 (4) 市债务应急领导小组报请市政府通报Ⅰ级债务风险事件涉及区名单，启动债务风险责任追究机制。 (5) 市政府暂停Ⅰ级债务风险事件涉及区新增地方政府债券的资格。

资料来源：《镇江市人民政府办公室关于印发镇江市市级政府性债务风险应急处置预案的通知》。

需要指出的是，上级政府救助是化解隐性债务风险中没有办法的办法。虽然中央政府三令五申地方政府债务“谁借谁还”、“中央不再兜底”[①]，但是对于出现隐性债务危机的地方政府，各地出于社会稳定等考量，还是设置了向上级政府申请临时救助的条款。救助措施包括代偿部分政府债务，加大财政转移支付力度，减免部分专项转移支付配套资金等。

---

① 如2014年43号文，2016年国务院办公厅下发的《地方政府性债务风险的处置预案》中均提出地方政府对其举借的债务负有偿还责任，中央实行不救助原则。

表 10–4　各地化债模式与措施

化债模式		具体措施	地方实践
财政预算偿还	纳入财政预算	纳入年度预算安排，逐年偿还	济南长清区、河南固始县、湖北监利县、宁夏固原
	统筹土地出让收入	出让债务对应土地专项债，土地出让收入统一偿债（增加土地挂牌指标，暂停政策性计提）	内蒙古巴尔虎左旗、宁夏
	压缩一般性支出		上海、内蒙古巴尔虎左旗、江苏泰州、镇江、广东化州、四川资阳
	盘活存量资金		内蒙古鄂温克旗、贵州三穗县
资产变现	处置国有资产	拍卖资产，直接用闲置资产抵债，国企混改（出让国有股权）	沈阳辽中区、内蒙古鄂温克旗、天津、贵州龙里
项目运营		收益性项目而产生的债务，通过项目运营收入予以偿还	江苏泰州市鼓励国有企业以项目结转资金、经营收入等偿还部分到期债务
转为企业债务	注入优质资产，平台转型	将具备现金流的收益性项目划转至相应融资平台，同时剥离政府性债务，促使平台转型为一般企业，相应的地方政府隐性债务也就成为了企业债务，由企业自行通过生产经营偿还。	山西交控“两步走”模式：第一步，组建省级的交控集团，将政府还贷路资产负债整体划转至集团层面，相应的政府隐性债务转变为企业经营性债务；第二步，企业经营性债务的市场化重组，以国开行为首的银团提供长期、低成本贷款置换原有债务。
	PPP 模式化债	引入社会资本，将原有的政府购买等模式建设的项目转化为 PPP 项目	内蒙古新巴尔虎左旗，山西柳林县、汾西县、晋城市，江苏泰兴市，湖北巴东县、武穴县，广东江门市，兴仁县
债务重组	债务置换	银团提供低息贷款置换	江苏镇江：国开行其提供十年 期 400 亿（两次投放 ）的 基准利率贷款用以债务化解，由市财政下属金信资产承接再投放至各平台
	债务展期	对仍有资金缺口的，提前与债权人充分协商、深入沟通达成谅解一致的可执行决议方案 ，通过签定补充协议采取展期、延期、暂时部分支付等措施化解风险。	四川资阳

续表

化债模式		具体措施	地方实践
债务重组	专项债借新还旧	选择重点项目申请发行专项债券，以争取资金作为还款来源	贵州兴仁
	债转股	银行由债主变为股东	云南建投
破产重整或清算		若债务单位无力自筹资金偿还，可按市场化原则与债权人协商进行债务重组或依法破产，政府在出资范围内承担有限责任	四川资阳提出了撤销融资平台方案

第十一章　珠三角融资平台类隐性债务化解：进展、挑战与建议
——基于广州、珠海、江门、阳江四地市的调研

珠三角地区通过剥离政府性债务、拓展新的融资渠道、提升资本运作能力、盘活土地等闲置资产、在传统平台业务基础上开展市场化经营、集团化运作等方式化解融资平台类隐性债务。目前，面临基础设施建设资金不足、“融资平台”摘帽难、薪酬待遇体系市场化欠缺等突出问题阻碍化债能力提升。建议合理定位地方政府融资平台职能的基础上，彻底摘帽、拓宽融资渠道，积极分类探索市场化的薪酬体系，提升融资平台化解隐性债务的能力。

在城市化与工业化发展进程中，地方政府融资平台曾发挥了积极的作用，但也因此形成了大量的政府隐性债务。2014 年，中央为防范地方隐性债务风险，出台《国务院关于加强地方政府性债务管理的意见》(国发［2014］43 号)(以下简称“43 号文”)，明确要求剥离融资平台公司政府融资职能，融资平台公司不得新增政府债务。这意味着融资平台公司的政府信用被抽离，地方政府不再允许新增融资平台类隐性债务。但融资平台类的存量隐性债务规模庞大，如何有效化解，

需要在实践中探索。为了解地方政府融资平台类隐性债务化解进展、遇到的突出问题，我们选择珠三角地区的广州、珠海市、阳江、江门四地市进行调研，与政府相关部门、融资平台企业进行了座谈，并实地考察了广州水务集团、珠海城建集团等投融资企业。在此基础上，提出了加快化解融资平台类隐性债务的相关政策建议。

一、珠三角地方政府融资平台类隐性债务化解进展

珠三角地区的地方政府融资平台大多数崛起于2008年国际金融危机爆发后国内提出四万亿元刺激计划期间，紧跟形势、大干快上，珠三角地区的基础设施得以迅速改善，但也因此积累了大量的平台类隐性债务。

总体来看，珠三角地区在地方政府融资平台类隐性债务化解过程中，不搞一刀切，而是根据原融资平台公司资产结构、主营业务及经营状况的差异，分类推进其市场化转型，通过市场化推动其相应隐性债务的化解。对于只具备单一融资功能，偿债完全靠财政资金的“壳”类融资平台，“关、停、并、转”。对于从事城市基础设施的融资、建设与运营，资产组合中兼有经营性、准经营性和公益性项目的企业，继续发挥其在城市建设中的作用。对于主营业务、核心优势突出的平台公司，则支持其做大做强，实现企业发展与公共服务相结合。

（一）发行政府债券置换，将隐性债务显性化

通过分批发行政府债券，将融资平台债务转化为政府债券形式的政府显性债务。如，广州水务投资集团在亚运会治水期间形成的190.2亿元政府性债务，于2018年4月全部通过政府债券置换完毕。债务负担大大减轻，可以“轻装上阵”，参与市场竞争，有利于进一

步增强化债能力。

与此同时，政府通过注入资产、完善公司治理结构等举措，达到退出政府融资平台的条件，使其具备投资、运营准经营性项目的能力，通过项目运营消化一部分隐性债务负担。广州向其所属的各投融资集团注入优质的国有经营性资产，改善其资产结构与现金流，使其债务规模与偿债能力相匹配。广州市属的投融资集团积极推进现代企业制度建设，完善公司董事会架构，建立外部董事制度，同时完善企业内部管理，健全投资决策制度，提高企业效率，降低企业运营成本，以使其在基础设施建设的市场竞争中更具活力。

（二）拓展新的融资渠道，降低平均融资成本

为增强化解隐性债务的能力，广州市通过开展 PPP 项目资产证券化、发行企业债券、申请国家资本金专项建设资金等方式拓展新的融资渠道，资本运作水平大大提升。2018 年上半年，广州地铁集团、广州发展集团等投融资企业累计获批发行企业债券 16 支，金额 561.1 亿元。上述企业债券的发行，提高了融资平台公司直接融资比例，有效降低了融资成本，也降低了之前承担的政府性债务的偿债压力。广州市鼓励市本级投融资企业积极向国家争取基础设施项目专项建设基金。广州市 29 个项目获得国家资本金专项建设基金 92.11 亿元。

广州城投集团积极拓展金融投资板块，形成类金融业务和金融业务全面发展的泛金融全产业链条，通过产业链拓展增强偿债能力。融资租赁、投资类业务、基金管理等业务迅速增长。广州城投以 SPV 方式开展广州第一架飞机融资租赁业务。参与渤海金控、越秀金控等多家优质公司股权投资；入主神州控股，成为其第一大股东；广州塔、建广环境科技公司成功登陆新三板。此外，广州城投集团打造多个产

业基金，包括500亿元广州建设基金、100亿元广州旅游发展基金、50亿元大数据产业基金、50亿元广州环保基金等。

（三）盘活土地等闲置资产化解债务

通过盘活土地等闲置资产，为化解平台类债务提供资金支持。广州城投集团的地产业务从无到有，主要从事商业地块开发，2018年销售收入5亿元，成为其主要利润来源之一。目前，广州城投集团自持商业物业面积约170万平方米、政策性保障房面积约594万平方米、土地面积约23400亩。广州水务投资集团在建设石井净水厂时，将净水设施建在地下，而地上整治、开辟为环境优美的公园，在公园周边的地块开发房地产，用公园的一流环境为房地产提供溢价，用房地产开发的收益来偿还平台类债务。珠海城建集团在建设珠海大剧院的过程中，配套建设了相应的商场、超市等商业设施，用出租商业设施带来的稳定现金流应对大剧院建设后的偿债压力。

（四）开展市场化经营、集团化运作增强化债能力

在传统基础设施建设等平台业务基础上开展市场化经营，利用“使用者付费”覆盖投资成本，避免基础设施建设引发平台类隐性债务规模进一步扩大。针对经营收费不足以覆盖投资成本、仅靠市场难以达到供求平衡，需要政府补贴部分资金、资源的准经营性项目，广州市以资本金注入方式支持所属国企开展市场化融资。2017年，广州市实施城市轨道、铁路、城际轨道、综合枢纽、高速公路、粮食基础设施等资本金注入项目42个，年度计划投资450亿元。其中，广州市本级财政注入资本金189亿元，引导带动社会资本投资261亿元。

1. 部分企业作为政府出资代表或社会资本方参与PPP项目。广州市规定，对于已经建立现代企业制度、实现市场化运营的融资平台

公司，在其承担的地方政府债务已纳入政府财政预算、得到妥善处置并明确不再承担地方政府举债融资职能的前提下，通过与政府签订合同、明确责权利关系的方式，作为社会资本方参与 PPP 项目建设。珠海市的 PPP 项目中，珠海城建集团也作为社会资本方积极参与珠海的基础设施建设。

2. 塑造资产经营品牌，提高企业盈利能力。广州城投集团经营的广州塔于 2015 年实现盈利，比预期盈利时间提早 5 年。其品牌经营已经走出广东，为云南曲靖城市地标 218 大楼开业提供咨询服务。2018 年，广州城投的经营板块合并营收预计达 19.9 亿元，利润总额预计达 5.02 亿元，为其偿还隐性债务提供充足现金流。

3. 布局战略性新兴产业。广州城投集团在大数据领域持续发力，投资智慧城市基础设施，提供智慧城市解决方案。其开发的河长 APP、巡检 APP 投入使用；住房租赁信息平台实现“一个 APP 让生活充满智慧”；承接广州银行智能综合柜台项目。此外，广州城投集团还不断拓展新能源业务，投资新能源汽车充换电站、充电桩等，成为其市场化业务的新增长点。

二、化解隐性债务中遇到的突出问题

（一）基础设施建设资金不足

融资平台公司政府融资职能被剥离后，发行地方政府债券成为地方政府唯一的举债方式，新融资渠道的受限一定程度上导致既有隐性债务化解困难。目前地方政府债券发行采取限额管理，发债限额经“撒胡椒面”式的分配后，一个地级市往往仅能拿到几亿元的发债额度，与地方政府城市更新、城市片区建设与工业园区建设中的基础设施需求相比，实为杯水车薪。如，江门市“五大万亩园区”基础设施的资金需求达 752 亿元，目前仅到位 10 亿元。

融资平台公司主营业务受政府价格管制等原因，往往容易出现政策性亏损，大部分难以靠自身的收益推进基础设施的建设与运营，更难有余钱偿还此前积累的隐性债务。

（二）“融资平台”摘帽难，影响偿债能力提升

如前所述，不少融资平台公司通过政府注入资产等方式，达到相关监管要求，已经退出了银监会的融资平台目录。但是向金融机构进行融资时，仍然被当作融资平台，即仍戴着融资平台的帽子。融资受到很大限制，资金成本较高，成为平台公司提升偿债能力的掣肘。如，珠海城建集团在《中国银监会关于加强 2013 年地方政府融资平台贷款风险监管的指导意见（银监发［2013］10 号）》中被划分为“退出为一般公司类”，即已具备商业化贷款条件，自身具有充足稳定的经营性现金流量，能够全额偿还贷款本息，已整体转化为一般公司类客户管理的融资平台。珠海市国资委也公开下发证明函证明，珠海城建集团不再承担政府融资职能。但部分银行等金融机构为规避政治风险和经济风险，仍然将珠海城建集团划分为“仍按平台管理类”类别，贷款审核标准收紧，不借或放款额度较低。相关企业负责人表示：“摘掉形式上的帽子容易，但是想真正彻底摘掉这顶帽子，消除在金融机构和社会公众心中的政府投融资平台的形象，仍然任重道远”。

（三）薪酬待遇体系不够市场化阻碍化债能力提升

寄希望于市场化转型，提升隐性债务偿还能力的融资平台企业，其薪酬体系未与市场接轨，导致其“人才引入困难、流失严重、存量不足”，阻碍并延缓了企业本身的发展，并进一步影响其偿还此前隐

性债务的能力。融资平台时期，主要承担为政府融资任务，不需要太强的专业技能与知识。转向市场后，必须依靠优质的人力资本为企业提供源源不断的活力，保持并增强其竞争力。而这些企业往往对人力成本采取“以岗定薪”而非“以人定薪”的方式，一年几万元的薪酬难以延揽优秀的人才加盟，在转型中缺乏关键驱动力与竞争力。如，阳江恒财投融资集团在转型发展中，增设了金融板块，但其提供的待遇与当地金融企业的待遇相差甚远，难以招到理想的人才。

三、加速融资平台类隐性债务化解的政策建议

（一）合理定位地方政府融资平台职能

加速化解融资平台类隐性债务，首要任务是合理定位地方政府融资平台职能。理顺政府与融资平台的关系，建立健全考核机制，通过注资、奖励、补助等方式促进融资平台类债务化解。通过股权划转等方式，将市场化经营的国资企业股权划转至融资平台，扩充其现金流与偿债能力。

建议在符合中央大政方针的前提下，部分基础设施和公共服务项目（尤其是投资大、回报率低、对社会资本缺乏吸引力的项目），可由政府直接委托基础设施领域的国有企业建设。此外，继续大力支持融资平台公司积极扩展营利性业务板块，如三旧改造等，增强其自身的市场竞争力与偿债能力。

（二）彻底摘帽，拓宽融资渠道，降低债务平均成本

首先，对于已经退出融资平台目录的企业，应恢复其平等融资主体的地位，降低其融资成本与偿债压力，金融机构不应对其进行融资歧视。

其次，积极拓宽融资渠道，尤其是直接融资渠道。一是降低债券融资门槛。对发行企业债券解决基础设施和公共服务项目的国有企业，适当放宽发行企业债券门槛准入、适当延长债券偿还时间。二是创新企业债券融资品种。目前，企业债券发债规模都比较大，通常都在5–6亿元以上，对应的发债平台净资产规模达24亿元以上，对于市、县级的国资平台而言，望尘莫及。可考虑发行低市值的债券融资品种。通过新的融资渠道，降低平台类企业的平均融资成本，由此进一步降低其偿还隐性债务的压力。

（三）分类探索市场化的薪酬体系提升偿债能力

对退出为一般企业类的融资平台，分类探索市场化的薪酬体系，积极引进一流的运营人才与技术人才，提升企业自身的竞争力，从而提升其偿债能力。大力整合与引进人才相关的服务、培训、安居，以及子女教育、健康医疗等产业资源。尤其是对于传统平台业务之外的纯市场化业务板块，应在企业内部建立有别于融资平台传统业务板块的激励与考核制度，根据业务性质与业务能力，“以人定薪”，充分激发员工的积极性与创造力，为企业的市场化转型与债务化解提供内生动力与可靠支撑。

第十二章 W 高新区案例：地方隐性债务风险与财政可持续性

由于隐性债务数据可得性问题，课题组尝试解剖麻雀，以期以小见大。《财政部关于坚决制止地方府违规举债 遏制隐性债务增量情况的报告》提出用负债率和债务率两个指标衡量地方政府债务风险。

政府债务负债率 = 政府债务年末余额 / 当年 GDP

政府债务债务率 = 政府债务年末余额 / 当年综合财力

本章将利用上述指标对 W 高新区[①]的显性债务风险和隐性债务风险进行评判，并对其偿债能力进行评估。

一、显性债务风险

W 高新区显性债务规模不大，且相对稳定。2015–2017 年，W 高新区显性债务余额从 22.66 亿元增加到 25.61 亿元，增幅为 13%，如图 1 所示。2017 年底，W 高新区一般债务限额 11.98 亿元，专项债务余额 13.63 亿元。

① 此处，感谢陈新年研究员为调研提供的便利。

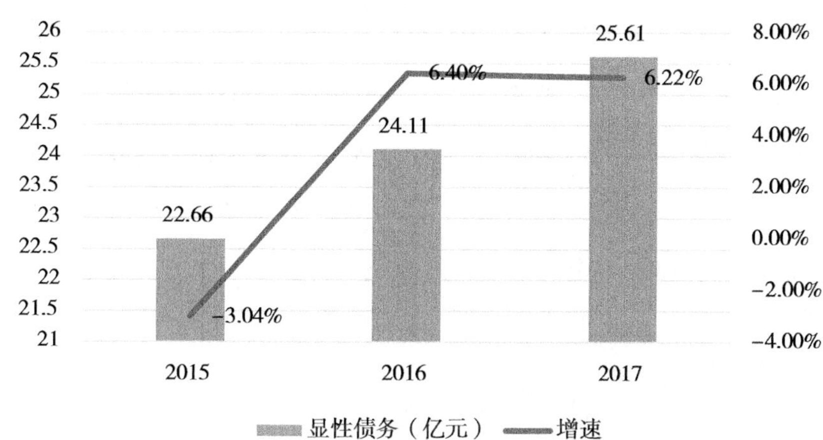

图 12-1　W 高新区显性债务规模及其增速（2015-2017）

数据来源：W 高新区财政局。

2015-2017 年，W 高新区平均负债率在 6% 左右，且由于 GDP 增速较快，显性债务负债率呈现逐年下降趋势。同期全国法定限额内政府债务的负债率超过了 30%，W 高新区 6% 左右的负债率远低于 60% 的国际警戒线。

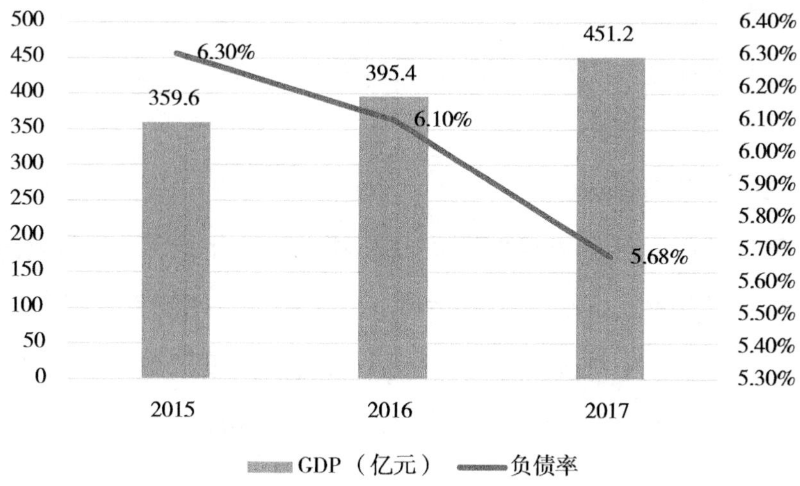

图 12-2　W 高新区 GDP 与负债率（2015-2017）

数据来源：W 高新区财政局。

W 高新区债务率也在安全范围内。以一般公共预算支出、基金预算支出及国有资本经营预算支出作为综合财力指标（2017 年为 76.71 亿元），得益于财政收入的较快增长，W 高新区的债务率从 2014 年的 73.47% 迅速下降到 2017 年末的 33.38%，低于 90%–150% 的国际安全警戒线，而同期全国平均水平为 80.5%。

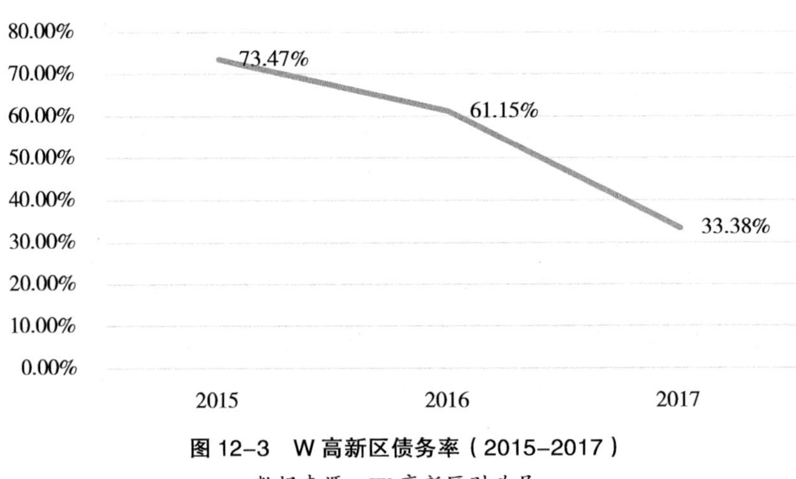

图 12–3　W 高新区债务率（2015–2017）

数据来源：W 高新区财政局。

综上判断，W 高新区显性债务风险不大。

二、隐性债务风险

W 高新区隐性债务规模则要大得多。2017 年底 W 高新区隐性债务余额为 123.68 亿元，近乎显性债务的 5 倍，隐性债务中棚改支出事项 120.7 亿元，占 97.59%。W 高新区隐性债务负债率为 27.41%，债务率为 161.23%，均显著高于显性债务相应的指标，其中债务率指标超过了国际安全警戒线。

而到2018年8月底，隐性债务余额急剧攀升至234.96亿元[①]，其中棚改182.38亿元，占77.6%。2017年12月与2018年8月的摸底调查，口径不完全一样，后者新增了部分项目，不具有完全的可比性，但是恰恰反映出隐性债务的范围不清、界定较难的问题，也因此造成隐性债务规模确定中的人为影响因素较大。

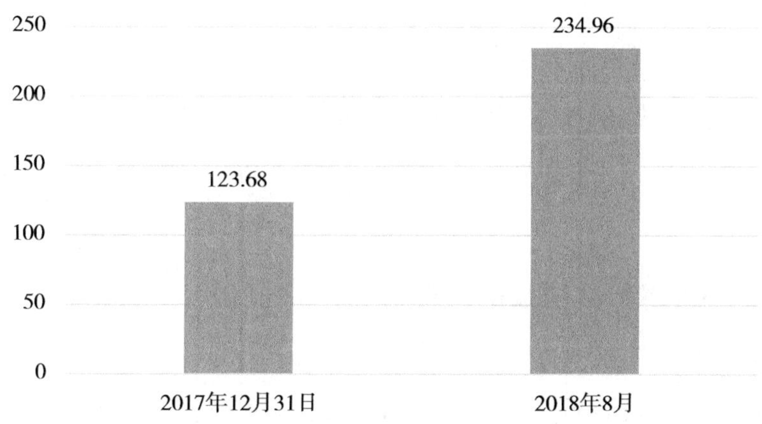

图12–4　W高新区隐性债务规模（单位：亿元）

数据来源：W高新区财政局。

以2018年8月作为比较时点，隐性债务是显性债务的9倍，隐性债务率超过300%，远远高于国际安全警戒线，风险较大。棚改是其近年来隐性债务的主要来源，W高新区将棚改作为所有工作的“总抓手”，强力推进。截至2018年4月，W高新区内的91个村改居社区、33382栋房子、40300个坟头已经全部完成棚改拆迁，通过棚改，率先在S省实现了“城中村”清零。换言之，棚改早已不是狭义的棚户区改造，而成为新一轮城市建设潮的“代名词”。

① 而同期，政府显性债务变化不大。

三、实际债务风险

将隐性债务也纳入考量后，笔者按照如下公式计算 W 高新区的实际债务率。

实际债务率 =（显性债务 + 隐性债务）/ 政府综合财力

2017 年底，W 高新区的实际债务率为 194.62%，而到 2018 年 8 月底，则超过 330%。实际债务率远远高于显性债务率，政府的实际债务风险主要来自隐性债务风险。

需要指出的是，上述隐性债务尚不包含 PPP 项目占用的项目资金。如果将这一部分隐性负债也算上，W 高新区实际债务率将更高。

四、W 高新区偿债的财政可持续性评估

理论上讲，税收收入是最稳定的偿债来源。但 W 高新区预算内财政主要为吃饭财政，虽然近年来有较快增长，但几乎不可能用于偿债。

因此，W 高新区用于偿债的收入，主要是土地出让收入。2017 年，W 高新区政府性基金收入突破 50 亿元，国有土地出让收入占比超过 90%，达 46.51 亿元。因此，W 高新区房地产市场是否景气对其偿债的财政可持续性至关重要。但是，现行土地出让收入为“毛收入”，包含了成本补偿性费用，扣除土地出让总成本后的余额，即土地出让收益才是地方土地财政真正的可用财力。W 高新区真正可用于偿债的土地净收益有限。即使只考虑毛收入，从图 12–5 可知，W 高新区 2011–2017 年间的土地出让收入也波动较大，难以作为持续的、稳定的偿债来源。加之 2018 年以来 W 高新区所在地放贷政策全面收紧，对其偿债能力将产生进一步的不利影响。

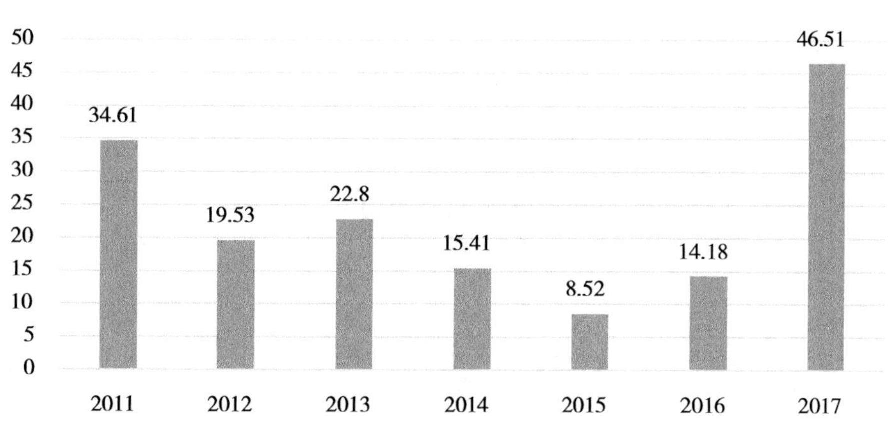

图 12-5　W 高新区土地出让收入（2011–2017）（单位：亿元）

数据来源：W 高新区财政局。

参考文献

国务院发展研究中心“经济转型期的风险防范与应对”课题组：《打好防范化解重大风险攻坚战：思路与对策》，《管理世界》，2018年第34期。

龚强、王俊、贾珅：《财政分权视角下的地方政府债务研究：一个综述》，《经济研究》，2011年第46。

尹旭：《地方政府性债务风险成因及其向金融领域传导路径研究》，《中国内部审计》，2018年第10期。

傅春杨、陆江源：《名义长期债务理论研究综述》，《华北金融》，2017年第10期。

王艳玲：《中国地方政府债务宏观经济效应、风险及其管理研究》，《中央财经大学》，2017年。

黄亦炫：《隐性或有负债视角下的主权债务风险研究》，《对外经济贸易大学》，2017年。

张平：《化解当前中国各类金融债务风险的政策与措施》，《中国经济改革研究基金会2015年研究课题汇编》，《中国经济改革研究基金会》，2016年。

李丽珍、安秀梅：《地方政府隐性债务：边界、分类估算及治理路径》,《当代财经》, 2019 年第 3 期。

唐云锋、刘清杰:《地方政府债务诱发金融风险的逻辑与路径》,《社会科学战线》, 2018 年第 3 期。

赵珍:《当前融资模式下地方政府隐性债务风险探析》,《财政科学》, 2018 年第 2 期。

毛捷、曹婧:《中国地方政府债务问题研究的文献综述》,《公共财政研究》, 2019 年第 1 期。

曹婧、毛捷、薛熠:《城投债为何持续增长:基于新口径的实证分析》,《财贸经济》, 2019 年第 5 期。

刘尚希:《以拆弹的精准和耐心化解地方隐性债务风险》,《中国财政科学研究院研究简报》, 2018 年第 16 期。

赵全厚、陈旭:《提高投资有效性是化解债务风险的新思路》,《中国财政科学研究院研究简报》, 2018 年第 4 期。

《中国财政科学研究院研究简报》, 2018 年 5 月 28 日。

张明、朱子阳:《中国政府债务规模究竟几何?》,《财经》, 2018 年 7 月 23 日。

殷剑峰:《财政政策地方化、货币政策财政化——我国财政货币政策体制缺陷和改革》,《国家金融与发展实验室研究报告》, 2020 年 5 月。

殷剑峰、王蒋姜、麦丽斯:《我国地方政府债务的区域不平衡问题研究》,《金融评论》, 2020 年第 12 期。

张斌:《债务的边界》,《中国金融》, 2019 年第 22 期。

郑新业、王宇澄、张力:《政府部门间政策协调的理论和经验证据》,《经济研究》, 2019 第 10 期。

郑新业、张力：《从“账房先生”到国家治理：“十四五”时期的财政体制改革》，《比较》，2020 年第 3 期。

周小川：《国际金融危机：观察、分析与应对》，中国金融出版社 2012 年版。

科尔奈：《短缺经济学》，经济科学出版社，1986 年版。

朱宁：《刚性泡沫》，中信出版社，2016 年版。

曹婧、毛捷、薛熠：《城投债为何持续增长：基于新口径的实证分析》，《财贸经济》，2019 年第 5 期。

常欣：《对地方政府隐性债务风险的思考》，《开放导报》，2018 年第 1 期。

龚强、王俊、贾珅：《财政分权视角下的地方政府债务研究：一个综述》，《经济研究》，2011 年第 7 期。

吉富星：《地方政府隐性债务的规模、实质与风险研究》，《财政研究》，2018 年第 10 期。

纪洋、王旭、谭语嫣等：《经济政策不确定性、政府隐性担保与企业杠杆率分化》，《经济学（季刊）》，2018 年第 2 期。

刘尚希：《以拆弹的精准和耐心化解地方隐性债务风险》，《中国财政科学研究院研究简报》，2018 年第 16 期。

刘尚希：《精准化解地方隐性债务风险》，《中国财经报》，2018 年 8 月 28 日第 7 版。

李升：《地方政府隐性债务风险及其治理》，《地方财政研究》，2018 年第 12 期。

姜超：《地方政府隐性债务规模有多大》，http://news.hexun.com/2018-07-31/193621204.html.

毛捷、曹婧:《中国地方政府债务问题研究的文献综述》,《公共财政研究》,2019 年第 1 期。

魏涛:《从省级到市级的地方政府隐性债务测算》,《太平洋证券宏观研究报告》,2018 年 8 月 29 日。

赵珍:《当前融资模式下地方政府隐性债务风险探析》,《财政科学》,2018 年第 2 期。

赵全厚、陈旭:《提高投资有效性是化解债务风险的新思路》,《中国财政科学研究院研究简报》,2018 年第 4 期。

赵全厚:《地方政府债务风险防范中的财政金融协调》,《财政科学》,2018 年第 22 期。

张明、朱子阳:《中国政府债务规模究竟几何?》,《财经》,2018 年 7 月 23 日。

张晓晶、刘学良、王佳:《债务高企、风险集聚与体制变革——对发展型政府的反思与超越》,《经济研究》,2019 年第 6 期。

《国务院发展研究中心“经济转型期的风险防范与应对”》课题组:《打好防范化解重大风险攻坚战:思路与对策》,《管理世界》,2018 年第 34 期。

尹旭:《地方政府性债务风险成因及其向金融领域传导路径研究》,《中国内部审计》,2018 年第 10 期。

傅春杨、陆江源:《名义长期债务理论研究综述》,《华北金融》,2017 年第 10 期。

黄亦炫:《隐性或有负债视角下的主权债务风险研究》,对外经济贸易大学,2017 年版。

陆江源、郎艺涵:《国有企业杠杆与利息负担研究——基于 2007-

2015 年全国非金融国有企业数据》,《上海金融》, 2018 年第 2 期。

张平:《化解当前中国各类金融债务风险的政策与措施》,《中国经济改革研究基金会 2015 年研究课题汇编》,《中国经济改革研究基金会》, 2016 年。

唐云锋、刘清杰:《地方政府债务诱发金融风险的逻辑与路径》,《社会科学战线》, 2018 年第 3 期。

赵珍:《当前融资模式下地方政府隐性债务风险探析》,《财政科学》, 2018 年第 2 期。

刘尚希:《以拆弹的精准和耐心化解地方隐性债务风险》,《中国财政科学研究院研究简报》, 2018 年第 16 期。

赵全厚、陈旭:《提高投资有效性是化解债务风险的新思路》,《中国财政科学研究院研究简报》, 2018 年第 4 期。

刘尚希:《以拆弹的精准和耐心化解地方隐性债务风险》,《中国财政科学研究院研究简报》, 2018 年第 16 期。

赵全厚、陈旭:《提高投资有效性是化解债务风险的新思路》,《中国财政科学研究院研究简报》, 2018 年第 4 期。

《海东市防范化解金融风险攻坚战三年工作方案》, 海东市人民政府网站。

李萍主编、许宏才、李承副主编:《地方政府债务管理:国际比较与借鉴》, 中国财政经济出版社, 2010 年版。

奥塔维亚诺·卡努托、刘琍琍编:《地方政府债务应急处置的国际比较——世界银行专家谈地方政府债务》, 中国财政经济出版社, 2015 年版。

陈工、朱峰:《地方政府债券的发行与监管:发达国家的经验借鉴》,《财经智库》, 2017 年第 5 期。

林力、张自力:《韩国地方政府债务融资管理及问题研究》,《证券市场导报》, 2015 年第 11 期。

马晓风:《地方政府债券发行管理的国际比较与借鉴》,《云南财经大学》, 2018 年。

张晋红:《发达国家地方政府债券融资模式及启示》,《改革与战略》, 2018 年第 34 期。

张帆:《中美地方政府债务多维视角比较与分析》,《地方财政研究》, 2015 年第 5 期。

晏俊、许薇、杜小伟:《美国地方政府债务管理的经验及其对我国的启示》,《学习与实践》, 2015 年第 8 期。

《迪拜债务危机》, 华法网: https : //www.66law.cn/topic2010/dbzwwj/

白彦锋:《建立中期预算框架的国际比较与借鉴》,《中央财经大学学报》, 2009 年第 9 期。

马恩涛:《政府或有债务控制: 国外经验与启示》,《财贸研究》, 2012 年第 5 期。

卜振兴:《我国城投公司转型问题研究》,《经济视角》, 2019 年第 5 期。

程达明、祁秦:《地方政府融资平台的转型路径探讨》,《清华金融评论》, 2019 年第 7 期。

成建:《试析地方平台公司政府性债务风险与融资平台转型》,《财会学习》, 2020 年第 25 期。

郭玉清、姜晓妮、刘俊现:《体制压力下的城投债扩张机制研究——基于治理转型视角》,《现代财经(天津财经大学学报)》, 2021

年第41期。

姜彬:《关于地方政府融资平台市场化转型问题的思考》,《西部金融》,2020年第5期。

粟勤、熊毅:《债务压力下我国地方政府融资平台转型》,《江西社会科学》,2021年第41期。

廖海燕:《县级城投公司发展存在的主要问题及对策探讨》,《财经界》,2021年第3期。

毛捷、徐军伟:《地方融资平台公司的市场化转型研究——制度溯源、个性刻画与实现路径》,《财贸经济》,2021年第42期。

周代数:《新时代政府城投平台转型:困境、范式与建议》,《现代管理科学》,2019年第4期。

白重恩、张琼:《中国的资本回报率及其影响因素分析》,《世界经济》,2014年第10期。

陈华、郑晓亚:《人民币汇率对房地产市场价格的多渠道影响效应研究:基于金融动态CGE模型》,《中央财经大学学报》,2019年第3期。

范小云、张景松、王博:《金融危机及其应对政策对我国宏观经济的影响——基于金融CGE模型的模拟分析》,《金融研究》,2015年第9期。

《基于金融可计算一般均衡模型的货币政策问题研究》,中国社会科学院研究生院,2012年。

张欣:《可计算一般均衡模型的基本原理与编程》,上海人民出版社,2010年版。

张勋、徐建国:《中国资本回报率的再测算》,《世界经济》,2014年第8期。

郑玉歆、樊明太:《中国 CGE 模型及政策分析》，社会科学文献出版社，1999 年版。

中国经济的社会核算矩阵研究小组:《中国经济的社会核算矩阵》,《数量经济技术经济研究》，1996 年第 1 期。

镇江市人民政府 :《镇江市人民政府关于加强政府性债务管理的实施意见》《镇江市人民政府办公室关于印发镇江市市级政府性债务风险应急处置预案的通知》。

内蒙新巴尔虎左旗:《新巴尔虎左旗地方政府债务化解工作实施方案》，见 http : //www.xzq.gov.cn/Item/16703.aspx

民生固收研报:《隐性债务如何化解？——37 市县隐性债务化解方案的共性与个性》。

杨志锦:《听说这个方案能化解大半基建隐性债务，没现金流的也可以》，见 http : //www.sohu.com/a/328201115_532149。

张晓晶、刘学良、王佳:《债务高企、风险集聚与体制变革——对发展型政府的反思与超越》,《经济研究》2019 年第 6 期。

Jochen Andritzky, Désirée I. Christofzik, Lars P. Feld, Uwe Scheuering, *A echanism to Regulate Sovereign Debt Restructuring in the Euro Area*, German Council of Economic Experts ,Working Paper 04/2016.

Polackova H. *Contingent Government Liabilities: A Hidden Risk for Fiscal Stability* [J]. Policy Research Working Paper, 1998.

Zhang Y S, Barnett S A. *Fiscal Vulnerabilities and Risks from Local Government Finance in China* [J]. IMF Working Papers, 2014, 14(4):1.

Lu Y, Sun T. *Local Government Financing Platforms in China: A Fortune or Misfortune?* [J]. Social Science Electronic Publishing, 2014,

13(243).

Li J, Hsu S, Qin Y. *Shadow banking in China: Institutional risks* [*J*]. China Economic Review, 2014, 31:119–129.

Ferrarini B, Hinojales M. *State–Owned Enterprises Leverage as a Contingency in Public Debt Sustainability Analysis: The Case of the People's Republic of China* [*J*]. SSRN Electronic Journal, 2018.

Wojciech Maliszewski et, *Resolving China's Corporate Debt Problem*, IMF WP/16/203.

Zhuo Chen, Zhiguo He, and Chun Liu, *The Financing of Local Govenment in the People's Republic Of China: Stimulus Loan Wanes and Shadow Banking Waxes*, ADBI Working Paper Series, No. 800 January 2018.

Gregory Makoff, *Options for Debt Restructuring*, June 2013.

Canzoneri, Matthew, Robert Cumby, and Behzad Diba. 2016. Optimal Money and Debt Management: Liquidity Provision vs Tax Smoothing. Journal of Monetary Economics 83:39–53.

Groneck, Max. 2010. A Golden Rule of Public Finance or a Fixed Deficit Regime? : Growth and Welfare Effects of Budget Rules. Economic Modelling 27(2):523–34.

IMF working paper, 2012.Does central bank capital matter for monetary policy? www.imf.org.

IMF working paper， 2018.Intergovernmental Fiscal Reform in China, www.imf.org.

Mirrlees, J.A.1971.An Exploration in the Theory of Optimum Income Taxation. The Review of Economics Studies 38(2):175–208.

Musgrave, Richard A.1988. Public Debt and Intergeneration Equity. In the Economic of Public Debt: Proceedings of a Conference Held by the International Economic Association at Stanford, Californic, International Economic Association Series, eds.Kenneth J.Arrow and Michael J.Boskin. London: Palgrave Macmillan UK, 133–48.

Nakajima, Tomoyuki, and Shuhei Takahashi.2017. The Optimum Quantity of Debt for Japan. Journal of the Japanese and International Economies 46:17–26.

Polackova H. Contingent Government Liabilities: A Hidden Risk for Fiscal Stability [J]. Policy Research Working Paper, 1998.

Zhang Y S , Barnett S A. Fiscal Vulnerabilities and Risks from Local Government Finance in China [J]. IMF Working Papers, 2014, 14(4):1.

Lu Y , Sun T. Local Government Financing Platforms in China: A Fortune or Misfortune? [J]. Social Science Electronic Publishing, 2014, 13(243).

Polackova H. Contingent Government Liabilities: A Hidden Risk for Fiscal Stability [J]. Policy Research Working Paper, 1998.

Zhang Y S, Barnett S A. Fiscal Vulnerabilities and Risks from Local Government Finance in China [J]. IMF Working Papers, 2014, 14(4):1.

Li J, Hsu S, Qin Y. Shadow banking in China: Institutional risks [J]. China Economic Review, 2014, 31:119–129.

Jochen Andritzky, Désirée I. Christofzik, Lars P. Feld, Uwe Scheuering, A echanism to Regulate Sovereign Debt Restructuring in the Euro Area, German Council of Economic Experts ,Working Paper 04/2016.

Lu Y, Sun T. Local Government Financing Platforms in China: A Fortune or Misfortune? [J]. Social Science Electronic Publishing, 2014, 13(243).

Ferrarini B, Hinojales M. State-Owned Enterprises Leverage as a Contingency in Public Debt Sustainability Analysis: The Case of the People's Republic of China [J]. SSRN Electronic Journal, 2018.

Wojciech Maliszewski et, Resolving China's Corporate Debt Problem, IMF WP/16/203.

Zhuo Chen, Zhiguo He, and Chun Liu, THE FINANCING OF LOCAL GOVERNMENT IN THE PEOPLE'S REPUBLIC OF CHINA: STIMULUS LOAN WANES AND SHADOW BANKING WAXES, ADBI Working Paper Series, No. 800 January 2018.

Gregory Makoff, Options for Debt Restructuring, June 2013.

Margit Molnar & Jiangyuan Lu, 2019.State-owned firms behind China's corporate debt [R] , OECD Economics Department Working Papers 1536, OECD Publishing.

Benji Nguyen, Sylesh Volla, and Annabel Wong, 2017. Risky Business: Bank Loans to Local Governments [R] , Standford Institute for Economic Policy Research.

Brandley Wendt, 2014. The Municipal Bankruptcy Crisis—Lessons from Detroit [J] , The Daily Newspaper of Public Finance.

White Paper on Local Public Finance(Japan) [R] , Ministry of Internal Affairs and Communications, 2018.

Local Authority Borrowing and Investments [R] , UK 2014-15.

Department for Communities and Local Government.

IMF Country Report:United Arab Emirates [R] , No.16/266, 2016(8).

IMF Country Report:United Arab Emirates [R] , No.17/219,2017(6).

CEBOTARI A. 2008. Contingent liabilities: issues and practice [R]. IMF Working Paper WP/08/245.

U.S. Securities and Exchange Commission, https://www.investor.gov/

BRIXI H P. Contingent government liabilities: a hidden risk for fiscal stability [R]. World Bank Working Paper, No. 1989

LIENERT I,JUNG M.2004 The legal framework for budget systems: an international comparison [J]. OECD Journal on Budgeting, 4(3):420–421

INTOSAI.2005. Member states questionnaire on contingent debt: summary of results [EB/OL]. www.intosai.org.

U.S. Securities and Exchange Commission, https://www.investor.gov/

BRIXI H P. Contingent government liabilities: a hidden risk for fiscal stability [R]. World Bank Working Paper, No. 1989

LIENERT I,JUNG M.2004 The legal framework for budget systems: an international comparison [J]. OECD Journal on Budgeting, 4(3):420–421

INTOSAI.2005. Member states questionnaire on contingent debt: summary of results [EB/OL]. www.intosai.org.

Lofgren H, Harris R L, Robinson S. A standard computable general equilibrium (CGE) model in GAMS [M]. Intl Food Policy Res Inst, 2002.

Robinson S. Macroeconomics, Financial Variables, and Computable General Equilibrium Models [J]. World Development, 1991, 19(11):1509–1525.